岩土工程新技术及工程应用丛书

高填方路基后处理技术及工程应用

郭院成　周同和　著

中国建筑工业出版社

图书在版编目（CIP）数据

高填方路基后处理技术及工程应用/郭院成，周同和著．—北京：中国建筑工业出版社，2014．2

（岩土工程新技术及工程应用丛书）

ISBN 978-7-112-16281-9

Ⅰ．①高… Ⅱ．①郭… ②周… Ⅲ．①路基工程-研究 Ⅳ．①U416．1

中国版本图书馆 CIP 数据核字（2014）第 002716 号

高填方路基后处理技术，是一种新型路基处理技术，在已进行全部或部分填方路基施工的标高处，施工无砂混凝土小桩、CFG 桩，然后再进行后填路基或垫层施工。本书的研究主要包括三个方面：高填方路基后处理技术作用机理研究、高填方路基变刚度后处理研究、高填方路基后处理在扩宽工程中的应用。除了理论研究成果，作者还详细讲述了高填方路基后处理技术在黄土地区的应用，变刚度后处理路基技术的工程实例，以及后处理技术在扩宽改造工程、软土地基、膨胀土地基、加固处理既有构筑物地基中的应用。

本书适合从事岩土工程的技术人员、施工人员及管理人员参考学习。

* * *

责任编辑：王　梅　李天虹

责任设计：张　虹

责任校对：张　颖　陈晶晶

岩土工程新技术及工程应用丛书

高填方路基后处理技术及工程应用

郭院成　周同和　著

*

中国建筑工业出版社出版、发行（北京西郊百万庄）

各地新华书店、建筑书店经销

北京千辰公司制版

北京建筑工业印刷厂印刷

*

开本：787×1092 毫米　1/16　印张：13¼　字数：319 千字

2015 年 6 月第一版　2015 年 6 月第一次印刷

定价：**36.00** 元

ISBN 978-7-112-16281-9

（25026）

前　言

高填方路基后处理技术，是近年来由本书著作者所在团队研究开发的一种新型路基处理技术。

与普通地基处理技术不同，后处理技术是在已进行全部或部分填方路基施工的标高处，施工无砂混凝土小桩、CFG桩，然后再进行后填路基或垫层施工的技术。

后处理复合路基在后填方路基、路面结构、路面荷载的作用下，刚性桩会产生上刺入变形，部分桩间土体沉降大于桩体，产生负摩阻力。利用这种桩侧负摩阻力，使土中应力产生向桩体的集中，并利用加筋垫层、桩帽等作用，将后续填土荷载传至深层土体，降低了浅层地基的后期应力和总附加应力，从而可以减少地基变形和路基沉降。

对饱和软土地基，采用无砂混凝土小桩后处理技术，还可以使得地基土体获得快速固结效果，加快了路基填筑施工速度、大幅度减少工后固结沉降。该技术巧妙利用应力路径原理，独具匠心。

后处理技术，还可采用多桩型复合地基。如超软土路基工程，为了解决先期填土路基的稳定性，可预先对超软土地基进行处理，当先期填土高度达到一定要求时，再行采用后处理技术。

高填方路基后处理技术，自1999年湖北省京珠高速武汉东西湖某段正式应用于工程以来，已经在我国多条高速公路的填方路基处理中得到成功应用，取得了良好社会经济效益。主要研究成果包括：

1. 河南省重大科技攻关项目子项II：投石压浆无砂混凝土小桩复合地基新技术的试验研究与应用（981150121）（鉴定证书编号：豫科鉴委字［1999］第818号），获2000年度河南省建设科技进步一等奖。

2. 河南省科技成果推广项目：高速公路高填方软基后处理技术（013420200）（鉴定证书编号：豫科鉴委字［2001］第066号），获2002年度河南省科技进步二等奖。

3. 河南省科技攻关计划项目：高填方路基后处理技术机理及在扩宽工程中的应用研究（0424450011）（鉴定证书编号：豫科鉴字［2009］第220号），获2012年度河南省建设科技进步一等奖。

4. 河南省高速公路发展有限责任公司科研项目：高填方路基后处理技术的变刚度设计理论及工程应用研究（鉴定证书编号：豫科鉴字［2010］第481号），获2012年度河南省建设科技进步一等奖。

5. 河南省高速公路发展有限责任公司科研项目：高填方路基后处理二元复合地基技术应用研究，获2012年河南省科技进步二等奖。

本书采用理论研究与工程实测分析等方法，对后处理复合路基若干技术问题展开研究，并取得了一系列研究成果：

1. 高填方路基后处理技术是在预填方路基上开展无砂混凝土小桩的成孔、压力注浆并形成无砂混凝土小桩复合路基，具有堆载预压、快速排水、排气固结、固化、竖向置换增强等综合作用机理；投石压浆无砂混凝土小桩复合地基由于其特殊的施工工艺，其承载力大小除与工程地质条件有关外，还与灌浆材料、灌浆压力和灌浆量、灌浆工艺及置换率有关，所以在无砂混凝土小桩复合地基承载力计算公式中引入了小桩单桩承载力发挥系数和桩间土承载力发挥系数；通过对无砂混凝土小桩复合地基桩土竖向变形协调、桩间土的应力和竖向变形的分析，解决了无砂混凝土小桩复合地基基于变形控制条件下的优化设计问题。

2. 高填方路基后处理技术中先填土高度的确定是非常关键的一个技术环节，直接关系到后处理技术的经济和工程效果。对于不同的地质条件，采用不同的分析确定方法。当浅层含有饱和软弱土层，地基承载力较低时，采用基于统一双剪强度理论的分析方法确定后处理先填土高度，可以充分发挥天然地基的承载力，达到降低造价的目的；当地基承载力较高时，基于小坡堤稳定理论的分析方法可以方便地确定后处理先填土高度，避免了后处理之前由于填土自身稳定问题给工程带来的不良影响。

3. 基于统一强度理论和柱形孔扩张弹性理论，分析了无砂混凝土小桩注浆期间注浆压力与桩周土体的应力状态，得出了桩周土体处于弹性状态和弹塑性状态时，考虑中主应力影响的注浆压力计算公式以及注浆压力与塑性开展半径的关系式；分析了桩周土体处于不同应力状态时土体注浆开裂与挤密之间的相关关系，以及中主应力权系数和初始应力取不同值时注浆压力与塑性开展半径的关系，为后处理技术注浆施工技术参数优化选择提供了理论依据。

4. 基于有限元软件，建立了模拟高填方路基后处理复合地基的数值模型，研究了路基填方及后处理复合地基施工过程和服役期间复合路基中土体沉降变形、孔隙水压力、有效应力的发展变化规律，以及无砂混凝土小桩桩侧负摩阻力、桩身轴向应力的分布及发展规律，总结了后处理复合地基中路基荷载的传递机理；在数值模型的基础上，对后处理成桩固结度、桩端持力土层刚度、桩侧软弱土层刚度、填方土体刚度、后填方高度等高填方路基后处理技术的关键设计因素进行了参数研究，分析了这些因素对于小桩桩侧摩阻力及桩身轴向应力等后处理复合地基力学性状的影响规律；采用负摩阻力弹性理论分析法，基于简化假定，建立了后处理小桩桩身轴向应力理论计算模型。结合数值模拟中相关计算参数对理论结果进行了算例分析。对比了理论模型与数值模拟结果，验证了理论模型的正确性。

5. 对比研究了高填方路基先处理、后处理技术对路堤工后沉降变形的影响机理，提出了将先处理与后处理相结合的高填方路基变刚度综合处理技术。采用有限元数值模拟方法进行了高填方路基变刚度复合地基工作性能的数值分析，就先处理、后处理结合的高填方路基处理的不同工况进行了模拟分析，对比了不同处理方式情况下的高填方路基沉降变形特点，重点分析了桩长、桩体模量、桩间距等参数对变刚度复合路基沉降变形、桩体应力、超孔隙水压力等的影响规律。探讨了高填方路基变刚度处理技术的设计计算方法。结合工程实际应用的实测数据，分析了变刚度后处理技术对高填方路基的处理效果，对变刚度处理机理的研究提供了一定的数据支持。

6. 基于高速公路双侧对称加宽的工程背景，基于高填方路基加宽时加宽填土荷载的特殊性，对各种荷载形式作用下地基土体的初始有效应力和超孔隙水压力进行了分析；对后处理技术先填土、成孔施工各阶段的固结过程进行了详细分析，得出了各阶段土体超孔隙压力和固结度的计算分析结果；采用数值模拟方法对比分析了加宽路基采用先处理及后处理情况下，加宽填土荷载的施工对原有地基和老路路堤的变形性状的影响；结合路基加宽工程的实际应用，通过对老路坡肩和新加宽路基坡肩位置水平及竖向变形监测，验证了小桩后处理技术在增强新老路基间的结合、协调新老路基间的变形，减小路基工后沉降变形等方面的技术效果。

7. 基于湿陷性黄土地区的高填方路基，提出将黄土湿陷性处理与竖向增强体路基处理技术融为一体，研究了由先期填方路基荷载提供黄土湿陷起始压力的高填方路基无砂混凝土小桩后处理技术的设计方法和施工技术要求。在已知外荷载大小及分布特征条件下，无砂混凝土小桩成孔和注浆过程中预湿、预压湿陷性黄土，使黄土部分湿陷变形提前完成，剩余湿陷量减小，湿陷起始应力增加。从而使黄土结构的湿陷性得到显著改善，土体结构的水稳性得到保证。同时碎石桩体通过注浆施工形成竖向增强体，与桩周土体构成复合地基，提高了地基的承载力和压缩模量，二者共同承担高填方路基荷载，抵御后期沉降变形；结合湿陷性黄土地区高速公路高填方路基的后处理工程，通过该段高速公路投入运营1年后的检测数据证实，采用无砂混凝土小桩后处理技术处理黄土地区高填方路基不仅可显著提高原状土体的承载力和压缩模量，还可有效减弱或消除黄土的湿陷性。

本书由郭院成、周同和共同撰写，其中郭院成指导毕业的博士研究生童怀峰及硕士研究生刘海涛、靳军伟、韩仲等为高填方路基后处理的机理及应用研究作出了重要贡献，王辉、王俊立、张浩华、张杰、孙彦飞等多名硕士研究生的研究工作进一步丰富和完善了相关设计理论和应用技术。在此一并感谢！

由于时间和作者水平所限，书中难免存在不妥之处，敬请广大读者批评指正。

2013 年 7 月 5 日　于郑州大学

目　录

第1章 绪　　论

1.1 引　　言

20世纪80年代以来，随着我国市场经济体制的建立，国民经济持续快速发展，区域间的经济合作往来日益密切，公路运输需求增长强劲，目前，我国公路在客运量、货运量、客运周转量等方面均遥遥领先于其他运输方式的总和；公路基础设施建设开始发生了历史性的转变。

我国高速公路建设起步相对较晚，1988年我国第一条高速公路沪嘉高速公路（18.5公里）建成通车。此后，又相继建成全长375公里的沈大高速公路和143公里的京津塘高速公路。进入20世纪90年代，在国道主干线总体规划指导下，我国高速公路建设步伐加快，每年建成的高速公路由几十公里上升到一千多公里以上。到1999年底，全国高速公路通车里程已达11605公里；2004年，新增公路通车里程7万公里，其中新增高速公路3500公里，到年底全国公路通车总里程达到188万公里，高速公路里程达到3.3万公里；2005年，我国的高速公路提高到3.5万公里。而公路通乡率由99.5%提高到99.8%，使687个不通公路的乡通公路；公路通行政村率由93%提高到96%，使49000多个不通公路的村通公路。2012年全国交通运输工作会议发布的信息显示，我国2011年新增公路通车总里程达7.14万公里，其中高速公路1.1万公里。截至2011年年底，我国高速公路通车总里程已达到8.5万公里，仅次于美国而居世界第二。

我国的高速公路、铁路建设近年来突飞猛进，建设投资不断增加，规模不断扩大，随着我国高速公路逐步向中西部地区的延伸，出现了越来越多的高填方路基。与一般的较低路基相比，高填方路基填筑高度大、填筑面积和土石方工程量大、自重大；要求路堤本身具有足够的承载力和整体稳定性，并控制总沉降量和沉降速率。实际工程中，高填方路基受设计、施工、地质条件、路基填料、路基排水条件等的影响，可能造成路基局部或整体沉陷过大，不能满足使用要求，将严重影响交通安全及运输速度[1]。由于路堤各部位（或路堤与结构物间）变形量不同而造成不均匀沉降，从而在路堤的不同部位形成拉应变区和压应变区。由于填土的抗拉强度很低，在这些部位容易产生变形裂缝[2]。在路桥结合处使用高填方路基时，由于桥梁基础较路基基础处理深度大，处理手段好，使得桥梁段为刚性，与之结合的公路路段呈现相对柔性，从而造成两者在使用过程中产生差异沉降。车辆在通过时产生跳跃，使得车辆大幅度减速，使司机和乘客感到不适，严重时还会导致交通事故。另外，桥头跳车也加快了桥梁、路面以及车辆的损坏[3]。

国内外消除桥头差异沉降的主要措施是设置过渡段，过渡段采用路堤桩处理桥头地基。路堤桩可以是碎石桩、木桩、灌注桩、预制桩、石灰桩、水泥土搅拌桩等。在国外，多使用灌注桩、预制桩；在国内，一般采用碎石桩、水泥土搅拌桩、石灰桩等，以水泥土搅拌桩居多[4]。

目前在地基处理中，主要采取的方法包括采用复合地基形式的CFG桩、PHC管桩、粉喷桩、砂桩等形式[5~7]，以及以加快土体固结的袋装砂井、堆载预压、真空预压、强夯等形式[7~10]。从工程实践来看，以上所述形式都在其所使用的范围内取得了良好的效果，但是也存在一定的局限性。

高速公路高填方路基对沉降变形与控制要求严格，路基处理不仅要满足施工阶段的沉降和工后沉降的要求，由于施工工期的限制，通常还需要满足使土体快速固结的要求。上述处理方式由于自身方法的局限性，很难同时满足所有的要求，寻求新思路、新方法成为亟待解决的问题。

近年来，新型地基处理的思路和方法，主要体现在以下两个方面：第一个方面是两种或两种以上的地基处理方法的综合应用，如水泥土搅拌桩与排水板、桩与加筋土垫层、真空预压与堆载预压、碎石桩与CFG桩以及其他各种方法的联合使用，综合两种或两种以上地基处理方法，可以发挥各自的优点，达到最合理、最优的地基处理效果；第二个方面就是在技术不断发展的基础上，开发新型的施工机械、施工工艺、材料设计、监测检测技术，如夯扩桩、钉形水泥土搅拌桩、双向搅拌桩技术等。

1.2 高填方路基常用处理方法

目前高填方路基处理方法较多，按照处理位置的不同可以划分为一般地段和路桥结合处等特殊地段，按照处理原理可以划分为复合地基法和土性改善方法。

1.2.1 复合地基法

复合地基法在高填方路基中应用的主要是竖向增强体（桩）和横向增强体（加筋）两种形式，本书主要研究桩体复合地基法。按照桩体材料的特征可以将桩体复合地基分为粘结材料桩和散体材料桩。

1.2.1.1 粘结材料桩复合地基

粘结材料桩复合地基是指桩体材料之间存在相互的粘结作用，按照桩体刚度的不同分为刚性桩复合地基和柔性桩复合地基。

1）刚性桩复合地基[5,6,11~13]

刚性桩复合地基是指桩体材料的刚度远远大于土体材料的刚度，通过桩顶部分的桩帽和土体相互作用形成“土拱效应”，承担上部荷载的作用，其减沉效果好，侧向刚度大，可有效防止路面开裂，在工程实践中逐渐得到推广应用。常见的为由碎石、石屑、粉煤灰掺适量水泥加水拌合，用振动沉管打桩机或其他成桩机具制成的CFG桩和管桩复合地基形式。

CFG桩可在全长范围内受力，能充分发挥桩侧摩阻力和端承力，并通过置换和挤密作用，提高路基承载力，减小沉降量。管桩使用起源于国外，目前我国在高速公路软基处理方面应用还较少。管桩复合地基处理质量可靠、工期短、承载力高。目前公路路基以沉降控制为主，承载力一般都能满足实际要求，故一般采用疏桩复合地基形式。管桩按混凝土强度等级和壁厚分为[12]：混凝土强度不得低于C50的预应力混凝土管桩（PC）、混凝土强度等级不得低于C80的预应力高强混凝土管桩（PHC）和强度等级不得低于C60的薄壁管桩（PTC）。预应力管桩采用先张法预应力工艺，是一种细长、空心等截面的预制构件。预应力管桩种类较多，在软基处理方面，常用的有PTC、PHC管桩。

王斌和徐泽中[13]以具体工程为背景，介绍了刚性桩复合地基的设计方法，以及沉桩对原路基的影响。采用预应力疏桩复合地基方案，处理效果明显，质量可靠，造价经济。马凡[5]根据CFG桩复合地基工程特性，确定高速公路高填方路基CFG桩复合地基的设计原则，提出地基沉降复合地基承载力的计算方法。预应力混凝土薄壁管桩是目前沿海地区公路工程中处理深厚层软土刚起步采用的桩体形式之一，张洁和王攀[6]介绍了管桩施工及与浆喷桩的经济性比较情况。

2）柔性桩复合地基

柔性桩（也称半刚性桩）是指无须桩周土的围箍即能自立，桩身刚度和承载力较小、压缩量较大，单桩沉降以桩身压缩为主、受桩端持力层性状影响不大的复合地基竖向增强体。常见的有石灰桩、水泥土桩、灰土桩等。

灰土桩[14]是将石灰和土按一定的体积比例（2：8或3：7），拌合之后分层填入桩孔，夯压而成。石灰桩[11]是指在地基中成孔后，灌入生石灰块，或在生石灰块中掺入适量的水硬性掺合料（如粉煤灰、火山灰），之后进行振密或夯压，形成桩柱体，适用于处理杂填土、素填土、一般黏性土、淤泥及透水性小的粉土。李明杰等[15]提出了某高填方路堤的复合地基处治方案以及评价复合地基处治效果的多种检测手段。由试验段对比试验结果可以看出处治效果明显，从而证明采用复合地基对高填方路堤进行处治，并采用现场平板荷载试验评价其处治效果是可行的。

水泥土桩，分为干法和湿法两类。湿法是指水泥土搅拌桩[14]，利用水泥作为固化剂，通过深层搅拌机械，在地基深部将软土和固化剂强制拌合，使软土硬结形成加固体。干法是指旋喷桩，采用高压射流，边旋转边缓慢提升，形成的一种水泥-土网络结构[11]。程贤志和张广明[7]在某段一级公路路基，进行粉喷桩、砂桩和袋装砂井3种处治方案的比较。通过对比孔隙水压力和路基沉降的观测结果，认为3种处治方法均具可行性。

1.2.1.2 散体材料桩复合地基

散体材料桩是指桩体材料不具有粘结性，常见的有碎石桩、砂桩等。

砂桩是指用振动或冲击荷载在软弱地基中成孔后，将砂挤压入土中，形成大直径的密实柱体。在松散砂土中主要起挤密的作用，在软土中起到置换和排水的作用。冯伟凯等[16]结合渝怀铁路涪陵车站软土地基施工，介绍了振冲碎石桩处理软基技术要点及质量控制措施。

1.2.2 固结密实法

强夯法又称为动力固结法或动力压密法，通过将100～400kN的重锤，以6～40m的落距下落给地基以冲击和振动，提高土体强度，降低压缩性，改善土体的振动液化条件，消除湿陷性黄土的湿陷性。其加固机理包括动力固结、动力夯实和动力置换。管殿聆和阎万里[10]采用南非进口的冲击式压路机对湿陷性黄土进行处理，取得良好的效果。李道生[17]应用强夯处理湿陷性黄土，通过理论计算与试夯确定夯击参数。

注浆处理按照注浆压力的大小可以分为灌浆法和高压注浆法两类。灌浆法是将具有流动性和胶结性能的浆液，注入土体的孔隙，形成固结体。高压注浆法是采用较高的压强，进行渗透注浆或者是劈裂注浆，填充土体中的孔隙，可进行多次注浆。蔡业青，刘朝权，舒翔[18]认为注浆处理方法的优点是能实现不破坏建筑物现有状态而达到内部加固处理的目的。钢花管注浆工艺在加固山区高填土路基、台背和处理路堤裂缝方面效果明显，有填充、固化土层和摩擦桩的效果。张劲超[2]通过分析高填方路段路面水泥稳定层纵向裂缝产生的原因，对其注浆加固处理方法提出了一些建议。

排水固结法，是指对天然地基或已设置竖向排水体的地基进行处理，加速固结，从而提高地基土强度。排水固结法通常包括排水系统和加压系统，两者经常联合使用，适用于处理饱和软黏土、吹填土、松散粉土、新近填土、有机质土及泥炭土地基等。曹永琅等[9]进行了某高速公路真空预压法加固高填方超软弱土路基试验，与常规堆载预压法相比，采用真空预压法节省工期。王安舜等[19]研究了堆载预压法进行地基加固的机理，分析了土基固结后的预期强度在线性范围内的增长情况。杨卫东和朱立增[8]对堆载预压技术进行分析，研究了预压的时间效应，总结了实际工程堆载预压的应用效果及注意事宜。

1.2.3　国外路基处理技术现状

国外的路基处理方式主要集中在三个方面：一是采用路基加筋材料，即设置横向增强体；二是采用排水板的堆载预压固结排水法；三是目前应用较多的路基加筋及桩承式的组合方式。

在路堤加筋方面：Tandjiria 等[20]研究了路堤加筋应力的分布对路堤稳定性的影响。Bergadoa 等[21]通过位于 Bangkok 软黏土路堤使用和不使用土工织物加强材料的全模型试验，基于现场检测和有限元分析对路堤的性能进行了对比评估。试验中，在不考虑土工织物刚度的条件下，基于基础土体破坏的土工材料主应变约为 2.5% ~3%。Jose 和 Antonio[22]对软土加筋路堤的整体稳定性进行了研究。Sean 等[23]分析了使用加筋材料的软土路基，并研究了加筋材料的工作性状。Bakır 和 Akıs[24]分析了 1999 年日本东京地震作用下的高速公路路基破坏。Sinha 等[25]研究了使用 PVD 加固软土路堤的预测沉降的转折点。Allen 等[26]研究了加筋路堤中加筋材料以及路基土体的性能。Dennes 和 Chairat [27]对软土加筋路堤进行了二维和三维数值分析。Tanchaisawat 等[28]采用数值方法和灵敏度分析对进行加筋的轻质材料软土路堤进行了分析。

在桩承式路堤方面：Adalier 等[29]研究了公路及铁路板桩处理路基的抗震问题。Poulos 和 ASCE[30]研究了软土地基上的桩承式路堤设计方法。Murugesan 和 Rajagopal[31]采用数值方法分析了土工材料包裹的碎石桩的工作性状。Sari 等[32]采用了一种简化的方法对加筋桩承式路基进行了研究。Sari 等[33]采用有限元方法，分析了路堤下长短桩的固结性状。

在固结排水法方面：Sharma 和 Bolton[34]对采用排水板的软土路基进行了离心机试验和数值模拟分析。Jose[35]采用三维有限元对采用竖向排水板的软土路基的工作性状进行了分析。Rowe 和 Taechakumthorn[36]研究了采用加筋材料和竖向排水板联合作用的灵敏性土路堤。Tuan 和 Toshiyuki [37]进行了采用等效平面应变模型分析竖向排水及真空预压联合作用下的路堤研究。Abdulazim [38]采用数值方法研究了采用竖向排水板进行加固的路堤，分析了采用 PVD 时的工作性状。

1.2.4 国内外高速公路扩建加宽研究现状

1.2.4.1 高速公路扩建加宽存在问题

自 1997 年 8 月，我国首条高速公路扩建加宽工程——广佛高速公路加宽工程动工以来，先后有海南环岛东线、沈大、沪杭甬、沪宁等高速公路相继局部或全线加宽，从长远和经济的角度讲，扩建加宽将成为我国未来高速公路建设的主流，调查表明，在旧路拓宽工程中，由于新老路基结构组成等差异及新老路基结合不良等问题，容易产生工程病害，如纵横向开裂、错台、道路横坡突变甚至新填路基整体滑塌等，从而影响道路的服务水平和行车条件。

1）新旧路基结合的病害类型及特征[39~45]

调查表明，新旧路基结合不良产生病害主要有：路基失稳、路面损坏、支挡结构破坏、路面整体性能下降。

① 路基失稳：主要表现为新老路基间的差异沉降、沿新老路基结合面的滑移和新填路基的整体失稳。在山区陡坡地形、软弱地基、高填方路堤、共同作用层厚度薄的拓宽路段较容易发生。与老路基相比，新填部分路基通常会产生更大的变形，当变形量较小时，新旧路基结合面会产生错台，导致新旧路基结合处路面开裂，雨水入渗，路基承载力降低，给路基稳定留下隐患，当变形量较大时，则会导致路基失稳，造成拓宽路面破坏，甚至使原有路基相继失稳和原有路面的结构损坏。

② 路面损坏：改扩建工程造成路面的损坏是拓宽道路最常见的病害，但大多数路面病害都是路基病害的反映，因路基的差异沉降要通过路面结构层反映到路面上，如沥青路面会产生沿结合面的纵向裂缝、面层网裂、破碎、结合料松散、道路横坡改变等。

③ 支挡结构破坏：支挡结构的损坏是路基损坏的一种特殊形式，挡墙一般设置在原地面边坡较陡处，以平衡新填路堤的下滑力，当墙底受水浸泡、冲刷，或墙体本身处于一潜在滑坡体上，或者挡墙所受土压力过大，将会导致挡墙稳定性不足，从而产生挡墙墙体开裂、整体滑移或倾覆等。

④ 路面整体性能下降：随着路面病害的产生和道路纵横坡的变化，道路结构承载力、平整度、路面状况指数（PCI）都将随之下降。当下降到一定程度时，不仅影响道路服务性能，而且将影响行车安全。

2）路基加宽工程病害原因分析[40,41,44]

路基加宽工程中由于新旧路基的稳定性、均匀性、材料强度和密实程度不同，新旧路基会产生不同的沉降，道路通车后会引起路面出现纵横向裂缝。原因主要有以下几个方面：

① 新加宽路基的稳定性。当结合部基底存在软弱层且软基处理不彻底，腐殖土杂物清理不彻底，透水性不畅，存在薄弱的结合面，加之软弱层具有流变性，侧向变形大，软

弱地基土向路堤外侧挤出，拓宽路堤坡脚起拱，导致边坡失稳。

② 新旧路基间的不协调变形。新旧路基的不协调变形主要存在沉降的不均匀，包括道路纵向和横向不协调变形，拓宽工程中主要为横向不协调变形。新老路基拓宽处理后，由于结合部位路基材质、密实度和路面结构层厚度不一，一边为新填路基，在路基路面恒载和车辆活载作用下，地基的固结变形和新填路基的压密变形较大，另一边为老路基，其工后沉降量已相对完成，这样在新老路基结合部位存在一个沉降差，成为道路产生纵向裂缝的主要原因之一。

③ 新旧路基路面抗变形能力存在差异。由于新旧路基填料和压实度不同导致新旧路基路面整体回弹模量存在差异。新旧路基回弹模量的不同，导致新旧路基路面抗变形能力存在差异。

④ 新老路基结合部位处理不当。新老路基结合部位工艺较复杂，施工难度较大，往往在此产生人为的质量因素，如填料过厚、强度不足、填筑过快、压实不到位、密实度达不到设计标准；台阶开挖不合理、结合不良；边坡开挖过大，老边坡开挖面长时间暴露，或受雨水直接冲刷，造成新老路基亏方，新老路基叠合面减少等。

⑤ 水的作用。路基排水设施也是导致路基不协调变形的直接因素，路基土如受水浸湿，强度急剧下降，会导致路基的变形和失稳。

1.2.4.2 高速公路扩建加宽综合处治措施

高速公路加宽扩建工程通常工期紧，施工场地狭窄，同时还要维持正常的交通运输，较新建高速公路具有更高的要求。因此，需选择经济、快速、可靠的加宽处治措施以确保现有高速公路营运安全、并确保减小加宽后高速公路新旧路面的差异沉降。从我国已扩建高速公路——广佛高速公路、海南环岛东线、沈大高速公路、沪杭甬高速公路、沪宁高速公路、杭宁高速二期等工程中所使用处治措施来看，扩建加宽高速公路常用处治方法有如下几类：

1）新填路基的处治措施

（1）浅层处理措施

对低洼湿地及沟渠、池塘底的沉积淤泥，厚度在3.0m以下，多采用基底清淤与换填[42,46]、抛石挤淤[40,47]或天然地基+等载预压[48]等方法处理。

（2）深层处理措施

对软土较厚、填土较高的加宽路段和桥头高填方路段多采用土性改善和复合地基法，如塑料排水板+土工布+砂砾垫层[48]、袋装砂井+土工格栅[42]、粉湿喷桩+砂垫层[46,48,49]、CFG桩[50]、预应力管桩[48]、贫混凝土灌注桩+土工格栅[48]等。

2）填筑材料的选择与控制

为减小新旧路基的沉降差，加宽路基的填土应当与老路基完全形成一个整体结构，保持良好的稳定性。当无法使用和老路基相同的土壤时，新填路基的填料使用山皮土、碎石土、石渣等强度较高的材料[51,52]来提高路基的稳定性和整体承载力，或粉煤灰[45]、EPS[53]等轻质填料来降低路堤对地基的荷载，有利于减少地基沉降以及新路堤对老路堤的附加压力。

3）新老路基结合部的处治措施

改扩建加宽工程设计中最主要的问题是如何处理填方段新老路基之间的衔接，即如何处理新老路堤的不均匀沉降。

（1）土工合成材料的应用

土工合成材料的应用[39,45,52,54,55]在一定程度上解决了差异沉降的问题，在高速公路加宽工程中常用的土工合成材料就是土工格栅，土工格栅对土的加固机理[43,54,55,56]在于格栅与土的相互作用，其一是土工格栅表面与被加固材料间产生摩擦；其二是土工格栅肋条和结点产生被动阻抗作用；其三是由于网孔的存在，网格上层的填料与下层的填料可以相互作用对加固材料产生锁定作用，为更好改善新老路堤的横向连接，减少不均匀沉降，增加路堤的稳定性，施工中常采用两种形式处理：台阶 + 土工格栅、台阶 + 碎石垫层 + 土工格栅。

（2）施工措施[45,47,51,57,58]

为保证新老路基的连接质量，施工中常采用以下措施：

① 边坡削坡。由于削坡坡度（1∶0.5）较陡，为确保老路基安全，老路基边坡可分2次开挖，第一次比第二次坡度稍大，并边开挖边做好防护工作，每次开挖完毕后，平整压实，进行地基处埋施工。

② 台阶开挖。按要求开挖台阶，而且台阶的数量尽可能多，为新老路基的衔接提供更多接触面，以利于新老路基的结合，在填方较高的路段采取逐步开挖的方式施工，同时做好防水和安全防护工作。

③ 台阶根部的压实。对新老路基接合带，由于压路机无法错轮而致压实遍数不够，压实度不足，该处可用打夯机分薄层填筑压实。

④ 防水措施。开挖老路基边坡以后要截断路面水，防止雨水直接冲刷边坡和雨水渗入，迅速排除施工场地积水、断绝外来水，确保老路基安全。

⑤ 土工格栅铺设。土工格栅采用横向铺设，保证其连续性，不出现断裂、弯扭折皱、松弛，又要避免过量拉伸。

以上传统处理技术的核心是防止沿路的纵向开裂，其主要问题是：开挖土方量巨大，费用较高、工期较长，工后沉降稳定慢。

1.2.4.3 国外高速公路扩建加宽研究现状

国外改扩建高速公路主要有日本名神（名古屋—神户）高速公路，伦敦的Stansted机场的铁路连接线加宽工程，美国印第安纳州（Indiana）的高速公路、田纳西州（Tennessee）75号和153号州际公路的交接段、434号州际公路从Ashby到Avenues大学段，巴西圣保罗北部的公路拓宽工程，德国开姆尼茨—德累斯顿的A4号联邦高速公路，荷兰的鹿特丹（Rotterdam）—安特卫普（Antwerp）的A16号高速公路、鹿特丹（Rotterdam）—乌得勒支（Vtrecht）的A2号高速公路等等。对高速公路拓宽的工程病害和新老路基的结合技术，国外曾作过一些理论分析和试验研究[59~61]。日本和挪威主要针对的是软土地基上的新老路基拼接，美国、印度等主要涉及山区公路的路基拓宽问题。国外对于软土地基上高速公路加宽工程的理论研究尽管起步较早，但大多建立在离心模型试验和有限元模拟分析的基础之上，主要开展了以下几方面的研究：

1）填筑工艺的研究

高速公路一般都采用普通的水平填筑工艺，在原有道路的单侧或双侧进行扩建加宽时，国外除采用水平填筑外，还用间隙法（The gap-method）施工，间隙法施工即先填加宽部分的外侧，在老路路基和新加宽路基之间预留一定量的空隙，加宽部分路基在先填荷载作用下达到一定固结度以后，再填筑预留的空隙部分。国外一些学者和工程师如 Allersma 等[62]、Vos 等[63]，Meurs 等[64]利用小型离心机模型结合 PLAXIS 有限元程序和弹塑性摩尔-库仑模型或修正 Cam-Clay 模型对加宽路基两种不同填筑工艺（普通水平填筑和间隙法填筑）对加宽路基的影响进行了研究。均得到相似的结论：加宽路基的间隙法填筑（The gap-method）较普通水平填筑可以较好地减少既有道路的水平变形（30%），但是对竖向变形没有明显影响。

2）填筑材料的研究

为了使加宽部分路堤和既有道路紧密衔接形成整体，减少新老路堤的不均匀沉降，防止路面开裂，加宽工程中经常采用土工合成材料和超轻质填料（EPS）来处理。Juha 和 Veli-Matti[65]利用 PLAXIS 有限元程序和现场试验对土工合成材料在软土地基上加宽路基工程中的应力应变特性进行了研究，结果显示，使用土工合成材料可以降低由于路堤自重引起的水平应力，从而减小水平位移，可有效防止路面开裂。认为影响土工合成材料作用效果的主要因素是其刚度，刚度越高作用效果越好。

减小新老路堤不均匀沉降的另一方法是采用超轻质填料（EPS），EPS 超轻质填料研究应用在国外开展的较早，1972 年挪威首次在路堤中使用 EPS 填料并获得成功后，EPS 便以其显著的超轻性、耐压性、自立性、耐水性以及施工便捷且具有较强的化学稳定性迅速在瑞典、荷兰、加拿大、日本等国家获得应用。国外一些学者对 EPS 的物理特性：重度[66]、吸水特性[67]、热稳定性[67]、耐久性[68]和力学特性（短期荷载作用下力学特性[66,69,70]、长期荷载作用下力学特性[67]）进行了详细的研究，为 EPS 的工程应用奠定了理论基础。

3）计算分析方法和本构模型的选择

由于天然地基的复杂性、离散性和不均匀性，土力学中发展了多种计算分析方法和多种不同的本构模型，每种本构模型采用不同土性参数时，计算结果也有较大的差异。Hjortnaes-Pedersen 和 Broers[71]利用大型离心机模型试验和 PLAXIS 有限元程序分析了加宽路基施工过程中软土地基的力学特性和变形特性。认为离心模型试验和有限元分析虽有较好的一致性，但也有一定的差异，如加宽部分软土中量测的孔隙水压力比有限元分析值大 15%；离心模型试验中加宽部分刚填筑完毕时，实测沉降是有限元分析值的 2.0～2.5 倍，但当固结度达到 80% 时，两者结果又十分吻合；对于竖向变形，采用弹塑性摩尔-库仑模型或修正 Cam-Clay 模型计算结果比较接近，而对于水平位移，采用修正 Cam-Clay 模型的计算值和实测值比较接近，而采用弹塑性摩尔-库仑模型的计算值是实测值的 2～3 倍。这和 Bringkgreve 和 Vermeer[72]的研究成果相一致。

4）其他方面

美国普渡大学的 Richard 等[73]对一般加宽路基进行了研究，提出了加宽路基的设计指南和施工步骤；伦敦的 Stansted 机场的连接线加宽工程[74]、巴西圣保罗北部的公路拓宽工程[75]、荷兰的部分高速公路[76]采用桩承式加筋路堤，取得了较好的处理效果。对桩承式加筋路堤的水平加筋体的受力机理[74]、填料在桩承式路堤中的土拱效应[77,78]、土工加筋对路堤变形的影响[79]等的模型试验和理论研究，为加宽高速公路的病害处理提供了一个新的方法。

1.2.4.4 国内高速公路扩建加宽研究现状

由于我国高速公路加宽工程起步较晚，相关的理论研究无论在深度还是广度上均存在着严重的不足，需要作更加深入系统的研究。目前，主要开展了以下几方面的研究：

1）现场实测与理论分析相结合

在旧路加宽改造中，地基沉降和路基稳定性分析无疑是重要的。毛爱明[80]通过江苏省盐城—南通高速公路先导试验段沉降观测数据来分析旧路基与拓宽部分沉降之间的关系，认为：①拓宽部分对旧路基的沉降是有影响的，有时甚至是较大的，预压土填筑后，拓宽部分比旧路基更早达到稳定状态；②旧路基累计沉降量要远大于拓宽部分；③旧路基越宽拓宽部分对其中部影响越小；④新老路基搭接部位不一定是最薄弱部位，开裂不一定就在这个部位出现，即使原有的老路很好，拓宽后也会在老路的中部或在老路的其他部位出现开裂；⑤建议在老路和拓宽部分的基层连续 2 个月月沉降量小于 3mm 时，再进行拓宽部分路面施工。

郑明辉等[81]根据某一路堤裂缝变化和沉降监测结果，结合理论分析，得出新加宽路基填筑过程中产生的外力使既有路堤开裂是由两者不均匀沉降引起的，提出新旧路基连接的处理应从地基处理的材料和深度、加固路堤本体两方面来考虑。

2）模型试验研究

旧路加宽室内模型试验可以用来验证旧路加宽综合处治技术的有效性和可靠性，并可对理论分析结果进行验证。

孙四平等[82]通过旧路加宽室内模型试验中路基回弹模量与差异变形的测试、路基填筑过程中的压力测试与分析、疲劳加载试验过程中的应变测试和疲劳寿命回归分析得到：①旧路加宽改造工程中由于路基的不均匀性，新旧路基间存在着明显的变形和刚度差异，从而造成路面结构受力状态的不均匀，进而影响路面的疲劳寿命；②加筋处治可明显减小上覆荷载向路基内部的扩散和传递，并使路基内受力均匀，从而有效地改善结构的受力状态；③加筋结构的沥青面层底面处于均匀的受压状态，可有效地减小重复荷载作用下的疲劳破坏，延长路面的使用寿命，阻止和延缓沥青路面反射裂缝的发生和发展。

3）公路路堤加宽的有限元分析

有限元法是近代计算岩土力学学科用于分析问题的重要手段之一，能适应复杂的边界条件和材料及状态的非线性，它将地基和结构作为一个整体来分析，将其划分网格，形成离散体结构，可以计算荷载作用下任一时刻地基和结构各点的位移和应力。

周志刚和郑健龙[83]通过弹性力学平面应变有限元方法对新填路基非均匀沉降进行模拟计算，分析了旧路拓宽中新路基的沉降规律以及由此而导致的面层、基层的应力集中现象，根据强度理论，对新铺加宽基层的预留厚度给出了定量的计算方法。

苏超等[84]采用现场实测沉降资料进行地基参数反馈分析，利用土体固结非线性有限元方法对高速公路拼接段地基处理技术进行了数值模拟，计算分析表明：直接反分析方法可以有效地反演地基参数，从而为解决一直困扰工程技术人员的计算参数问题提供一个新的途径。

汪浩和黄晓明[85]采用基于二维比奥（Biot）固结理论的平面应变有限元方法分析新路堤作为附加荷载对老路堤和地基的影响，结果表明，加宽后老路堤出现较大的差异沉降和横坡比改变，影响路面服务性能；老路堤靠近中心线除出现略微的向上和向内的移动，老路肩有向外的较大水平位移；路基加宽改变了地基中剪应力的分布，可以根据孔隙压力变化情况近似将老路堤下地基分为稳定性不同的三个区域；新路堤的沉降明显大于老路堤的附加沉降，随着加宽宽度的增加最大沉降的位置逐渐向外移动，显现出一定的规律性，新路堤靠近坡脚处出现较大的水平位移。

蒋鑫和邱延峻[86]运用岩土工程专业软件包 Plaxis 3D Tunnel 对旧路拓宽进行了全过程的三维弹塑性有限元数值模拟，包括新路基的填筑，路面各结构层的铺筑及轮载最不利位置的施加等，重点分析了新旧路基不均匀沉降变形及应力分布的规律，比较了拓宽方式、新老路基土模量差异对路面变形和使用寿命的影响。

聂鹏等[87]采用三维有限元方法，将新老路基不均匀沉降转换为结构层底脱空，进行多种不同脱空深度的路面结构力学分析，分析认为：①路基加宽工程中新旧路基不均匀沉降会使路面结构层受力状态发生显著变化，应将基层层底拉应力作为半刚性基层沥青路面不发生结构性破坏的控制指标；②沈大高速公路路基单侧加宽 8m 的情况下，容许工后不均匀沉降差应在 1.8cm 以内，不均匀沉降坡比为 0.45%，在此范围内，沥青路面不会发生结构性破坏；③沈大高速公路改扩建工程试验路于 2002 年 10 月沥青路面竣工，经过 2 年运营，新旧路基结合部位沥青路面未出现纵向裂纹；沥青路面工后沉降差实测值为 1.2cm，小于容许工后不均匀沉降差 1.8cm，说明本文计算结果与路面的实际状况一致。

方国民[88]利用 ANSYS 程序的接触单元建立柔性面—柔性面的接触，在交界面上形成接触单元，实现接触分析，通过选择合理的参数，实现了新旧路堤接触面上的黏结、滑移、脱离、再闭合的状态模拟。认为在旧路改扩建工程中，加宽路基的计算应考虑旧路堤的影响，在考虑土的弹塑性性质，旧路堤的摩擦影响和刚度影响的条件下提出了新的计算方法，可以更加合理地计算加宽路堤的沉降及其他变形问题，计算结果与实际工程中的测量值相吻合。

1.3 高填方路基后处理技术

高速公路常需穿过工程地质条件较为复杂的地区，某些区域还需要边坡开挖及碾压填方等施工。高填方路段路基逐层碾压施工常为线形工程，一般采用流水线法施工，即相邻的填筑、碾压工序保持一定的时间间隔而相继投入施工，一个工序结束，待下层地基土沉降变形基本稳定后方可进行下一个工序。但在实际工程中，当路基下存在埋深较大的软弱土层时，路基填筑和碾压过程会在下层土体中产生较大的超孔隙水压力。由于软弱土层排水不畅，导致土颗粒间有效应力的增长与上部附加荷载增长不协调。当路基填筑至设计标高时，下层土体难以充分固结，造成路基变形滞后，为工程质量埋下隐患。目前，通常采用的解决方法是减缓施工速度、顺延工期，但由此可能造成整个标段的工期延误及合同纠纷。为此，工程界也提出了采用轻型路基材料、对原有路基进行先处理等技术措施。在高填方路基填筑碾压之前进行地基处理的施工技术称为先处理技术，如排水固结法、碎石桩法、石灰桩法、强夯法等。此种方法必须占用较长的工期，而且不能从本质上解决路基中有效应力与荷载增长不平衡的问题，故效果不甚理想。工程实践中还需要更加快捷有效的处理措施。

1.3.1 高填方路基的后处理技术

高填方路基后处理技术，是近年来由本书著作者所在团队研究开发的一种新型路基处理技术。

无砂混凝土小桩路基后处理技术，是在路基填筑碾压到一定高度后，在填方路基平台上通过人工或机械进行成孔施工，在路基中建立排水通道，快速消散超孔隙水压力，进而加速路基主固结过程的一种新技术。此种技术不但能够解决路基沉降变形滞后的问题，增强路基的稳定性，而且通过成孔后投石压浆形成竖向增强体的过程，在预填方及路基中形成复合地基，继而达到控制工后沉降变形的目的。

后处理技术，还可采用多桩型复合地基。如超软土路基工程，为了解决先期填土路基的稳定性，可预先对超软土地基进行加固处理，当先期填土高度达到一定要求时，再采用后处理技术。

高填方路基后处理技术是目前正在发展的一项路基处理新技术，已经在我国郑少高速、京港澳高速武汉东西湖段、湖北襄荆高速、沪陕高速信南段、湖北孝襄高速、郑州西南环城高速、河南平临高速、大广高速扶项段、连霍高速郑州段等多条高速公路得到成功运用，取得了良好的社会经济效益。但高填方路基后处理技术还处于以经验为主，以施工监控为辅的初级发展水平，高填方后处理复合地基受荷后的桩土相互作用和传力机制及其优化设计理论研究方面还存在许多尚未解决的问题。同时在工程实践中，工程设计人员对于要不要考虑及如何考虑负摩阻力等问题一直模糊不清。负摩阻力发生、发展的特点及其计算方法是后处理技术中存在的重要问题，已引起工程界的重视。

后处理技术是相对于常规的地基先处理技术而言的一种施工工艺。它是在路基填方（先填方）达到一定高度之后（不超过路基极限高度），对路基进行成孔和灌浆施工，释放超孔隙水压力并形成无砂混凝土小桩复合地基，之后再进行后续填方施工（后填方）达到路基设计高度，如图 1.1 所示。

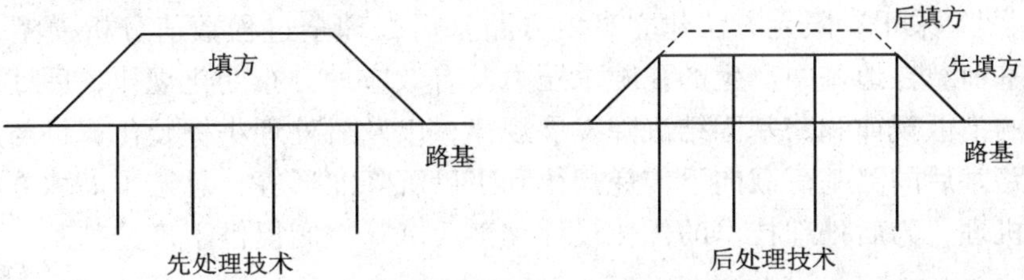

图 1.1 高填方路基先处理技术和后处理技术

后处理过程中一般采用无砂混凝土小桩进行地基处理，无砂混凝土小桩可按照梅花形或方形布置。

郭院成和周同和[89]结合湖北省东西湖区软弱路基的处理工程，通过试验，研究分析了高速公路高填方软基变形稳定性处理机理及工程应用技术。试验结果证实了路基后处理方法的先进性。

郭院成等[90]结合京珠高速湖北省东西湖区段软弱路基的高填方处理工程，通过采用无砂混凝土小桩后处理方法，在小桩成孔过程中迅速消散高填方区淤泥质软基中超静水压力，并通过压力注浆加固软弱土层，形成胶结水泥土层，提高了下部软弱土层的承载力和强度。工后监测结果经与轻质材料路基施工过程中的沉降变形曲线的对比，验证了无砂混凝土小桩后处理技术的先进性。

郭院成等[91]基于软基上高填方的施工特点和软基中的应力增长特点，计算分析了路基软弱土层中孔隙水压力及有效应力的变化规律，采用应力路径法研究了软土路基的优化处理方案。

童怀峰[92]研究了无砂混凝土小桩后处理技术处理饱和软土条件下的高填方路基的处理机理和优化设计方法。基于无砂混凝土小桩特点，研究了其成孔压浆过程中的地基土应力应变发生、发展过程，对后处理工艺的关键性技术参数进行了优化决策。

张浩华[93]从应力路径角度，建立了复合地基基于承载力控制条件的设计计算方法，并经三桩承台试验，验证了多桩型复合地基的工作状态及该技术的有效性。

刘海涛[94]在研究湿陷性黄土的基础上，提出了黄土室内试验的多线法试验。在黄土预湿变形量的基础之上采用反演理论，以此附加应力为黄土的外加荷载，进行工程设计，减小沉降。同时提出了后处理方法在加固湿陷性黄土路基的设计思想。

童怀峰等[95]针对无砂混凝土小桩复合地基在后期荷载作用下的变形特点进行分析，研究了基于变形控制的软土地基后处理技术优化设计方法。

童怀峰等[96]在分析无砂混凝土小桩成孔、注浆过程的基础上，结合渗流理论对无砂混凝土小桩后处理高填方软基的固结进程进行了研究。

童怀峰和郭院成[97]通过京珠高速公路湖北某合同段软基处理的工程实践，证明无砂混凝土小桩后处理高填方软基技术相对于传统路基处理技术具有明显的技术优势和发展前景。

童怀峰和锁利军[98]在传统路堤稳定计算方法、应力路径的概念和太沙基破坏模式的基础之上，确定了应力路径分析法中关键点的选取原则，并在饱和深厚软土条件下通过该点的有效应力和超孔隙水压力的转化关系反演得到后处理施工先填方高度的简化计算公式。

郭院成[99,100]采用有限元方法建立高填方路基后处理全过程数值分析模型，模拟分析了先填方路基荷载在地基中产生的孔隙水压力及有效应力分布变化规律，后处理成孔阶段孔隙水压力的消散规律和路基固结沉降发展规律，以及后处理小桩硬化成桩与周边土体共同构成复合路基后的路基荷载向下传递规律和工后沉降变形等，总结了高填方路基后处理技术的工作机理，为后处理技术的优化设计和工后沉降控制提供了理论基础。

1.3.2 高填方路基的变刚度后处理技术

先处理路基与后处理相结合的高填方路基处理技术的一般形式如图1.2所示。

靳军伟[101]研究了高填方路基先处理、后处理结合的变刚度处理技术的原理，并用数值分析的方法研究了设计参数对高填方路基变形、桩体受力特性的影响。

李勐勋等[102]在路基后处理技术的基础之上研究提出一种对部分填土路基水泥土桩复

合地基，采用无砂混凝土小桩后处理技术，形成双层复合地基的路基后处理技术，并分析了该种地基的沉降计算方法。

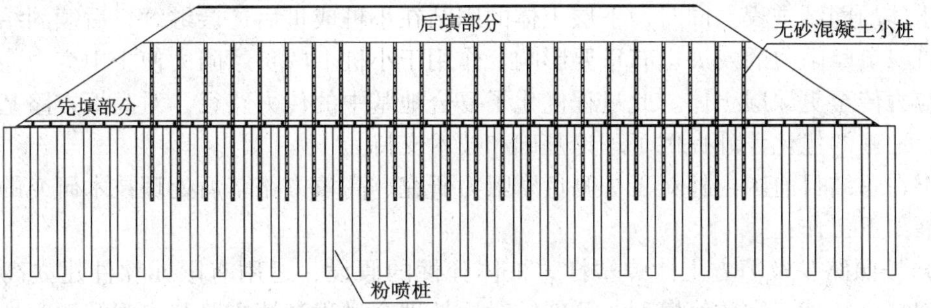

图 1.2 先处理与后处理相结合的变刚度处理简图

靳军伟，郭院成[103]，基于先处理与后处理组合技术的工程应用实例，建立有限元数值模型，分析了先处理的粉喷桩和后处理无砂混凝土小桩的受力，路基土体的超孔隙水压力变化以及路基的沉降变形特点，通过参数分析，得到了该技术使用时的土体适用条件，以及粉喷桩和无砂混凝土小桩技术参数对路基沉降、孔压和桩土应力比的影响规律。

目前的研究主要集中在先处理阶段及后处理小桩施工的理论研究，对路基处理对先处理桩体及后处理桩体的分析以及路堤变形及沉降的影响研究还较少，本文将就该问题展开研究，采用大型有限元软件 ABAQUS 进行模拟分析。

1.3.3 高填方路基扩宽工程的后处理技术

童怀峰[104]以高速公路双侧对称加宽工程为背景，采用有限元方法，建立了高填方路基扩宽工程后处理施工过程的数值分析模型，对扩宽工程先填方产生的超孔考虑隙水压力、后处理成孔阶段的固结变形和硬化成桩后桩间土体加固结度，以及新老路基的变形性状进行了系统模拟分析，研究总结了后处理技术对扩宽工程中新老路基沉降变形的影响规律。通过工程应用和实际监测，验证了后处理技术在协调高填方路基加宽工程中新老路基的变形方面的情况。

1.4 本书主要内容

1.4.1 高填方路基后处理技术作用机理研究

软土高填方路基的后处理技术、无砂混凝土小桩技术是近些年来逐渐兴起的路基处理新思想、新技术，并已在多条高速公路的建设中得到成功应用，取得了较好的社会经济效益。目前的研究多集中于施工工艺和处理效果等的宏观研究，对于经后处理形成的柔性荷载下的刚性桩复合地基在后期服役期间的力学性状，如复合地基中负摩阻力的发生发展机理及其影响因素、桩土传力机制及变形机理等研究还很少涉及，这些方面的研究对于高填方路基后处理技术具有重要的理论意义和工程实用价值，是深入研究此项技术及其优化理论的基础。

在路基填方柔性荷载的作用下，无砂混凝土刚性小桩会产生上刺入变形，桩间土体也会因桩体影响而发生不均匀沉降。后处理成孔过程会释放地基土体中的超孔隙水压力，加速下层土体的固结进程。同时，下层土体的固结在小桩成桩后还会继续，后续固结过程对于小桩桩身负摩阻力的发展也有重要影响。作用于小桩上的负摩阻力使土中应力向桩体集中，将应力传至更深层土体。此过程优化了复合地基中的传力路径，对高填方路基后处理小桩复合地基的优化设计提供了理论基础和技术支持。

本书在总结目前国内外对于桩侧负摩阻力研究、高填方路基后处理技术研究的基础之上，开展如下工作：

（1）按照路基及填方土体弹塑性、桩体弹性的假设，运用有限元软件建立高填方路基后处理复合地基三维数值模型，开展针对后处理全过程高填方路基宏观及微观性状的数值模拟；

（2）研究高填方路基后处理无砂混凝土小桩桩侧负摩阻力的分布特征及其在后填方施工过程及工后土体固结过程中的发展趋势；

（3）结合高填方路基后处理复合路基中固结度的变化发展规律，探讨后处理复合路基承载力分担机制以及荷载传递机理；

（4）针对后处理设计过程中的若干因素进行参数研究，讨论其对桩侧负摩阻力及桩身轴向应力的影响模式；

（5）运用理论方法研究考虑固结沉降的层状土体中桩侧负摩阻力计算理论，并与数值模拟结果对比，验证其正确性。

1.4.2 高填方路基变刚度后处理技术

本书在总结目前国内外的路基处理形式基础上，结合对无砂混凝土小桩后处理技术的现有研究，进行如下研究：

1）提出高填方路基变刚度处理技术的工作机理；

2）进行高填方路基后处理机理的数值模拟；

3）进行高填方路基变刚度复合地基工作性能的数值模拟；

4）对变刚度后处理的技术参数进行对比分析；

5）探讨高填方路基变刚度加固技术的设计计算方法；

6）结合工程实测数据，分析总结变刚度地基加固技术对控制高填方路基沉降变形的技术优势。

1.4.3 高填方路基后处理在扩宽工程中的应用

基于上述工程背景和后处理技术在高速公路新建和加宽工程中的成功应用，本书对无砂混凝土小桩后处理技术在高填方路基工程应用中的关键技术参数进行了理论分析研究，并对高填方路基加宽后处理的变形性状进行了数值模拟和对比分析，具体内容如下：

（1）高填方路基后处理技术即投石压浆无砂混凝土小桩技术是一种新的地基处理技术，通过对无砂混凝土小桩技术的施工工艺、压力注浆、后处理机理的详细分析可知，后处理技术具有堆载预压、快速排水、排气固结、固化、竖向置换增强等综合作用机理；通过对无砂混凝土小桩复合地基桩土竖向变形协调、桩间土的应力和竖向变形的分析，解决无砂混凝土小桩复合地基基于变形控制下的优化设计问题。

（2）高填方路基后处理技术中先填土高度的确定是非常关键的一个技术环节。当浅层含有饱和软弱土层，地基承载力较低时，采用基于统一双剪强度理论的分析方法分析确定后处理先填土高度，可以充分发挥天然地基的原有承载力，达到降低造价的目的；当地基承载力较高时，基于小坡堤稳定的分析方法可以方便地分析确定后处理先填土高度，消除了后处理之前由于填土自身稳定问题给工程带来的不良影响。

（3）基于高填方路基加宽时加宽填土荷载的特殊性，对各种荷载形式作用下地基土体的初始有效应力和超孔隙水压力进行了分析；对后处理技术先填土、成孔施工各阶段的固结过程进行了详细分析，得出了各阶段土体超孔隙压力和固结度的计算分析结果。

（4）基于统一强度理论和柱形孔扩张弹性理论，分析了无砂混凝土小桩注浆期间注浆压力与桩周土体的应力状态，得出了考虑中主应力影响下桩周土体处于弹性状态和弹塑性状态时注浆压力计算公式以及注浆压力与塑性开展半径的关系式；为后处理技术注浆施工工艺的优化选择提供理论依据。

（5）基于高速公路双侧对称加宽的工程背景，对加宽路基不进行处理、先处理及后处理三种情况下，加宽填土荷载的施工对原有地基和老路路堤的变形性状的影响进行了详细的数值模拟对比分析。

（6）在无砂混凝土小桩后处理技术在路基加宽工程的应用中，通过对老路坡肩和新加宽路基坡肩位置水平及竖向变形监测结果可知，小桩后处理技术不仅能够增强新老路基之间的结合，而且能够协调新老路基之间的变形，大大减小工后沉降变形。

第 2 章　高填方路基后处理技术

高速公路路基特点是工程地质条件复杂，常需进行边坡开挖和碾压填方。在高填方路段，路基逐层碾压过程中，下层原状土受压、发生沉降变形，至设计路基标高下层地基土沉降变形基本稳定，则可进行下一步工序。实际工程中当高填方区存在软弱土层且其埋深较大时，在上部路基碾压过程中，下层土体中的水分不易排出，在路基的逐层增高过程中，下层软弱土产生超静水压力，导致土颗粒间的有效应力与上部附加荷载集度的递增速度不成比例，当路基高程达到设计标高时，下层土体的主固结沉降远远没有完成，造成路基变形不能按预定时间达到稳定标准，目前常用的办法是降低施工速度，顺延工期，由此可能造成整个标段工程的工期延误，因此产生了采用轻型路基材料、对原有地基进行先处理等措施，但综合指标不甚理想。基于此种工程背景下研究开发了无砂混凝土小桩后处理高填方路基技术。

高填方路基先处理技术是在高填方路基施工之前即对地基进行加固处理的施工技术，如：排水固结法、强夯法、碎石桩法、石灰桩法等。地基处理过程必须占用工程有效工期，此外高填方施工过程实际上就是复合地基的加荷过程，在高填方路基附加压力作用下，复合地基产生压缩变形，并在桩周土体中产生超静水压力，使复合地基土中的有效应力增长过程落后于上部荷载的施加速度，严重影响复合地基沉降稳定时间。而后处理技术是在路基填方达到一定高度（≤极限高度）后，再对地基进行处理的一种技术，是正在发展的一项新技术。后处理施工于高填方路基填筑到一定高度后，此时，原地基土在填方路基压力作用下产生压缩变形，同时产生超静水压力，影响地基的沉降变形和路基稳定性。从机理上分析，高填方软弱路基变形稳定性处理就是要迅速消散下部软弱土层中的超静水压力，提高土颗粒间的有效应力，完成土体主固结过程。

2.1　高填方路基后处理技术开发研究

投石压浆无砂混凝土小桩技术是河南省基础工程有限公司结合德国索勒唐舍（SOLETANCHE）公司开发的小桩技术及国内开发的孔底压力注浆桩技术而开发的一种新的地基处理技术，它克服了小桩技术的强配筋（处理造价较高、工期长）和压力注浆桩的注浆压力大（需大功率高压泥浆泵）、桩径大（不利于发挥桩间土承载力）等诸多缺点。具有技术先进，可靠性好，设备简单，施工操作方便，能实现小型机具配套施工，场地适应性强，而且无振动无噪声、不污染环境，能明显地缩短工期，造价低廉等优点。

投石压浆无砂混凝土小桩实质上是小直径压力注浆桩，其直径可为 150 ~450mm，根据地基土质情况和成桩设备等因素一般多采用 200 ~350mm 桩径，常用的长径比一般为 30 ~60，属刚性桩。

投石压浆无砂混凝土小桩可适用于淤泥质土、粉质黏土、黏土、粉土、砂土等各种土层，既能在水位以上干作业成孔，也可在有地下水的情况下成孔成桩；既能用于新建建筑物的软基处理，高速公路高填方软基后处理，市政、公路桥台后跳车处理与整治，基坑支护防渗处理及特殊土地基处理，又能用于已有建筑物的地基加固，也能用于大型铁塔及设备基础的抗交替荷载地基及基础工程，以及地下式贮液池类建筑物的抗压抗浮基础。但对于粒径较大的卵石层和较深、厚淤泥质土的软土层应通过现场成孔、成桩和载荷试验确定其适用性。对湿陷性黄土、膨胀性土、液化砂土则应着重研究现场成孔工艺及压力灌浆的技术效果，通过试验来确定其工程适应性。

2.1.1　无砂混凝土小桩施工工艺

投石压浆无砂混凝土小桩既可用于防渗处理工程，又可用于地基加固工程。对挡土防渗工程，防渗帷幕通常有单排桩、双排桩或三排桩形式。单排桩时，施工顺序如图 2.1 所示；双排桩时，宜先施工下游排桩孔；如三排桩，则先施工下游排桩，再上游排桩，最后施工中排桩。

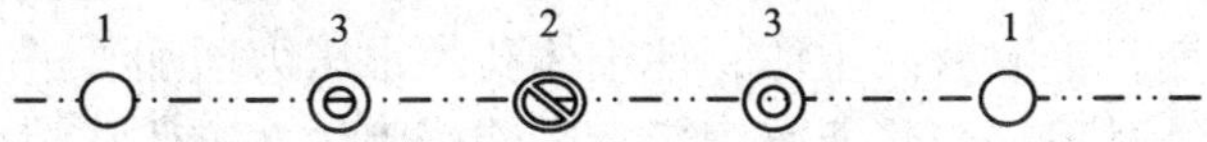

图 2.1　同排桩施工顺序

1—第一次序桩位；2—第二次序桩位；3—第三次序桩位

对于地基加固工程，桩位常布置成梅花形或方格形，施工顺序如下图 2.2 所示。

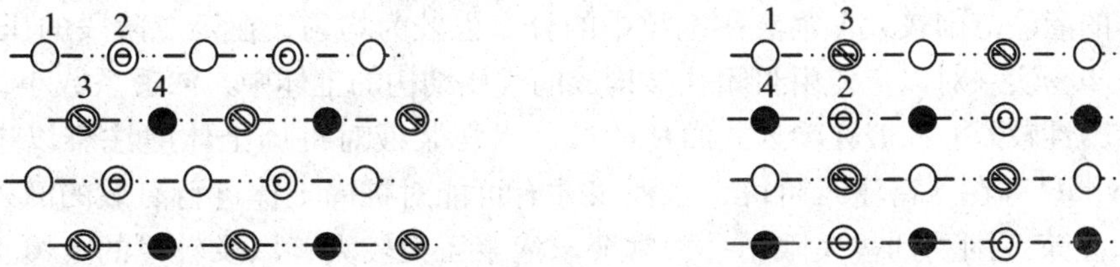

图 2.2　施工顺序示意图

无砂混凝土小桩的施工过程为：根据设计的桩径，用工程钻机或人工成孔至预定深度位置，然后插入钢质注浆管（注浆管不拔出），随即向桩孔内投放一定级配的碎石至孔口，封孔后通过注浆管向孔内压力注浆。其施工工艺流程如图 2.3 所示。

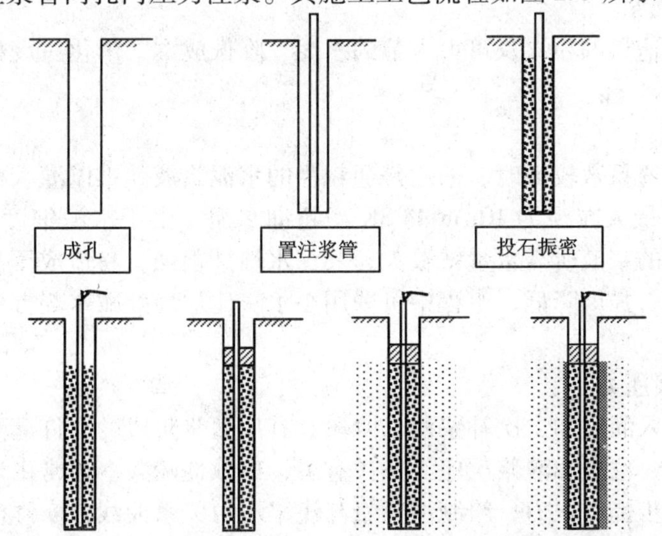

图 2.3　投石压浆无砂混凝土小桩施工工艺流程图

2.1.2 无砂混凝土小桩的压力注浆

无砂混凝土小桩后处理高填方路基技术除了在成孔过程中能迅速消散土中超静水压力外，在压力注浆阶段对桩周土体的灌浆加固对提高土体的承载力和压缩模量也具有显著功效。

在饱和土的渗透固结过程中，从土层孔隙中排出的水主要是自由水，而土层孔隙中的结合水因其具有一定的抗剪强度，所以很难继续排出。孔隙中的结合水对土层强度的提高和后期蠕变变形影响甚大，特别是对于高含水量、高液限的淤泥类软土，因孔隙中结合水含量较高，排水固结过程很难大幅度提高土层的强度。压力注浆过程弥补了排水固结的不足，在压力注浆的初期，浆液劈入土体，使土体孔隙水压力增加，进一步加快了孔隙水压力的消散和土体的固结过程，当浆液凝固后，浆液凝固体在土体孔隙中起到充填和骨架作用，能显著提高土体的承载力和压缩模量，大大减少了土体的后期蠕变变形。

投石压浆无砂混凝土小桩施工通常采用分级升压法注浆。根据土体结构不同，原状土中孔隙分布特征亦有所不同，对有连续气相分布的土体，在第一步的渗入式灌浆阶段，水泥浆对桩周土体的灌注范围较大，浆液在土粒中的分布也较为均匀，在第二阶段的压密注浆时，水泥土进一步密实。对以主要由封闭孔隙构成的气相结构的土体中，渗透系数小，土体的水平或竖向渗透性较差，一般在渗入式灌注阶段，水泥浆液对桩周土体灌注难以进行，或灌注范围很小，只有在压密注浆阶段，水泥浆才有可能对桩周土体进行有效的灌入或侧向挤密，因此，注浆范围受到很大限制，常常要求灌浆压力较大，以及较厚的上覆土层。

2.1.2.1 灌浆材料

1）水泥浆

纯水泥浆是水和水泥按一定比例混合制成的。水泥浆的水灰比越大，流动性越好，可灌性就越好，但析水率就越大，稳定性就越差，结石强度就越低。

2）粉煤灰水泥浆

在水泥中添加适量的粉煤灰可大大节约水泥、降低成本、消化三废材料，并改善水泥浆的沉淀析水性。

3）超细水泥浆

当原状土的渗透系数较低时，采用普通粒径的水泥浆液就难以灌入桩周土体，可采用平均粒径为4μm，最大粒径为10μm的SK型超细水泥。由于水泥细度高，比表面积大，要配制流动性较好的浆液所需水量就较大，其保水性又很强，易造成压入浆液的多余水分不易排出，而使结石强度降低，工程中可采用小水灰比加高效减水剂方法，改善水泥浆的流动性。

2.1.2.2 灌浆压力

工程注浆分渗入灌注和二次补浆两个阶段。有压灌浆阶段的容许灌浆压力与原状土条件，以及桩孔深度、位置和灌浆次序等条件有关，离散性较大。通常由现场试验来确定灌浆压力。即通过逐步提高压力，绘制注浆量与注浆压力关系曲线，实际注浆时，可以试验所得容许压力的80%作为注浆压力。也可根据经验，对砂土取0.2～0.5MPa；对黏性土，取0.2～0.3MPa；对粉土，取0.2～0.4MPa；补浆压力一般为1～2MPa。

2.1.2.3 灌浆量

灌浆量为灌入碎石桩中碎石的孔隙体积和桩周加固土层孔隙体积之和。在灌浆过程中，碎石桩中孔隙是相通的，可为浆液完全填充，而桩周土层中有些孔隙属封闭孔隙，浆液不可能完全将其充填，同时考虑到浆液可能流到加固区以外，造成损耗，故在计算时，常乘以一个折减系数。灌浆量可按下式计算：

$$V = V_s n_s + V_n mn(1 + L) \tag{2.1}$$

式中 V_s——碎石桩体总体积（m^3）；

n_s——碎石桩的孔隙率；

V_n——桩周加固土层的总体积（m^3）；

n——桩周土体孔隙率；

L——浆液损耗系数，取5% ~15%；

m——桩周土体的浆液充填系数，应通过试验确定无试验资料时可按表2.1经验取用。

灌浆充填系数 *m* **表2.1**

软土，黏性土，细砂	中砂，粗砂	黄　土
0.2~0.4	0.4~0.6	0.2~0.8

2.1.2.4 灌浆工艺

投石压浆无砂混凝土小桩灌浆常采用逐渐加密原则有序进行，加固工程中，通常采用梅花形和方格形桩位布置。当采用梅花形布桩时，首先施工奇数排的奇数位桩孔，再施工奇数排的偶数位桩孔，第三次序施工偶数排的奇数位桩孔，第四次序施工偶数排的偶数位桩孔。对方格形布桩方式，首先施工奇数排的奇数位桩孔，再施工偶数排的偶数位桩孔，第三次序施工奇数排的偶数位桩孔，第四次序施工偶数排的奇数位桩孔。以使待处理地基土在设计加固范围内，压力注浆时桩周土体的灌注效果较为均匀和密实，使复合地基在材料用量不变的条件下，达到最佳加固效果。

2.2 后处理技术产生的固结作用与注浆压力分析

高填方路基后处理先填土高度在地基承载力较低时，先填土高度较低，先填土荷载接近于矩形荷载，当地基承载力较高时，先填土荷载可能为三角形荷载或者为窄梯形荷载，在分析后处理成孔固结之前，需要对先填土荷载在地基土体中产生的应力及超孔隙水压力进行分析。

2.2.1 先填土荷载作用下地基应力及孔压分析

2.2.1.1 瞬时点荷载作用下地基初始有效应力及超孔隙水压力分析

注意到初始时刻饱和土不可压缩，即体积应变 $\varepsilon_v = 0$，则轴对称条件下以位移分量表示的Biot固结方程可以写成：

$$\left.\begin{aligned}&G\left(\nabla^2 u_s - \frac{u_s}{r^2}\right) - \frac{\partial u}{\partial r} = 0\\&G\nabla^2 w_s - \frac{\partial u}{\partial z} = 0\\&\frac{k}{\gamma_w}\nabla^2 u = \frac{\partial \varepsilon_v}{\partial t}\end{aligned}\right\} \tag{2.2}$$

式中 u_s，w_s——分别表示径向和垂直向位移；

u——超孔隙水压力；

$G = E/2(1+\mu)$——土骨架剪变模量；

k——渗透系数；

γ_w——水的重度；

$\varepsilon_v = -(\partial u_s/\partial r + u_s/r + \partial w_s/\partial_z)$——体积应变；

$\nabla^2 = \partial^2/\partial r^2 + (1/r)\partial/\partial r + \partial^2/\partial z^2$——微分算子。

由初始时刻 $\varepsilon_v=0$，式（2.2）方程组成为：

$$\left.\begin{aligned}&G\left(\nabla^2 u_s - \frac{u_s}{r^2}\right) - \frac{\partial u}{\partial r} = 0\\&G\nabla^2 w_s - \frac{\partial u}{\partial z} = 0\\&\nabla^2 u = 0\end{aligned}\right\} \tag{2.3}$$

可见，初始时刻地基内超孔隙水压力分布为调和函数。

设弹性半无限空间如图2.4所示，其上作用竖向集中荷载 p，应力边界条件要求：

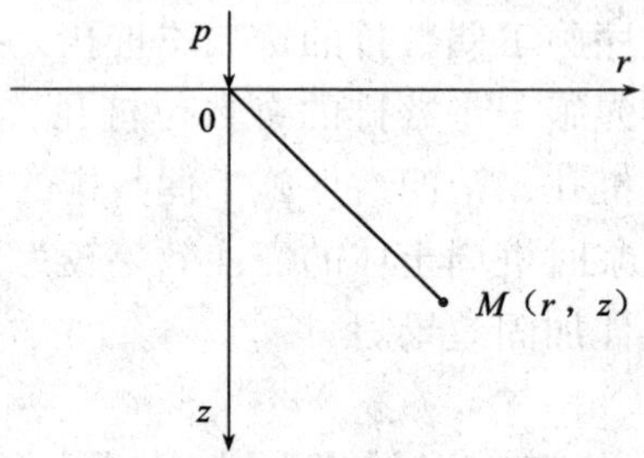

图2.4　点荷载作用下的求解示意图

$$(\sigma'_z + u)_{z=0, r\neq 0} = 0 \tag{2.4}$$

$$(\sigma'_{zr} + u)_{z=0, r\neq 0} = 0 \tag{2.5}$$

$$\int_0^{\infty}(2\pi r \mathrm{d}r)(\sigma'_z + u) = p \tag{2.6}$$

借用弹性力学半逆解法，假设超孔隙水压力为调和函数 $u = A\dfrac{z}{R^3}$，这里 A 为待定系数，将 $R=\sqrt{r^2+z^2}$ 代入方程组（2.3）中前两式，并注意到 $\varepsilon_v=0$，可以得到

$$u_r = \frac{p}{4\pi G}\frac{zr}{R^3} \tag{2.7}$$

$$W_z = \frac{p}{4\pi G}\left(\frac{z^2}{R^3} + \frac{1}{R}\right) \tag{2.8}$$

$$\sigma'_r = \frac{p}{2\pi}\left(\frac{3zr^2}{R^5} - \frac{z}{R^3}\right) \tag{2.9}$$

$$\sigma'_\theta = -\frac{p}{2\pi}\frac{z}{R^3} \tag{2.10}$$

$$\sigma'_z = \frac{p}{2\pi}\left(\frac{3z^3}{R^5} - \frac{z}{R^3}\right) \tag{2.11}$$

$$\tau_{rz} = \frac{3p}{2\pi}\frac{rz^2}{R^5} \tag{2.12}$$

$$u = \frac{p}{2\pi}\frac{z}{R^3} \tag{2.13}$$

以上解答中 σ'_r、σ'_θ和 σ'_z分别为径向、环向和垂直向土骨架的有效应力，τ_{zr}为剪切应力，解答满足控制方程（2.2），又满足边界条件（2.4）、（2.5）和（2.6）。

2.2.1.2　线性荷载作用下地基初始有效应力及超孔隙水压力分析

在地表无限长直线上，作用有竖向均布线荷载 p，如图 2.5 所示，求在地基中任意点 M 引起的初始有效应力和超孔隙水压力。

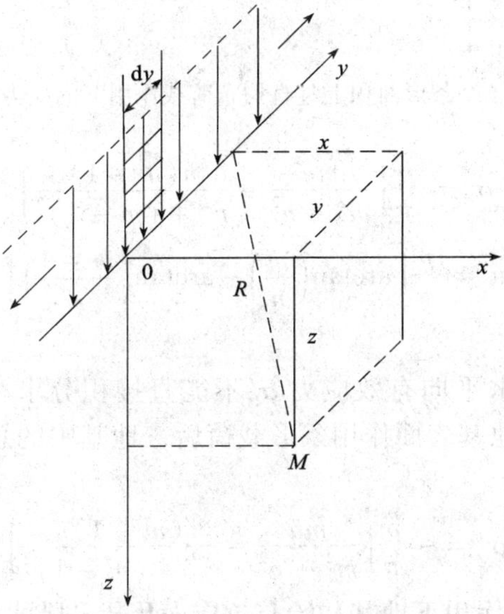

图 2.5　竖直线荷载作用下的应力状态

根据弹性半无限空间线荷载 Flamant 解答思路，在线性荷载上取微分长度 dy，作用在上面的荷载 pdy 可以看成集中力，则在地基内 M 点引起的应力按瞬时点荷载作用下初始有效应力公式（2.11）计算为：

$$d\sigma'_z = \frac{p}{2\pi}\left[\frac{3z^3}{R^5} - \frac{z}{R^3}\right]dy \tag{2.14}$$

则

$$\sigma'_z = \int_{-\infty}^{+\infty} \frac{p}{2\pi}\left[\frac{3z^3}{R^5} - \frac{z}{R^3}\right]\mathrm{d}y = \frac{p}{\pi}\frac{z(z^2 - x^2)}{(x^2 + z^2)^2} \tag{2.15}$$

同理，由式（2.13）得超孔隙水压力为：

$$u = \frac{p}{\pi}\frac{z}{(x^2 + z^2)} \tag{2.16}$$

2.2.1.3　竖直均布荷载作用下地基初始有效应力及超孔隙水压力分析

当地表面作用宽度为 B 的条形竖向均布荷载 p 时（如图 2.6），地基内任意点 M（x，z）的初始有效应力和超孔隙水压力可利用式（2.15）和（2.16）在［0，B］上的积分得到。

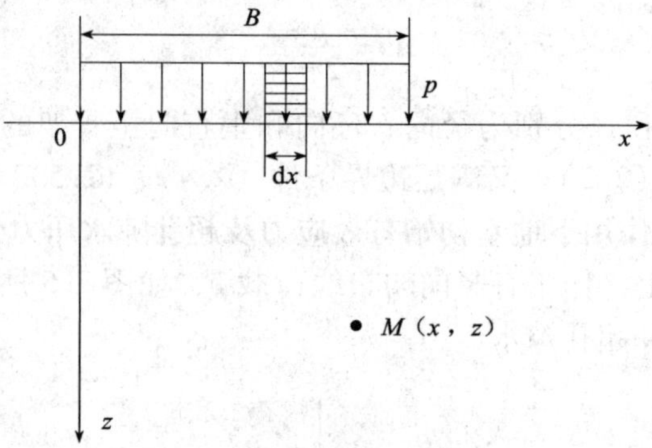

图 2.6　条形面积上竖直均布荷载作用下的应力状态

$$\sigma'_z = \frac{p}{\pi}\left[\frac{mn}{m^2 + n^2} - \frac{n(m-1)}{n^2 + (m-1)^2}\right] \tag{2.17}$$

$$u = \frac{p}{\pi}\left[\arctan\left(\frac{m}{n}\right) - \arctan\left(\frac{m-1}{n}\right)\right] \tag{2.18}$$

式中　$m = x/B$，$n = z/B$。

由于积分上的困难，水平向有效应力 σ'_x 不能直接积分求得。但根据有效应力原理，可以从已知的半无限弹性地基表面作用条形载荷后，地基中的总应力减去超孔隙水压力得到，表为式（2.19）。

$$\sigma'_x = -\frac{p}{\pi}\left[\frac{mn}{m^2 + n^2} - \frac{(m-1)n}{n^2 + (m-1)^2}\right] \tag{2.19}$$

2.2.1.4　三角形荷载作用下地基初始有效应力及超孔隙水压力分析

当地基表面作用宽度为 L 的条形面积三角形竖向分布荷载 p 时（如图 2.7），地基内任意点 M（x，z）的初始有效应力和超孔隙水压力可利用（2.15）和（2.16）在［0，L］上的积分得到。

$$\sigma'_z = \frac{p}{\pi}\left[\frac{n}{2}\ln\left(\frac{m^2 + n^2}{(m-1)^2 + n^2}\right) - \frac{(m-1)n}{(m-1)^2 + n^2}\right] \tag{2.20}$$

$$u = \frac{p}{\pi}\left[\frac{n}{2}\ln\left(\frac{(m-1)^2 + n^2}{m^2 + n^2}\right) + m\left[\arctan\left(\frac{m}{n}\right) - \arctan\left[\frac{m-1}{n}\right)\right]\right] \tag{2.21}$$

式中　$m = x/L$，$n = z/L$。

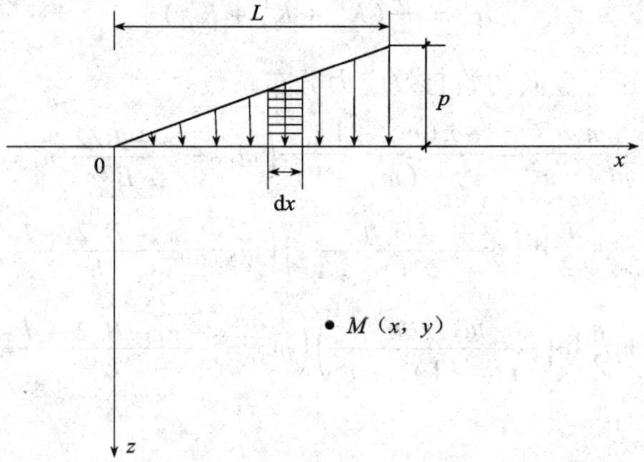

图 2.7 条形面积上三角形竖直分布荷载作用下的应力状态

同样，由于积分上的困难，水平向有效应力 σ'_x 只能根据有效应力原理，从已知的半无限弹性地基表面作用三角形荷载后地基中的总应力减去超孔隙水压力得到，表为式(2.22)。

$$\sigma'_x = -\frac{p}{\pi}\left[\frac{n}{2}\ln\left(\frac{m^2+n^2}{(m-1)^2+n^2}\right)-\frac{(m-1)n}{(m-1)^2+n^2}\right] \tag{2.22}$$

2.2.1.5 梯形荷载作用下地基初始有效应力及超孔隙水压力分析

梯形可以看成是两个三角形和一个矩形的组合，因此，条形面积上梯形竖向分布荷载作用下地基中的初始有效应力及超孔隙水压力，可以根据前文推导的结果求得。计算时，x 轴原点位于梯形底边的中心处，考虑实际路堤对称，取左右两边三角形底边边长为 L。

结合坐标变换，将式（2.17）和式（2.18）中的 m 的表达式变为 $m=(x+B/2)/B$，即可求得图 2.8 所示的条形面积上竖向均布荷载下的有效应力及超孔隙水压力。

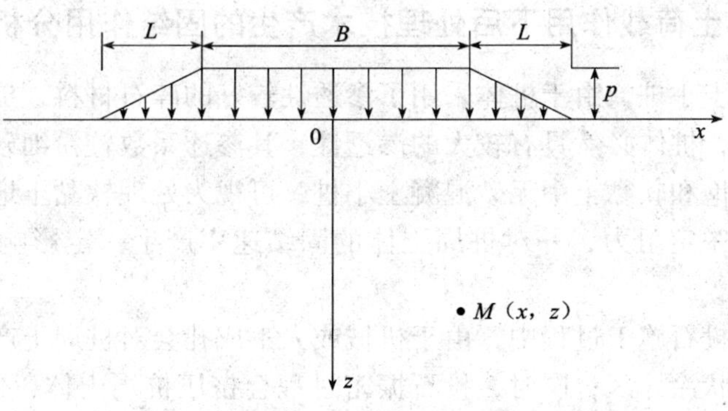

图 2.8 条形面积上梯形竖直分布荷载作用下的应力状态

分别将式（2.20）和式（2.21）中的 m 的表达式变为 $m=(x+B/2+L)/L$ 和 $m=(-x+B/2+L)/L$，即可求得路堤左右两侧三角形荷载下的有效应力及超孔隙水压力。

将左右两侧三角形荷载和中间均布荷载作用下有效应力及超孔隙水压力叠加即得梯形载荷作用下地基中的有效应力及超孔隙水压力。有效应力可简化为：

$$\sigma'_z = \frac{p}{\pi}(K_\sigma^1 + K_\sigma^2 + K_\sigma^3) \tag{2.23}$$

其中，K_σ^j（$j=1$，2，3）为竖向初始有效应力分布系数。

$$K_\sigma^1 = \frac{m_1 n}{m_1^2 + n^2} - \frac{n(m_1 - 1)}{n^2 + (m_1 - 1)^2}\left(m_1 = \frac{x + B/2}{B}, n = \frac{z}{B}\right) \tag{2.24}$$

$$K_\sigma^2 = \frac{n(1 - m_2)}{(m_2 - 1)^2 + n^2} + \frac{n}{2}\ln\left(\frac{m_2^2 + n^2}{(m_2 - 1)^2 + n^2}\right)\left(m_2 = \frac{x + B/2 + L}{L},\quad n = \frac{z}{L}\right) \tag{2.25}$$

$$K_\sigma^3 = \frac{n(1 - m_3)}{(m_3 - 1)^2 + n^2} + \frac{n}{2}\ln\left(\frac{m_3^2 + n^2}{(m_3 - 1)^2 + n^2}\right)\left(m_3 = \frac{-x + B/2 + L}{L},\quad n = \frac{z}{L}\right) \tag{2.26}$$

超孔隙水压力可简化为：

$$u = \frac{p}{\pi}[K_u^1 + K_u^2 + K_u^3] \tag{2.27}$$

其中，K_u^i（$i=1$，2，3）为超孔隙水压分布系数。

$$K_u^1 = \arctan\left(\frac{m_1}{n}\right) - \arctan\left(\frac{m_1 - 1}{n}\right)\quad\left(m_1 = \frac{x + B/2}{B}, n = \frac{z}{B}\right) \tag{2.28}$$

$$K_u^2 = \frac{n}{2}\ln\frac{(m_2 - 1)^2 + n^2}{m_2^2 + n^2} + m_2\left(\arctan\left(\frac{m_2}{n}\right) - \arctan\left(\frac{m_2 - 1}{n}\right)\right)$$

$$\left(m_2 = \frac{x + B/2 + L}{L}, n = \frac{z}{L}\right) \tag{2.29}$$

$$K_u^3 = \frac{n}{2}\ln\frac{(m_3 - 1)^2 + n^2}{m_3^2 + n^2} + m_3\left(\arctan\left(\frac{m_3}{n}\right) - \arctan\left(\frac{m_3 - 1}{n}\right)\right)$$

$$\left(m_2 = \frac{-x + B/2 + L}{L}, n = \frac{z}{L}\right) \tag{2.30}$$

2.2.2　先填土荷载作用下后处理技术产生的固结作用分析

对于无砂混凝土小桩，由于桩体采用了渗透性较好的碎石材料，桩体具有大孔隙比且组成颗粒大，因此，桩体必然具有较大的渗透性，其渗透系数较粉细砂和一般黏性土的渗透系数要大很多。饱和软黏土中无砂混凝土小桩，可视为处理软黏土地基的竖井，由于小桩桩体对渗流具有一定阻力，并对桩周土体的固结速率产生一定影响，所以应考虑井阻作用。

另外，在成孔投石施工过程中，由于机械或人工成孔会对桩周土产生一定的扰动，由此在桩周形成环柱状涂抹区；同时，投石振密过程会挤压桩周土体，使土的渗透性降低，所以涂抹作用也应考虑。

参照非理想竖井排水固结理论，可建立无砂混凝土小桩复合地基在成孔投石过程的固结理论如下：

无砂混凝土小桩复合地基在瞬时加荷及巴隆（barron）等应变条件下，考虑径向和竖向组合渗流，如以圆柱坐标表示，设任意点（r，z）处的孔隙水压力为 u，则固结微分方程为：

$$\frac{\partial u}{\partial t} = c_v\left(\frac{\partial^2 u}{\partial z^2} + \frac{1}{r}\cdot\frac{\partial u}{\partial r} + \frac{\partial^2 u}{\partial r^2}\right) \tag{2.31}$$

当水平向渗透系数 k_h 和竖向渗透系数 k_v 不等时则上式应改写为：

$$\frac{\partial u}{\partial t} = c_v\frac{\partial^2 u}{\partial z^2} + c_h\left(\frac{\partial^2 u}{\partial r^2} + \frac{1}{r}\frac{\partial u}{\partial r}\right) \tag{2.32}$$

式中 t——时间；

c_v——竖向固结系数；

c_h——径向固结系数（或称水平向固结系数）。

式（2.32）可用分离变量法求解，即可分解为：

$$\frac{\partial u_z}{\partial t} = c_v\frac{\partial^2 u_z}{\partial z^2} \tag{2.33}$$

$$\frac{\partial u_r}{\partial t} = c_h\left(\frac{\partial^2 u_r}{\partial r^2} + \frac{1}{r}\frac{\partial u_r}{\partial r}\right) \tag{2.34}$$

亦即分为竖向固结和径向固结两个微分方程。根据初始条件和边界条件对上两式分别求解。

1）竖向排水求解：

式（2.33）的初始条件和边界条件为：

$$\begin{aligned} u\big|_{t=0} &= u_0 \\ u\big|_{z=0} &= 0 \\ \left.\frac{\partial u}{\partial z}\right|_{z=H} &= 0 \end{aligned} \tag{2.35}$$

式中 u_0——初始孔隙水应力；

H——影响深度。

在式（2.35）条件下，采用分离变量法解式（2.33），得：

$$u(z,t) = \sum_{m=1}^{\infty}\left(\frac{2}{H}\int_0^H u_0\sin\frac{Mz}{H}\mathrm{d}z\right)\sin\frac{Mz}{H}e^{-M^2T_v} \tag{2.36}$$

式中 $M = \frac{(2m-1)\pi}{2}$；（$m=1, 2, 3\cdots$）；

u_0——初始孔隙水压力；

e——自然对数底数，可取 $e=2.718$；

T_v——竖向固结时间因数（无因次），$T_v = \frac{c_v t}{H^2}$；

t——固结发生时间（s）；

H——土层竖向排水距离（cm），双面排水时 H 为土层厚度的一半，单面排水时 H 为土层厚度。

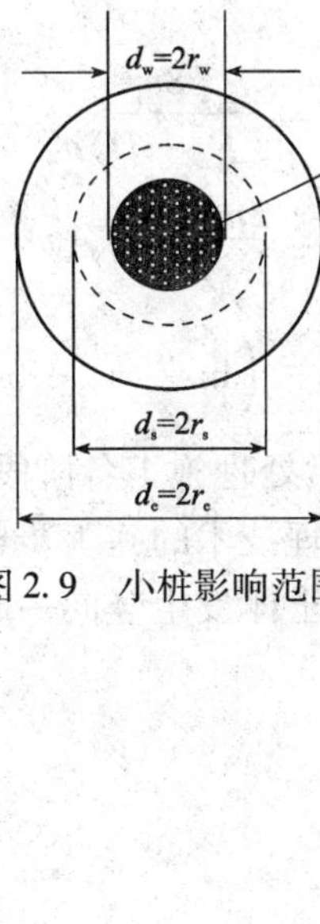

图 2.9 小桩影响范围平面图

将式（2.18）或（2.19）或（2.27）代入上式进行积分便可得到竖向排水固结解。

2）径向排水求解：

式（2.34）的初始条件和边界条件为：

$$
\begin{aligned}
&z = 0, \quad u_r = u_s = 0;\\
&z = H, \quad \frac{\partial u_r}{\partial z} = \frac{\partial u_s}{\partial z} = 0;\\
&r = r_w, \quad \frac{\partial^2 u_s}{\partial z^2} = -\frac{2k_s}{\gamma_w k_w}\frac{\partial u_s}{\partial r};\\
&r = r_s, \quad u_r = u_s, \quad k_s\left(\frac{\partial u_s}{\partial r}\right) = k_h\left(\frac{\partial u_r}{\partial r}\right);\\
&r = r_e, \quad \frac{\partial u_r}{\partial r} = 0;\\
&t = 0, \quad u_r = u_s = u_0
\end{aligned}
\tag{2.37}
$$

式中　u_s、u_r——分别为涂抹区内和涂抹区外土中任一点超孔隙水压力；

k_w，k_s，k_h——分别为无砂碎石小桩桩体渗透系数、涂抹区内土体渗透系数和地基土水平向渗透系数；

r_w，r_s，r_e——分别为小桩、涂抹区及小桩影响区半径；

γ_w——水重度。

方程（2.34）满足条件（2.37）的解为：

$r_w \leqslant r \leqslant r_s$ 时：

$$u_s = \bar{u}_0 \sum_{m=1}^{\infty} \frac{1}{F_a + D}\left[\frac{k_h}{k_s}\left(\ln\frac{r}{r_w} - \frac{r^2 - r_w^2}{2r_e^2}\right) + D\right]v \tag{2.38}$$

$r_s \leqslant r \leqslant r_e$ 时：

$$u_r = \bar{u}_0 \sum_{m=1}^{\infty} \frac{1}{F_a + D}\left[\ln\frac{r}{r_w} - \frac{r^2 - r_w^2}{2r_e^2} + \frac{k_h}{k_s}\left(\ln s - \frac{s^2 - 1}{2n^2}\right) + D\right]v \tag{2.39}$$

式中　$s = \dfrac{r_s}{r_w}, n = \dfrac{r_e}{r_w}, v = \dfrac{2}{M}\sin\dfrac{Mz}{H}e^{-\beta_r t}$，$d_e = 2r_e$，$\bar{u}_0 = \int_{r_w}^{r_e} u_0 \mathrm{d}r$，

$\beta_r = \dfrac{8c_h}{(F_a + D)d_e^2}, D = \dfrac{8G(n^2 - 1)}{M^2 n^2}$，$G$ 为井阻因子，$G = \dfrac{k_h}{k_w}\left(\dfrac{H}{d_w}\right)^2$；

$M = \dfrac{2m - 1}{2}\pi, (m = 1，2，3\cdots)$

$$F_a = \left(\ln\frac{n}{s} + \frac{k_h}{k_s}\ln s - \frac{3}{4}\right)\frac{n^2}{n^2 - 1} + \frac{s^2}{n^2 - 1}\left(1 - \frac{k_h}{k_s}\right)\left(1 - \frac{s^2}{4n^2}\right) + \frac{k_h}{k_s}\frac{1}{n^2 - 1}\left(1 - \frac{1}{4n^2}\right)$$

3）后处理施工各阶段的固结度分析：

后处理技术的施工步骤分为先填土施工—小桩成孔施工—注浆施工，先填土施工期间，地基土体发生竖向一维固结，整个土层的平均固结度可由固结度定义得：

$$\bar{U}_z = 1 - \frac{\int_0^H u(z,t)\mathrm{d}z}{\int_0^H (\sigma' + u_0)\mathrm{d}z} \tag{2.40}$$

将式（2.36）及相应公式代入上式进行积分便可得到土层竖向排水平均固结度。因为先填土施工速度快，固结时间短，土层的固结度也可由下式求得：

$$\overline{U}_z = \sqrt{\frac{4T_v}{\pi}} = \sqrt{\frac{4c_v t}{\pi H^2}} \tag{2.41}$$

小桩成孔施工是在先填土施工后即进行，成孔施工使得土层固结由竖向排水固结转变为以径向排水固结为主，由式（2.38），（2.39）及固结度定义可得考虑井阻和涂抹情况下土层径向平均固结度为：

$$\overline{U}_r = 1 - \sum_{m=1}^{\infty} \frac{2}{M^2} e^{-\beta_r t} \tag{2.42}$$

式（2.42）是级数形式的表达式，展开后可知，径向平均固结度 $\overline{U}_r$ 是时间因数 $T_h = \frac{c_h t}{d_e^2}$ 的单值函数，由于级数收敛得较快，计算中取前几项即可满足精度要求。

注浆施工是在成孔施工后进行，由条形荷载、三角形荷载、梯形荷载作用下超孔隙水压力的计算表达式可知，先填土荷载产生的超孔隙水在土体中的分布从上往下由大变小，且衰减较快，土层的固结仅依靠超孔隙水自身的消散，尤其在填土荷载影响范围内土层深部，土层固结将需要很长的时间才能完成，小桩成孔的排水效果不能有效发挥，为达到控制沉降的目的就要占用很长的施工工期，而采用后处理技术的注浆施工就有效解决了土体固结慢的问题，由于注浆压力相对于先填土荷载在地基土层中产生的超孔隙水压力要大几倍，甚至十几倍，注浆压力使土层产生压密、劈裂等现象，因此注浆施工期间的土层固结分析就不能用传统固结理论进行分析，注浆压力使得土层中孔隙水很快从相邻孔中排出，土层的固结在短时间内就可完成，土体中孔隙部分被压缩，部分被注入浆液充填，桩周土体得到加固和改良，极大提高土体承载力。

2.2.3 考虑桩周土体应力状态的小桩注浆压力分析

柱形孔扩张理论广泛地应用于隧道、井筒、沉桩等问题的应力与变形分析，以及旁压仪等土工原位测试仪器的机理分析。Vesic[105]分析了圆筒的扩张问题，并给出了一般解，但 Vesic 假定土体是理想弹塑性体，且土体是拉压模量相同的材料，这些假定对岩土类材料将造成较大误差。蒋明镜，沈珠江[106]基于岩土软化材料特征，推导了应力一次跌落模型下 Tresca 材料和 Mohr-Coulomb 材料柱形孔扩张问题应力及位移的公式。蒋明镜，沈珠江[107,108]采用双剪统一强度理论的屈服函数形式，分别考虑剪胀的弹脆塑性软化和线性软化，推导出柱形孔扩张时应力场、应变场、位移场和最终扩张压力的显式表达式。王晓鸿等[109]利用 Mohr-Coulomb 准则，推导出能反映岩土体的剪胀和应变软化的岩土体内扩孔问题的全部解析解。罗战友等[110]运用不同模量弹性理论及应力跌落软化模型推导了 Tresca 和Mohr-Coulomb 材料柱形圆孔扩张的影响的应力及位移解。梁发云，陈龙珠[111]依据常规试验成果，对岩土材料的剪胀，剪缩和应变软化特性进行简化后，利用弹塑性理论和体积平衡原理，推导出应变软化 Tresca 材料中扩孔问题的一般解答，并分析了不排水饱和土扩孔问题的规律性。但 Tresca 强度理论和 Mohr-Coulomb 强度理论并没有考虑中间主应力的影响，偏于保守。周小平等[112]利用双剪强度理论推导了考虑中间主应力影响时圆筒形孔扩张问题的弹塑性解。范文等[113]基于统一强度理论，考虑孔周岩土材料的软化特性、剪胀特性，详细推导了柱形孔扩张问题的统一解公式。王延斌等[114]利用空间轴对称问题的统一强度理论分析了柱形孔扩张问题，求出了岩土材料在柱形孔扩张时的应力场、应变场、位移场和最终扩张压力的统一解表达式。李波，栾茂田[115]利用空间准滑动面（SMP）理论，推导了无黏性土中柱形孔问题的应力场、位移场、塑性区半径和孔扩张压力。以上这些研究都没有涉及土体中初始应力的实际分布和土体由于拉压强度不同而在挤密过程中产生开裂的问题。为此，本文采用统一强度理论，利用柱形孔扩张弹性理论解，考虑土体中初始应力的实际分布，分析了小桩压力注浆过程中土体开裂和压密应力状态与注浆压力的关系。

2.2.3.1　统一强度理论

我国学者俞茂宏于 1961 年提出的双剪应力屈服破坏准则是一种新的屈服与破坏理论。经过四十多年的发展与完善，已经形成了系列的双剪应力强度理论。双剪应力系列强度理论除了可以反映最大主剪应力（τ_{13}）对屈服与破坏的影响外，还可以反映次大主剪应力（τ_{12}，τ_{23}或中间主应力 σ_2）、静水压力（p）、剪切面的法向应力（σ_{13}及 σ_{12}或 σ_{23}）以及材料拉压强度不同对屈服与破坏的影响，特别适用于岩土类材料。根据轴对称问题的特点，并假设以压为正，拉为负，则统一强度理论的数学表达式[116,117]：

$$\frac{\sigma_r-\sigma_\theta}{2}=\frac{\sigma_r+\sigma_\theta}{2}\sin\varphi_t+c_t\cos\varphi_t \tag{2.43}$$

式中　$\sin\varphi_t=\dfrac{2(1+b)\sin\varphi}{2(1+b)+mb(\sin\varphi-1)}$，$c_t=\dfrac{2(1+b)c\cos\varphi}{2(1+b)+mb(\sin\varphi-1)}\dfrac{1}{\cos\varphi_t}$；

φ_t、c_t——分别为统一内摩擦角和黏聚力；

φ、c——分别为岩土材料的内摩擦角和黏聚力；

b——反映中主应力的权系数；

m——中间主应力系数$\left(m=\dfrac{2\sigma_2}{\sigma_r+\sigma_\theta}\right)$。

2.2.3.2　桩周土体应力场分析

1）力学模型

图 2.10 为无限岩土材料中柱形孔扩张问题的分析示意图。在孔壁上作用均布挤压力 p，内压 p 可在深度方向作线性变化，孔周围受压力 p_0 作用。在 p 较小时，孔周围土体处于弹性状态；当 p 到达某一定值后，周围土体进入塑性，在孔周围形成两个区：弹性区和塑性区。土中 a 为桩孔的半径，r_c为塑性区半径。

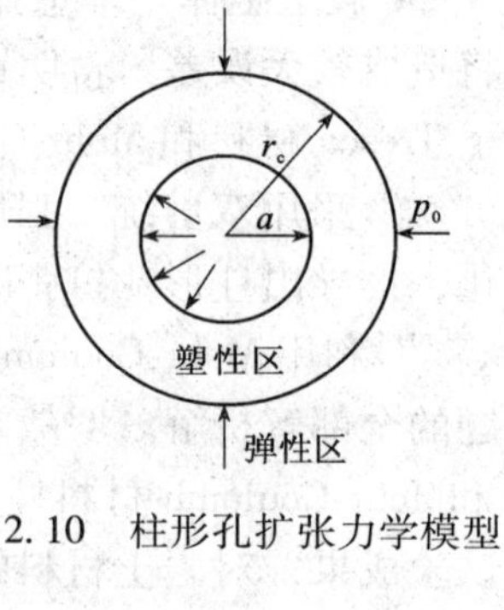

图 2.10　柱形孔扩张力学模型

按照弹性理论，在均布内压 p 作用下土体内径向应力 σ_r 和环向应力 σ_θ 为：

$$\begin{cases}\sigma_r = p\dfrac{a^2}{r^2} \\ \sigma_\theta = -p\dfrac{a^2}{r^2}\end{cases} \tag{2.44}$$

对于平面应变问题，即 $\varepsilon_z=0$，由弹性理论得 $\sigma_z = \mu(\sigma_r+\sigma_\theta)=0$，$\mu$ 为土的泊松比。

考虑整个土体内初始应力场的实际分布，则弹性状态土体应力场的分布为：

$$\begin{cases}\sigma_r = (p-p_0)\dfrac{a^2}{r^2}+p_0 \\ \sigma_\theta = -(p-p_0)\dfrac{a^2}{r^2}+p_0 \\ \sigma_z = \gamma z = \dfrac{p_0}{k_0}\end{cases} \tag{2.45}$$

式中　p_0——土体中初始水平应力，$p_0 = k_0\gamma z = \dfrac{\mu}{1-\mu}\gamma z$；

k_0——土的侧压力系数，$k_0 = \dfrac{\mu}{1-\mu}$；

γ——土体天然重度。

2）桩周土体应力场分析

若不计体力，整个区域满足平衡方程：

$$\frac{\mathrm{d}\sigma_r}{\mathrm{d}r}+\frac{\sigma_r-\sigma_\theta}{r}=0 \tag{2.46}$$

（1）弹性区

弹性区分两种情况：

① 当 $r \geqslant a$，$p \leqslant p_e$（p_e为桩周土体刚开始屈服时的弹性极限压力）时，由弹性力学理论可知其应力场即为表达式（2.45）；

② 当 $r \geqslant r_c$，$p \geqslant p_e$ 时，参照式（2.45）可得其应力场为：

$$\begin{cases}\sigma_r = (p_e-p_0)\dfrac{r_c^2}{r^2}+p_0 \\ \sigma_\theta = -(p_e-p_0)\dfrac{r_c^2}{r^2}+p_0 \\ \sigma_z = \gamma z = \dfrac{p_0}{k_0}\end{cases} \tag{2.47}$$

（2）塑性区

塑性区的区域范围可表示为：$a \leqslant r \leqslant r_c, p \geqslant p_e$

若规定 $\sigma_1 \geqslant \sigma_2 \geqslant \sigma_3$ 则当 $p \geqslant p_0$ 时有：$\sigma_1=\sigma_r$，$\sigma_2=\sigma_z$，$\sigma_3=\sigma_\theta$。

将式（2.45）代入式（2.43）并整理后可得：

$$p = p_0 + (p_0\sin\varphi_t + c_t\cos\varphi_t)\frac{r^2}{a^2} \tag{2.48}$$

当取 $r=a$ 时，可得弹性极限压力 p_e：

$$p_e = p_0(1+\sin\varphi_t) + c_t\cos\varphi_t \tag{2.49}$$

将式（2.43）代入式（2.46）化简后可得：

$$\frac{d\sigma_r}{dr} + \frac{A\sigma_r + B}{r} = 0 \tag{2.50}$$

式中　$A = \dfrac{2\sin\varphi_t}{1+\sin\varphi_t}$；$B = \dfrac{2c_t\cos\varphi_t}{1+\sin\varphi_t}$。

根据边界条件：$\sigma_r\Big|_{r=a} = p$，解微分方程（2.50）可得塑性区应力场为：

$$\begin{cases}\sigma_r = \left(p + \dfrac{B}{A}\right)\left(\dfrac{a}{r}\right)^A - \left(\dfrac{B}{A}\right)\\ \sigma_\theta = (1-A)\left(p + \dfrac{B}{A}\right)\left(\dfrac{a}{r}\right)^A - \dfrac{B}{A}\end{cases} \tag{2.51}$$

根据弹塑性交界面上的应力条件，可以得到内压 p 与塑性区扩展半径 r_c 的关系式：

$$p = \left(p_e + \frac{B}{A}\right)\left(\frac{r_c}{a}\right)^A - \frac{B}{A} \tag{2.52}$$

2.2.3.3　桩周土体压密和开裂时注浆压力对比分析

在压力注浆初期，当考虑桩周土体开裂时，应有 $\sigma_\theta = \sigma_t$，σ_t 为土体的拉伸屈服极限，由式（2.45）：

$$p' = p_0 + (p_0 - \sigma_t)\frac{r^2}{a^2} \tag{2.53}$$

当取 $r = a$ 时，可得开裂临界压力 p'_{cr}：

$$p'_{cr} = 2p_0 - \sigma_t \tag{2.54}$$

若某土层的物理力学性质为 $c = 32\text{kPa}$，$\varphi = 19.4°$，$\mu = 0.3$，则 $k_0 = \dfrac{\mu}{1-\mu} = 0.43$，$\sigma_t = 45.3\text{kPa}$，则由公式（2.49）和（2.54）计算可得不同 b 值条件下 p_e 与 p_0 和 p'_{cr} 与 p_0 之间的曲线关系如表2.2所示。

不同 b 值条件下 p_e 与 p_0 和 p'_{cr} 与 p_0 之间的曲线关系　　表2.2

b	p_e	p'_{cr}
0.0	$p_e = 1.33p_0 + 30.2$	$p'_{cr} = 2p_0 - \sigma_t$
0.5	$p_e = 1.45p_0 + 40.7$	
1.0	$p_e = 1.54p_0 + 49.5$	

从表2.2计算结果可得：p'_{cr}和 p_e随着 p_0也即土体深度的增加线性增加，且 p'_{cr}增加的幅度大于 p_e增加的幅度，说明在浅层土体，土体开裂先于其压密屈服，当土体达到一定深度以后，土体的压密屈服先于土体的开裂，所以，在土体深处注浆时需要较大压力才能达到灌注效果。p_e随着 b 值的增大而增大，说明中主应力对土体的屈服有影响，且随着其权重的增加其影响也就越大。

在压力注浆后期，土层物理力学参数取值同上，小桩半径取一般常用数值 $a = 100\text{mm}$，由公式（2.52）计算可得不同 b 值条件下 p 与 r_c、p_0之间的曲线关系如表2.3所示。

不同 b 值条件下 p 与 r_c、p_0 之间的曲线关系　　表 2.3

b	p
0.0	$p=(1.33p_0+126.4)\left(\frac{r_c}{100}\right)^{0.5}-96.2$
0.5	$p=(1.45p_0+142.7)\left(\frac{r_c}{100}\right)^{0.62}-102$
1.0	$p=(1.54p_0+158.8)\left(\frac{r_c}{100}\right)^{0.7}-109.3$

从表 2.3 计算结果可得：当塑性区半径 r_c 一定时，p 随着 p_0 也即土体深度的增加线性增加，且随着 b 值增大而增大；当 p_0 一定时，同样的挤压力 p 作用下，塑性区半径 r_c 随着 b 值的增大而减小，但曲线关系不同。

2.3　高填方路基后处理小桩负摩阻力研究

后处理无砂混凝土小桩间距一般较大，桩间土承担部分路堤荷载，造成一定范围内桩间土的沉降量大于桩体的沉降量，产生负摩阻力。桩侧负摩阻力对桩产生下拉荷载，使得土体荷载向桩体集中，进而传至土体深部，对下部桩体承载力的充分发挥起到一定促进作用，优化了荷载在高填方路基中的传力路径。取后处理小桩桩土典型单元作为研究对象，将桩周土固结沉降简化为太沙基一维固结问题，基于一系列假定，运用负摩阻力弹性理论法开展。高填方路基后处理所形成桩土复合路基小桩负摩阻力的理论分析。

2.3.1　计算模型及假设

2.3.1.1　计算模型

建立以桩体轴线为对称轴的轴对称模型，如图 2.11 所示。其中小桩位于先填方土层内的长度为 L，位于原始地面下的地基土层中的长度为 H。后填方荷载简化为作用于先填方土层表面的均布荷载 p。

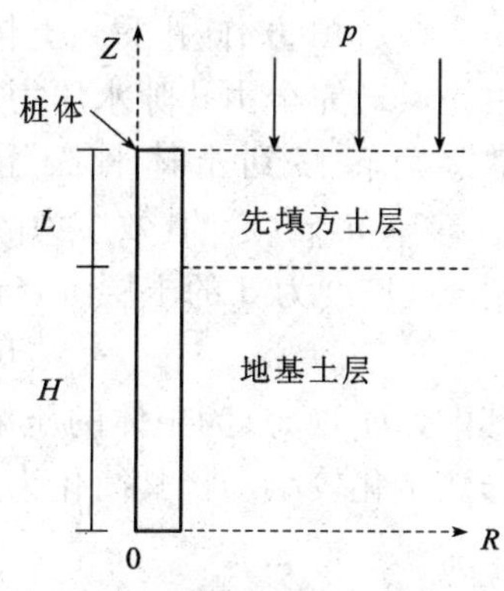

图 2.11　模型计算简图

2.3.1.2　基本假设

1）填土层不考虑孔隙水压力，地下水位线位于先填方土层和地基土层交界面。

2）小桩材料为各向同性弹性体，弹性模量为 E_p；先填方土体与地基土为各向同性弹性体，先填土弹性模量为 E_{s1}，剪变模量为 G_{s1}，地基土弹性模量为 E_{s2}，剪变模量为 G_{s2}。根据弹性力学公式，$E=2(1+\mu)G$ 可进行换算，其中 μ 为材料泊松比。

3）考虑到成桩过程中的压浆作用，桩周形成水泥土层，桩土之间既有摩擦作用又有机械咬合作用，因此将桩土界面简化为位移协调模式，即桩土不产生相对滑移。同时忽略桩及桩周土中径向（R）变形，仅保留竖向（Z）变形。

4）柔性基础下群桩复合地基桩周土竖向变形模式：

$$W_s(z,r) = W_p(z) + f(z)\left[\frac{r}{a} - e^{\beta\left(\frac{r}{a}-1\right)}\right] \qquad (a \leqslant r \leqslant b) \tag{2.55}$$

其中，a 为单桩半径，b 为单桩加固范围半径，W_s（z，r）为深度 z 处距桩轴 r 处土体的竖向位移，W_p（z）为深度 z 处桩截面竖向位移，β 为待定常数。

5）后处理前先填土已经在自身重力下完成了压缩变形过程，后处理成孔过程完全释放了地基土层土体中由于先填方而产生的超孔隙水压力，成桩以后桩侧排水表面闭合，地基土层后续产生的超孔隙水压力及桩周土中的沉降完全由后填方压力 P 产生。

6）如图2.12所示，单桩加固范围直径 $d_s=2b$，直径 d_s 可由桩间距及布桩方式按照 $d_s=c_g s_d$ 确定，其中 s_d 为桩间距，c_g 为参数。三角形布桩时 $c_g=1.05$，正方形布桩时 $c_g=1.13$。取单个桩和所加固范围的土体形成的同心圆柱体为典型单元进行研究，能够代表复合地基的受力变形特征。

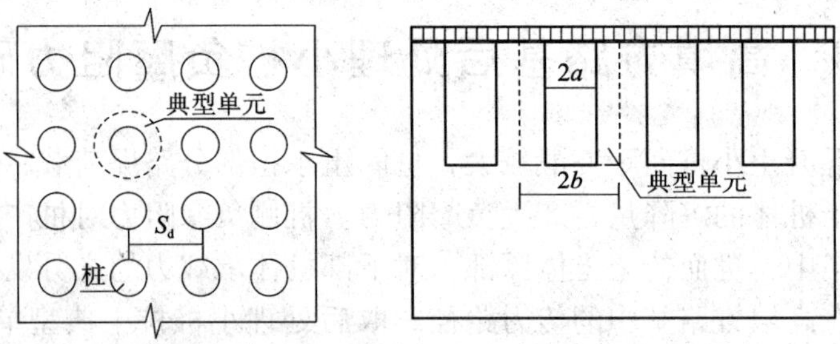

图2.12　复合地基典型单元示意图

2.3.2　负摩阻力理论分析

2.3.2.1　先填土及地基土沉降分析

在后填方作用下，土体中任意一点附加应力为 p_s（z）。荷载施加瞬间，地基土中 p_s（z）完全由孔隙水压力承担。随着固结过程的进行，p_s（z）随着超孔隙水压力的消散逐渐转移到土体骨架上。设超孔隙水压力为 u（z，t），则土体中有效应力为 $p_s(z)-u(z,t)$，有效应力的增长导致土体产生固结沉降。根据沉降计算理论，t 时刻深度 z 处厚度为 d_z 的土层沉降量为：

$$\mathrm{d}s(z,t) = m_v(z)[p_s(z) - u(z,t)]\mathrm{d}z \tag{2.56}$$

其中，m_v（z）为土体的压缩系数。在大面积堆载作用下，土体压缩层内 m_v（z）及 p_s（z）变化较小，将其简化为常量 m_v 和 p_s，则式（2.55）可以简化为下式：

$$\mathrm{d}s(z,t) = m_v[p_s - u(z,t)]\mathrm{d}z \tag{2.57}$$

设 m_{v1}、$s_1(z,t)$ 及 m_{v2}、$s_2(z,t)$ 分别为先填土及地基土的压缩系数及沉降量。

对于地基土中超孔压，可以按照Terzaghi一维固结理论求解：

$$u(z,t) = \frac{4p}{\pi}\sum_{m=1}^{\infty}\sin\frac{m\pi(H-z)}{2H}e^{-\frac{m2\pi2T_v}{4}} \qquad (0 \leqslant z \leqslant H) \tag{2.58}$$

其中 $T_v=\dfrac{C_v t}{H^2}$，C_v 为土体固结系数。将式（2.58）代入式（2.57）中可得：

$$s_2(z,t) = \int_0^z m_{v2}[p - u(z,t)]\mathrm{d}z = m_{v2}pz - m_{v2}\int_0^z u(z,t)\mathrm{d}z \tag{2.59}$$

$$= m_{v2}pz - \frac{4pm_{v2}}{\pi}\sum_{m=1}^{\infty}\int_0^z \sin\frac{m\pi(H-z)}{2H}e^{-\frac{m^2\pi^2T_v}{4}}\mathrm{d}z \qquad (0 \leqslant z \leqslant H)$$

当平均固结度 $U \geqslant 30\%$ 时，为简化计算，一般可取 $m=1$，且有：

$$U = 1 - \frac{8}{\pi^2}e^{-\frac{\pi^2T_v}{4}} \tag{2.60}$$

由式（2.60）可以推出：

$$e^{-\frac{\pi^2T_v}{4}} = \frac{\pi^2(1-U)}{8} \tag{2.61}$$

将 $m=1$ 及式（2.61）代入式（2.59）中并积分可得：

$$s_2(z,t) = m_{v2}pz - m_{v2}pH(1-U)\cos\frac{\pi(H-z)}{2H} \qquad (0 \leqslant z \leqslant H) \tag{2.62}$$

在 $z=H$ 时，即先填土和地基土的交界面，有 $s_2(H,t) = m_{v2}pHU$

对于填土有 $u(z,t)=0$，代入式（2.57）可以得出先填土中的压缩量 s_1（z，t）：

$$s_1(z,t) = s_2(H,t) + \int_H^z m_{v1}p\mathrm{d}z = m_{v2}pHU + m_{v1}p(z-H) \tag{2.63}$$

2.3.2.2 桩身弹性微分方程

在式（2.55）中，当 $r=b$ 时有：

$$W_s(z,b) = W_p(z) + f(z)\left[\frac{b}{a} - e^{\beta(\frac{b}{a}-1)}\right] = s(z,t) \tag{2.64}$$

即桩处理半径外土体沉降不受桩体存在的影响。由式（2.64）可得：

$$f(z) = \frac{s(z,t) - W_p(z)}{\left[\frac{b}{a} - e^{\beta(\frac{b}{a}-1)}\right]} \tag{2.65}$$

将（2.65）代入式（2.55）可得：

$$W_s(z,r) = W_p(z) + \frac{s(z,t) - W_p(z)}{\left[\frac{b}{a} - e^{\beta(\frac{b}{a}-1)}\right]}\left[\frac{r}{a} - e^{\beta(\frac{r}{a}-1)}\right] \tag{2.66}$$

由弹性理论可得，在不考虑桩周土径向变形的情况下，土体中任意点的剪应力为：

$$\tau(z,r) = -G_s\frac{\mathrm{d}W_s(z,r)}{\mathrm{d}r} \tag{2.67}$$

将式（2.66）代入式（2.67），同时在 $r=b$ 时有 $\tau(z,b)=0$，可得：

$$1 - \beta e^{\beta(\frac{b}{a}-1)} = 0 \tag{2.68}$$

可用数值分析方法中的二分法求此超越方程的数值解，得到待定系数 β。

由式（2.67）可得到桩周摩阻力的表达式：

$$\tau(z,a) = \frac{G_s(\beta-1)}{ae^{\beta(\frac{b}{a}-1)} - b}[s(z,t) - W_p(z)] \tag{2.69}$$

桩身位移与桩侧摩阻力的关系式为：

$$\frac{\mathrm{d}^2 W_{\mathrm{p}}(z)}{\mathrm{d}z^2} = \frac{2\pi a}{E_{\mathrm{p}}A}\tau(z,a) = \frac{2\pi a G_{\mathrm{s}}(\beta - 1)}{E_{\mathrm{p}}A[ae^{\beta(\frac{b}{a}-1)} - b]}[s(z,t) - W_{\mathrm{p}}(z)] \tag{2.70}$$

设 $\alpha_1^2 = \frac{2\pi a G_{\mathrm{s1}}(\beta - 1)}{E_{\mathrm{p}}A[ae^{\beta(\frac{b}{a}-1)} - b]}$，$\alpha_2^2 = \frac{2\pi a G_{\mathrm{s2}}(\beta - 1)}{E_{\mathrm{p}}A[ae^{\beta(\frac{b}{a}-1)} - b]}$ 代入式（2.70）中可得：

在先填土中：
$$\frac{\mathrm{d}^2 W_{\mathrm{p1}}(z)}{\mathrm{d}z^2} + \alpha_1^2 W_{\mathrm{p1}}(z) = \alpha_1^2 s_1(z,t) \tag{2.71}$$

在地基土中：
$$\frac{\mathrm{d}^2 W_{\mathrm{p2}}(z)}{\mathrm{d}z^2} + \alpha_2^2 W_{\mathrm{p2}}(z) = \alpha_2^2 s_2(z,t) \tag{2.72}$$

式（2.71）与式（2.72）即是填土中与地基土中桩身弹性微分方程，其中 $W_{\mathrm{p1}}(z)$ 与 $W_{\mathrm{p2}}(z)$ 分别为桩体在先填土与地基土中的桩身位移。

2.3.2.3 桩身弹性微分方程的解

将式（2.62）、式（2.63）代入式（2.71）、式（2.72）中，注意到 $s_1(z,t)$ 及 $s_2(z,t)$ 方向与坐标轴方向相反，取负值，则可以解得：

$$W_{\mathrm{p1}}(z) = c_1\cos(\alpha_1 z) + c_2\sin(\alpha_1 z) + m_{\mathrm{v1}}p(H - z) - m_{\mathrm{v2}}pHU \tag{2.73}$$

$$W_{\mathrm{p2}}(z) = c_3\cos(\alpha_2 z) + c_4\sin(\alpha_2 z) - m_{\mathrm{v2}}pz + \frac{4\alpha_2^2 m_{\mathrm{v2}}pH^3(1 - U)}{\pi^2 + 4H^2\alpha_2^2}\sin\frac{\pi z}{2H} \tag{2.74}$$

又有桩身轴力 $N_{\mathrm{p}}(z)$ 与桩身位移 $W_{\mathrm{p}}(z)$ 之间的关系：

$$N_{\mathrm{p}}(z) = -E_{\mathrm{p}}A\frac{\mathrm{d}W_{\mathrm{p}}(z)}{\mathrm{d}z} \tag{2.75}$$

其中，A 为桩身横截面积。将式（5.73）、式（5.74）代入式（5.75）则可得到填土中和地基土中桩身轴力 $N_{\mathrm{p1}}(z)$ 和 $N_{\mathrm{p2}}(z)$ 为：

$$N_{\mathrm{p1}}(z) = -E_{\mathrm{p}}A[\alpha_1 c_2\cos(\alpha_1 z) - \alpha_1 c_1\sin(\alpha_1 z) - m_{\mathrm{v1}}p] \tag{2.76}$$

$$N_{\mathrm{p2}}(z) = -E_{\mathrm{p}}A\left[\alpha_2 c_4\cos(\alpha_2 z) - \alpha_2 c_3\sin(\alpha_2 z) - m_{\mathrm{v2}}p + \frac{2\pi\alpha_2^2 m_{\mathrm{v2}}pH^2(1 - U)}{\pi^2 + 4H^2\alpha_2^2}\cos\frac{\pi z}{2H}\right] \tag{2.77}$$

对于式（2.73）、式（2.74）、式（2.76）、式（2.77）给出如下边界条件及连续条件：

$N_{\mathrm{p1}}(H + L) = -\theta PA$，$N_{\mathrm{p2}}(0) = AK_{\mathrm{b}}W_{\mathrm{p2}}(0)$，$W_{\mathrm{p1}}(H) = W_{\mathrm{p2}}(H)$，$N_{\mathrm{p1}}(H) = N_{\mathrm{p2}}(H)$

其中，θ 为桩顶部桩土应力比，K_{b} 为基床系数。

将以上边界条件代入可解得系数 c_1、c_2、c_3、c_4，为避免表达式繁琐，将系数的解写成矩阵相乘形式：

$$\begin{bmatrix} c_1 \\ c_2 \\ c_3 \\ c_4 \end{bmatrix} = AB$$ 其中：

$$A=\begin{bmatrix} -\alpha_1\sin(\alpha_1 H) & \alpha_1\cos(\alpha_1 H) & \alpha_2\sin(\alpha_2 H) & -\alpha_2\cos(\alpha_2 H) \\ \cos(\alpha_1 H) & \sin(\alpha_1 H) & -\cos(\alpha_2 H) & -\sin(\alpha_2 H) \\ -\alpha_1\sin[\alpha_1(H+L)] & \alpha_1\cos[\alpha_1(H+L)] & 0 & 0 \\ 0 & 0 & \dfrac{K_b}{E_P} & \alpha_2 \end{bmatrix}^{-1}$$

$$B=\begin{bmatrix} m_{v1}p-m_{v2}p \\ \dfrac{\pi^2 m_{v2}pH(1-U)}{\pi^2+4H^2\alpha_2^2} \\ \dfrac{\theta p}{E_p}+m_{v1}p \\ m_{v2}p-\dfrac{2\pi\alpha_2^2 m_{v2}pH(1-U)}{\pi^2+4H^2\alpha_2^2} \end{bmatrix},$$

将c_1、c_2、c_3、c_4代入式（2.76）、式（2.77）中即可得到桩身轴力分布情况，进而可以得到桩侧摩阻力的分布情况。

2.3.3 数值模拟分析

利用ABAQUS有限元软件，对设计中如下影响因素进行参数研究，讨论其对小桩负摩阻力及桩身轴向应力的分布及其发展变化的影响规律。

1）成桩固结度。后处理技术能够快速释放地基土层中超孔隙水压力，地基土中固结度随时间变化。对比不同成桩固结度的工况，研究成桩固结度对于桩身负摩阻力及桩身轴向应力的影响规律。

2）桩端持力层刚度及桩周软弱土层刚度。通过改变桩端持力层及地基软弱土层的刚度研究桩身负摩阻力及桩身轴向应力的变化规律。

3）填方土体的刚度及后填方的高度。研究不同填方土体刚度及后填方高度下桩侧负摩阻力及桩身轴向应力的分布规律。

2.3.3.1 成桩后土体固结度对桩负摩阻力的影响规律分析

后处理成孔后，地基土体中超孔隙水压力迅速消散，土体固结度大幅提高。成孔后释放孔隙水压力的时间，即从成孔到投石压浆成桩的时间间隔是后处理技术中的一个关键设计参数。不同时间间隔下施工，就会有不同的成桩固结度，这将对桩侧负摩阻力及桩身轴向应力的分布与发展产生显著影响。

高填方后处理数值模型如图2.13所示。为简化计算，根据对称条件，路堤取半幅进行计算。

先填方部分高为6.5m，分为6m的路基填土和0.5m的碎石垫层。后填方部分高为2m。路堤顶部半幅宽度为14m，路肩坡度为1：1.5。填方下路基简化为三层，由原始地面向下依次是2m厚的粉质黏土层，8.5m厚的淤泥土层，39.5m厚的黏土层。整个模型水平向计算范围为150m。小桩桩长为18.6m，穿越先填土层、碎石垫层、粉质黏土层和淤泥土层，进入黏土层1.6m。小桩为圆形桩，桩径0.3m，桩距2m，在半幅路堤中共有8

根小桩。

假设路基及填方土体为弹塑性材料，桩体为弹性材料，根据经验及相关现场数据给出模型各部分的材料计算参数如图2.14及表2.4所示。

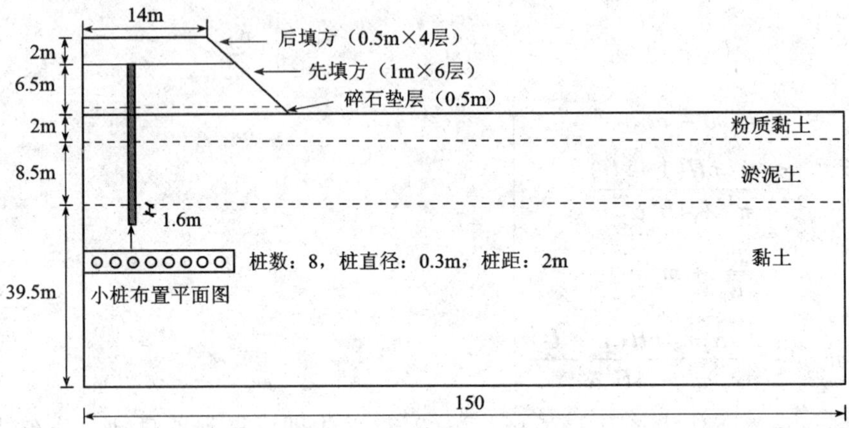

图2.13　数值模型示意图

材料参数　　**表2.4**

编号	变形模量 E_0（MPa）	泊松比 ν	密度 ρ（kg/m^3）	渗透系数 K（m/s）	黏聚力 c（kPa）	内摩擦角 φ（°）
1 桩体	20000	0.2	2400	—	—	—
2 黏土	15.3	0.27	1730	10^{-7}	27	28
3 淤泥土	4.7	0.4	1650	10^{-8}	10	13
4 粉质黏土	10.3	0.28	1720	10^{-7}	25	20
5 碎石垫层	25.6	0.23	1850	10^{-4}	24	16
6 填土	28.9	0.25	1800	10^{-6}	32	25

边界条件如图2.15所示。孔压边界条件为：土体与空气接触表面为排水边界（孔压为0）；土体底部及侧向为不排水边界；初始孔隙水压力从自然地面向下线性增加；成孔后孔壁为排水边界（孔压为0），后处理完成后桩土界面不再为排水边界。位移边界条件为：模型底部为固定约束，左右侧面受X向水平约束，前后侧面受Y向水平约束。

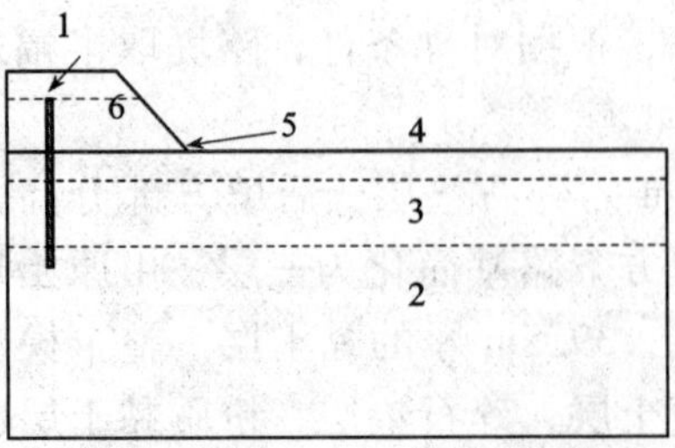

图2.14　数值模型材料分布图

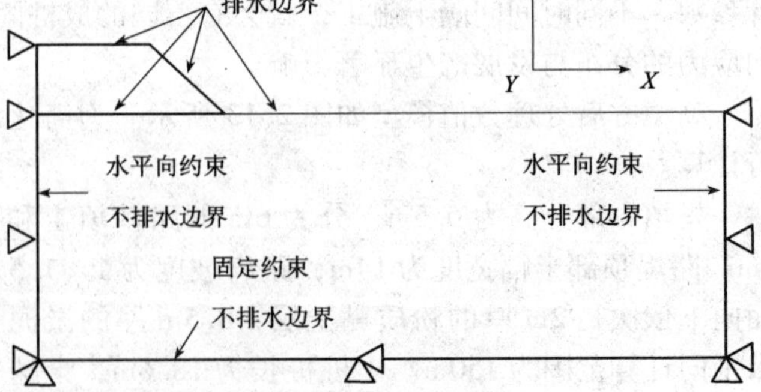

图2.15　模型边界条件

为研究成桩固结度对负摩阻力的影响，分别取成桩后土体中 A 点成桩固结度达到50%左右（即后处理工期为2d）、80%左右（即后处理工期为4d）、100%（即后处理工期为8d）三种情况进行分析，研究桩侧负摩阻力及桩身轴向应力的分布及发展情况。三种情况的数值模型，除后处理工期不同外，其他条件相同。

图2.16给出了淤泥土层中点 A 处三种情况下超孔隙水压力变化的情况。图中以成孔时间作为时间0点，最后六个点按照时间顺序依次为路面加载后4个月、8个月、12个月、4年、7年、10年后的超孔隙水压力。

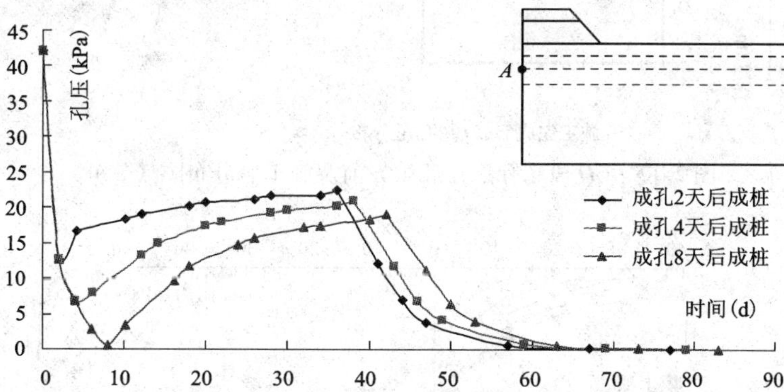

图2.16 不同成桩固结度下 A 点超孔压变化曲线

图2.17给出了路基中线上从原始地面到桩底深度段 CD 上的超孔隙水压力在后填方前和施工完成后的分布曲线。

从图2.16及图2.17中可以看出，成桩固结度越高，成桩时及后续施工、固结过程中软土层中超孔隙水压力越小。

图2.18至图2.21给出了成桩固结度为50%左右情况的桩身负摩阻力及桩身轴向应力随施工过程及工后固结过程的分布及发展曲线。

图2.22至图2.25给出了成桩固结度为100%情况桩身负摩阻力及桩身轴向应力随施工过程及固结过程的分布及发展曲线。

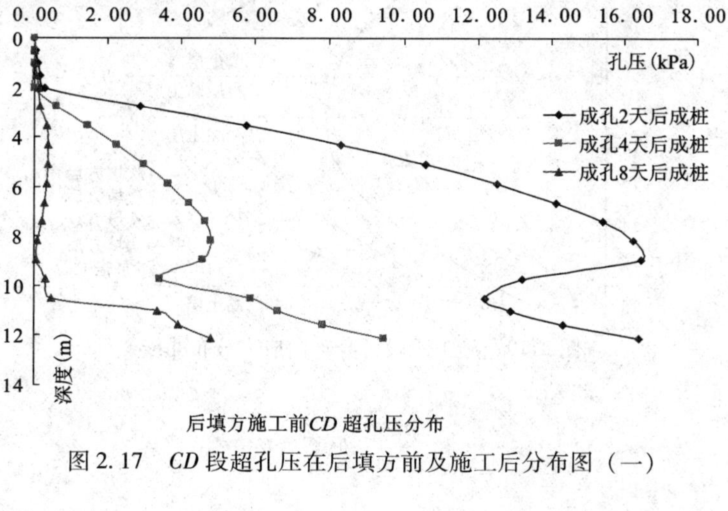

后填方施工前 CD 超孔压分布

图2.17 CD 段超孔压在后填方前及施工后分布图（一）

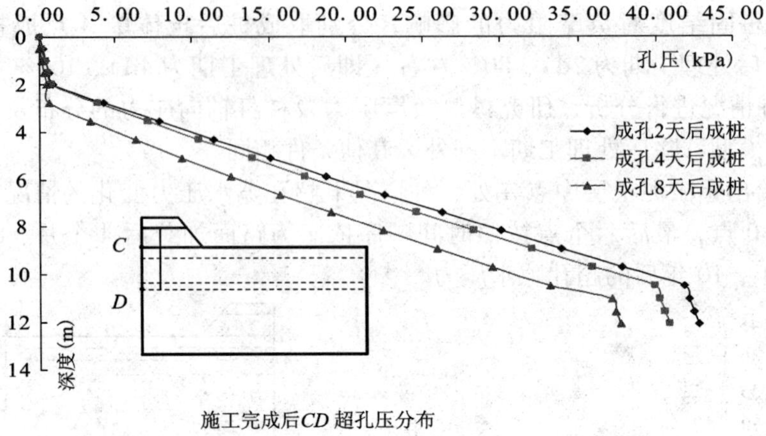

图 2.17　CD 段超孔压在后填方前及施工后分布图（二）

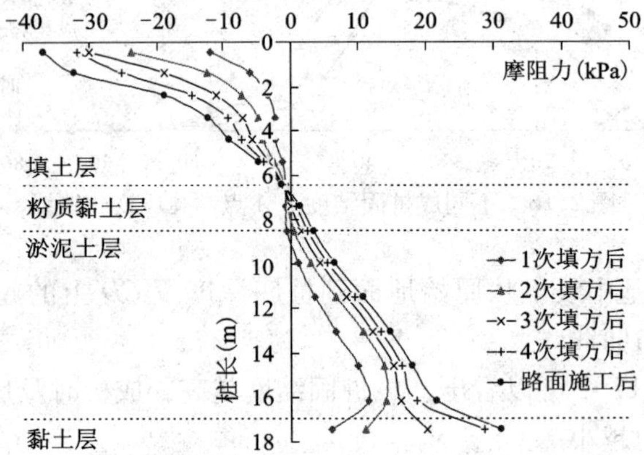

图 2.18　施工阶段桩侧摩阻力分布曲线

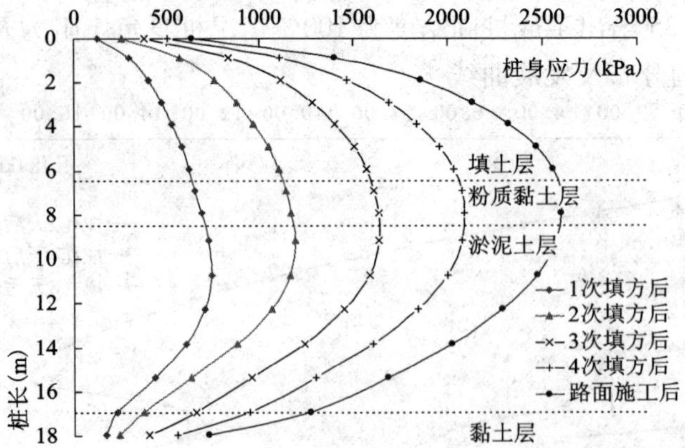

图 2.19　施工阶段桩身轴向应力分布曲线

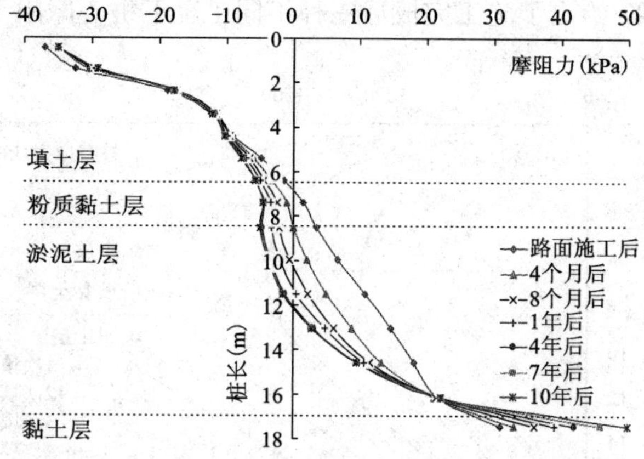

图 2.20 施工结束 10 年间桩侧摩阻力分布曲线

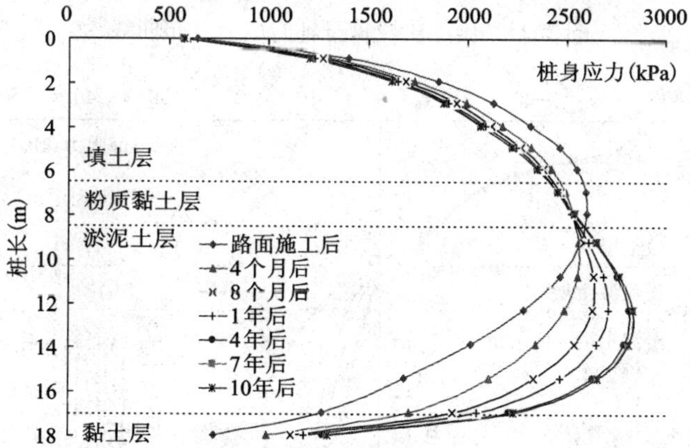

图 2.21 施工结束 10 年间桩身轴向应力分布曲线

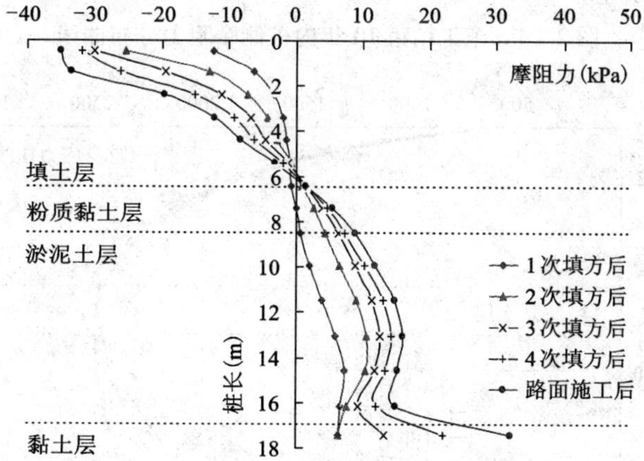

图 2.22 施工阶段桩侧摩阻力分布曲线

图2.26、图2.27给出了施工完成后三种不同工况下桩身摩阻力分布曲线及桩身轴向应力分布曲线。

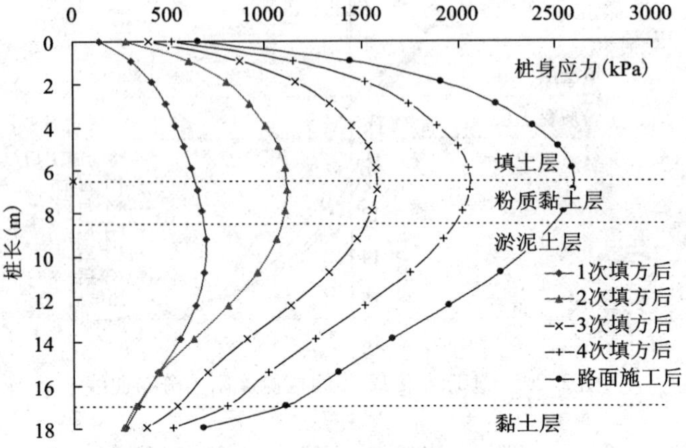

图2.23　施工阶段桩身轴向应力分布曲线

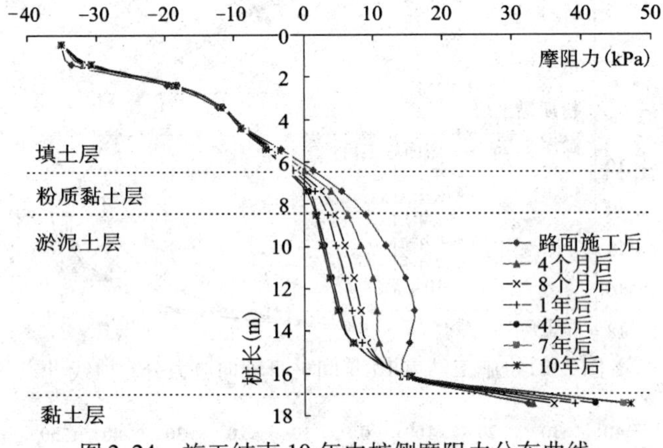

图2.24　施工结束10年内桩侧摩阻力分布曲线

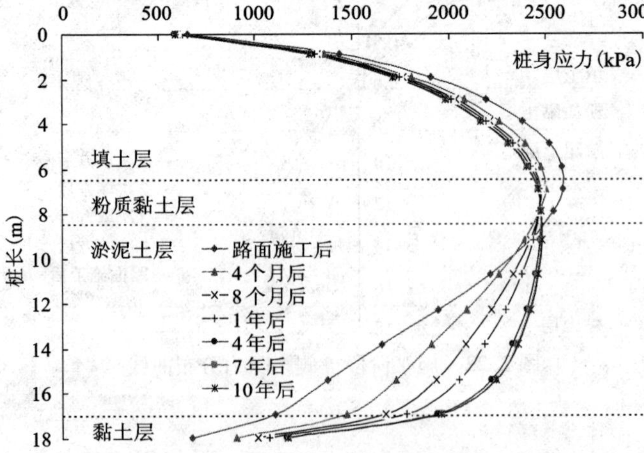

图2.25　施工结束10年内桩轴向应力分布曲线

图2.28、图2.29给出了施工完成10年后三种不同工况下桩身摩阻力分布曲线及桩身轴向应力分布曲线。

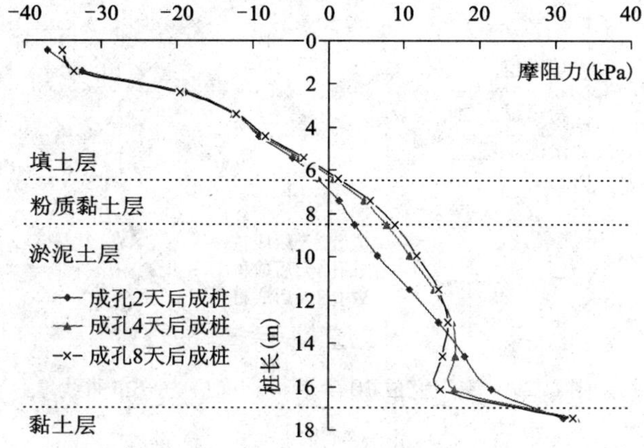

图2.26 施工完成后桩侧摩阻力分布曲线

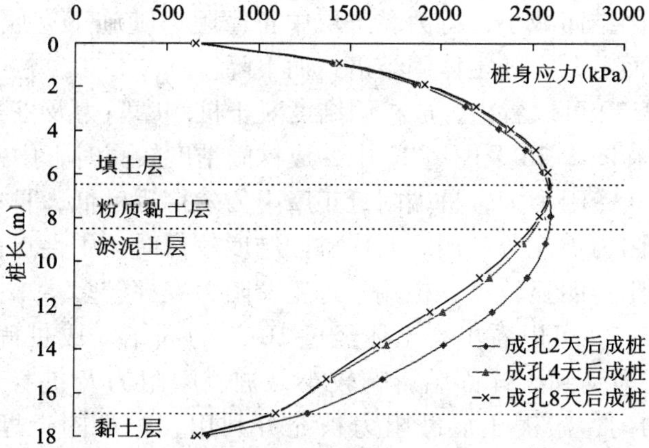

图2.27 施工完成后桩轴向应力分布曲线

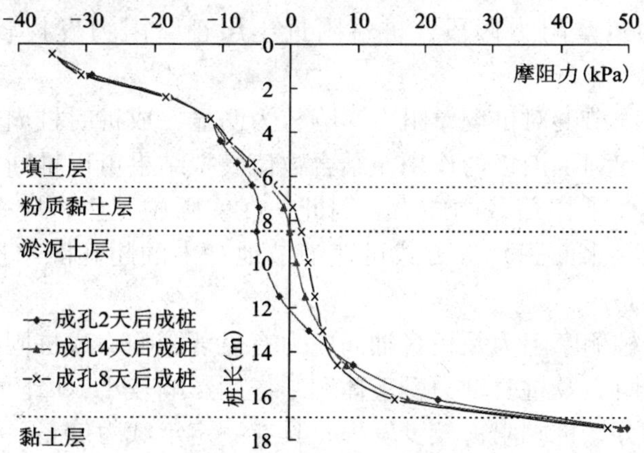

图2.28 施工完成10年后桩侧摩阻力分布曲线

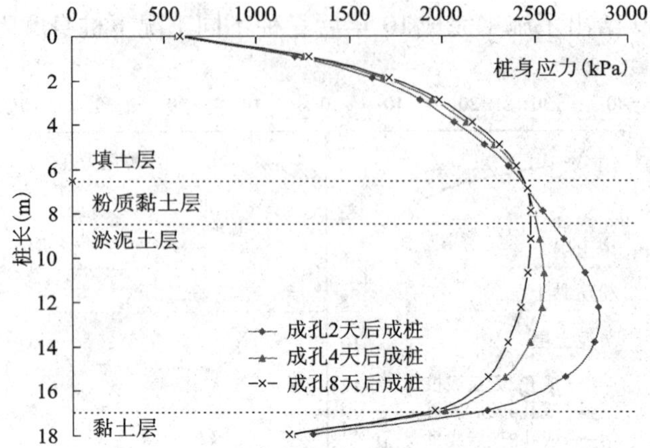

图2.29　施工完成10年后桩轴向应力分布曲线

由图2.18至图2.25可以看出，在土体三种不同成桩固结度情况下成桩，桩侧摩阻力及桩身轴向应力发展趋势是一致的。桩侧摩阻力随填方进行逐步增大，淤泥土层中正摩阻力随施工完成后土体固结而减小，持力黏土层中正摩阻力随施工完成后土体固结而增大，中性点随后填方进行而上升，随土体固结进行而下降。

由图2.26至图2.29可以看出，成桩固结度对于桩侧摩阻力及桩身轴向应力的分布及形态有明显的影响。在图2.26及图2.27中，成桩固结度较高时，中性点位置较高，施工完成后淤泥土层桩身正摩阻力大，桩端附近正摩阻力发挥程度低，具有一定的承载能力储备，淤泥土层的正摩阻力被充分利用。而成桩固结度较低时，中性点位置较低，施工完成后淤泥土层桩身正摩阻力明显较小，桩端附近正摩阻力发挥较多。

由图2.28及图2.29可以看出，土体经过10年的固结，成桩固结度较高时，桩体摩阻力及桩身轴向应力受到土体固结影响较小，桩侧摩阻力及桩身轴向应力变化不大，正摩阻力分布较为均匀，淤泥土层摩阻力被充分利用，桩端附近摩阻力发挥较小。而成桩固结度较低时，桩体摩阻力及桩身轴向应力受到土体固结影响明显。成桩固结度为50%的工况下，摩阻力中性点迅速下降，淤泥土层中摩阻力明显减小，部分原先为正摩阻力的区段变为负摩阻力区段，桩端附近土层正摩阻力发挥较多，桩身最大轴向应力明显增大。

综上所述，成桩固结度对桩侧摩阻力影响较为明显，成桩时桩周土中残留的超孔隙水压力对桩的工作性能起到了消极的作用，结合数值模拟结果可以推断，成桩时土体中的超孔隙水压力削弱了土体承担荷载的能力。因此，在实际施工中，应采取增加成孔排水时间、扩大桩径（增加排水面积）等方式迅速消散地基中的超孔隙水压力，使无砂混凝土小桩达到最佳工作状态。

成桩固结度对于桩侧摩阻力及桩身轴向应力有显著影响。成桩固结度较高，则在施工及工后固结过程中摩阻力及桩身轴力受土体固结作用影响较小，摩阻力中性点较高，桩周正摩阻力发挥较为充分，桩端阻力较少发挥，具有一定承载力储备，桩体处于较好的工作状态。成桩时桩周土体固结不充分导致工后服役过程中小桩桩侧正摩阻力大幅减小，负摩阻力区扩大，中性点下降，桩端阻力发挥较多。成桩时桩周土余存的超孔压对与桩体及土体工作性能起了消极作用，降低了正摩阻力区桩周土体承担荷载的能力，在实际施工过程中应该尽量采取措施迅速消散此部分超孔压。

2.3.3.2　持力层刚度及软弱土层刚度对桩负摩阻力影响分析

1）持力层刚度对于桩侧摩阻力分布规律影响的研究

通过变换数值模型中桩端持力黏土层的刚度来研究桩端土层对于摩阻力分布及发展规律。本节在原有模型基础之上，在其他模型参数相同的情况下，取桩端土层弹性模量分别为10.3MPa、15.3MPa、30.3MPa三种情况分析了桩侧摩阻力的分布发展规律。

图2.30给出了施工完成以后三种情况下桩侧摩阻力分布情况。

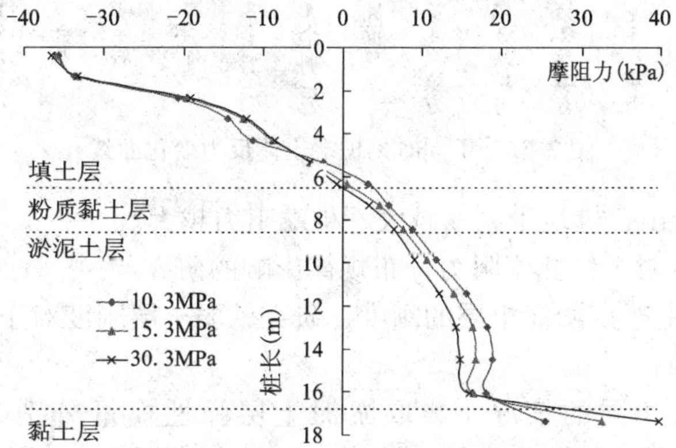

图2.30　施工完成后桩侧摩阻力分布曲线

由图2.30可以看出，后填方施工过程中，桩端土层刚度变化对于填土层中的负摩阻力影响不大，对于地基土层中的正摩阻力有一定影响。因填土层中负摩阻力变化不大，根据力的平衡原理，正摩阻和端阻之和保持不变。桩端土层刚度较大时，桩侧正摩阻力则较小，桩端阻力较大；反之桩端土层刚度较小时，桩侧正摩阻力分担了较多荷载，桩端阻力相对较小。

图2.31给出了施工完成10年后桩侧摩阻力的分布情况。

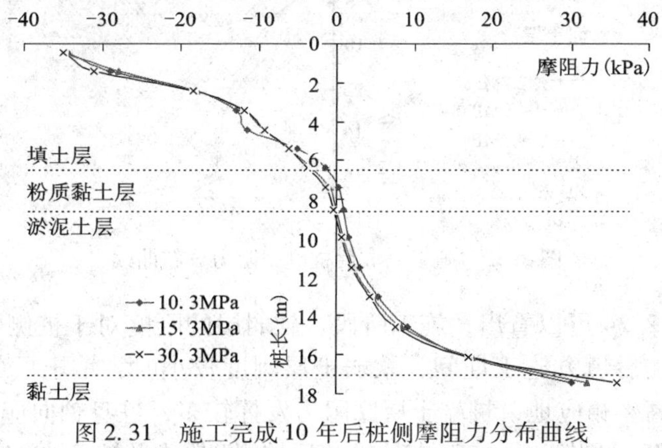

图2.31　施工完成10年后桩侧摩阻力分布曲线

由图2.31可以看出，经过10年的固结过程，桩侧正摩阻力减小，桩端阻力有所上升，不同桩端土层刚度条件下的桩侧摩阻力分布曲线趋于一致。

图2.32给出了整个分析过程中不同时刻桩底的反力变化情况。

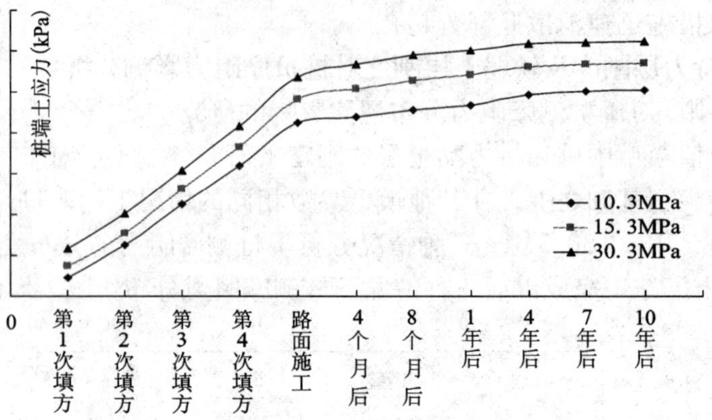

图2.32　不同时刻桩端土体反力变化曲线

由图2.32可以看出，桩端土刚度越大，桩端阻力越大。

2）软弱土层刚度对于桩侧摩阻力分布规律影响的研究

在原有模型基础上改变淤泥土层的刚度，研究软弱土层刚度对于桩侧摩阻力及桩端轴向应力分布规律的影响。

在其他模型参数相同的情况下，取淤泥土层弹性模量分别为2.7MPa、4.7MPa、9.7MPa三种情况进行桩侧摩阻力及桩身轴向应力的计算分析。

图2.33及图2.34分别给出了施工完成后三种情况下桩侧摩阻力及桩身轴向应力的分布情况。

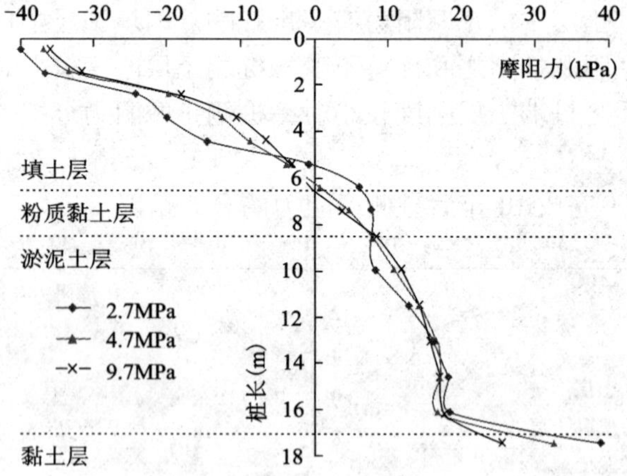

图2.33　施工完成后桩侧摩阻力分布曲线

由图2.33、图2.34可以看出，施工阶段，软弱层的刚度对于桩侧摩阻力及桩身轴向应力有明显影响。在后填方施工期间，软弱土层刚度较小时，填土层中桩侧负摩阻力较大，中性点位置较高。相应地，桩端土层摩阻力发挥较多，桩身轴向应力较大。

图2.35及图2.36分别给出了施工结束10年后桩侧摩阻力及桩身轴向应力的分布情况。

由图2.35及图2.36可以看出，施工完成后的固结过程对于软弱土层刚度较低的情况有较大的影响。软弱土层刚度较低时，填土层中桩侧负摩阻力较大，下层土体中正摩阻力较小。在地基土层中原本为正摩阻力的区域经固结过程后部分变为负摩阻力，造成中性点急剧下降，即此种情况下负摩阻力由两种因素造成，一是由于先期后填方施工在填土区域造成的负摩阻力，另一是由于后期土体固结在下层地基土体中造成的负摩阻力。软弱土层刚度较高时则受到固结过程影响较小，这种情况下施工完成 10 年之后桩侧负摩阻力数值较小，且主要分布于填土层中，中性点位置较高，桩侧正摩阻力数值较大，桩端土层摩阻力发挥较小，桩身轴力处于较低水平。

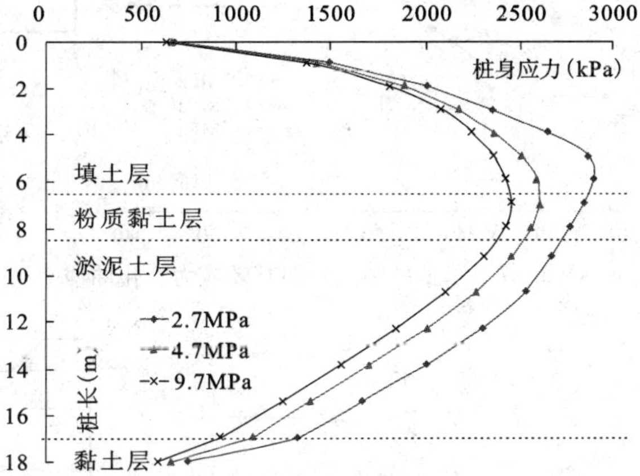

图 2.34　施工完成后桩身轴向应力分布曲线

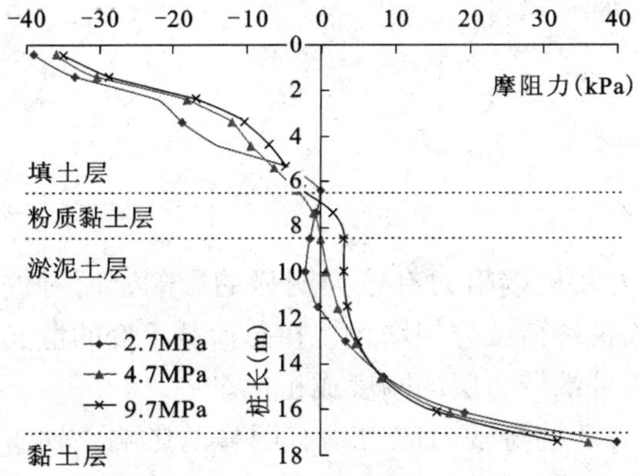

图 2.35　施工完成 10 年后桩侧摩阻力分布曲线

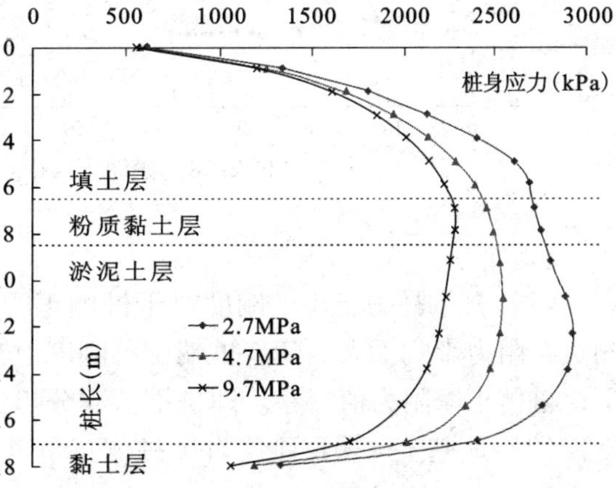

图 2.36　施工完成 10 年后桩身轴向应力分布曲线

图 2.37 给出了先填土层中点 B 在三种不同软弱层刚度条件下的竖向有效应力分布情况，图中最后六个点按照时间顺序依次为路面加载后 4 个月、8 个月、12 个月、4 年、7 年、10 年后的竖向有效应力。

图 2.38 给出了淤泥土层中点 A 在三种不同软弱层刚度条件下的竖向有效应力分布情况，图中最后六个点按照时间顺序依次为路面加载后 4 个月、8 个月、12 个月、4 年、7 年、10 年后的竖向有效应力。

由图 2.37 及图 2.38 可得，淤泥土层刚度较低的情况下（2.7MPa），填土层及淤泥土层中竖向有效应力较低，即土层的承载能力较低，荷载通过桩体作用传至了更深层的土体。由于软弱层压缩变形较大，会导致填土层桩土差异沉降变大，造成填土层负摩阻力增大，使更多荷载通过桩体向下传递，这是图2.37中淤泥土层刚度较低情况下填土层中竖向有效应力较小、图2.33、图2.35中填土层负摩阻力较大的主要原因。

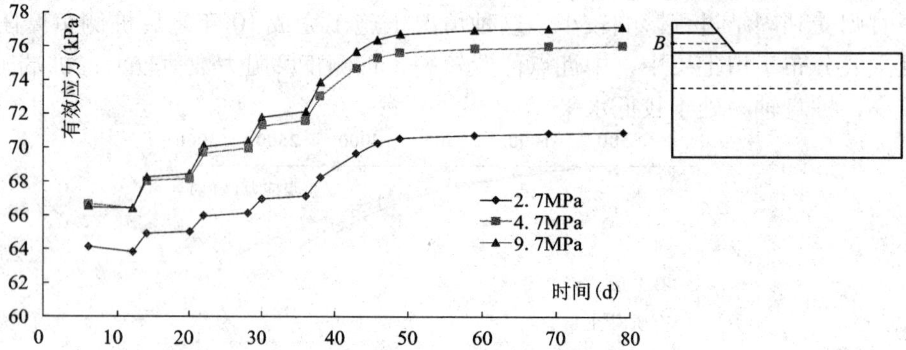

图2.37 填土层中点竖向有效应力变化曲线

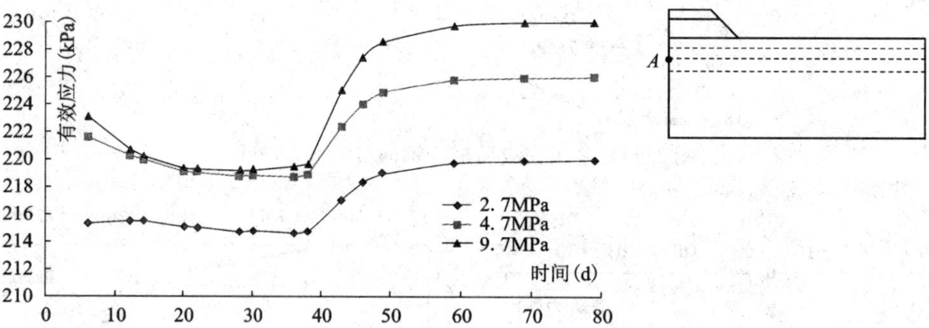

图2.38 淤泥土层中点竖向有效应力变化曲线

3）小结

（1）桩端持力土层的刚度对于桩侧正摩阻力及桩端阻力有较为明显的影响，而对桩侧负摩阻力影响不大。随着桩端土层刚度上升，桩端荷载分担增大，在总荷载不变的情况下，桩侧正摩阻力值减小。即桩端荷载分担比与桩端持力层的刚度成正比。

（2）地基土软弱层刚度对于桩侧正负摩阻力及桩身轴向应力均有明显的影响。软弱层刚度较小的情况下，承载能力较弱，变形较大。此种情况将导致上层填土沉降变大，桩侧负摩阻力变大，桩侧正摩阻力变小，桩端持力层桩侧阻力提高，桩端阻力提高。此种情况下桩身轴向应力较大，且处于较大轴向应力的区段较长。

2.3.3.3 填方土体的刚度及后填方的高度对负摩阻力的影响分析

1）填方土体的刚度对桩侧摩阻力分布规律影响的研究

通过在原有数值模型的基础上变换填方土体的刚度来研究其对摩阻力分布及发展规律的影响。在其他模型参数相同的情况下，取填土层弹性模量分别为15MPa、22MPa、28.9MPa三种情况分析了桩侧摩阻力及桩身轴向应力的分布发展规律。

图2.39、图2.40给出了施工完成以后三种情况下桩侧摩阻力及桩身轴向应力的分布情况。

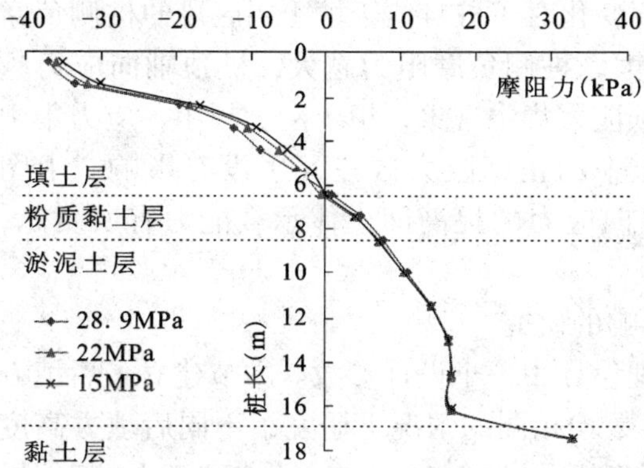

图 2.39 施工完成后桩侧摩阻力分布

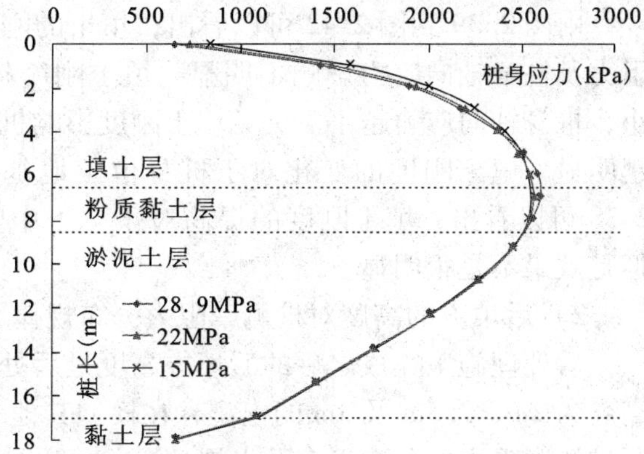

图 2.40 施工完成后桩身轴向应力分布

图2.41、图2.42给出了施工完成10年以后三种情况下桩侧摩阻力及桩身轴向应力的分布情况。

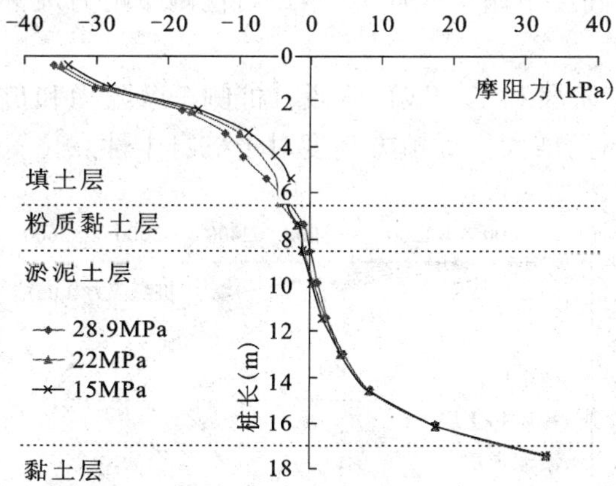

图 2.41 施工 10 年后桩侧摩阻力分布

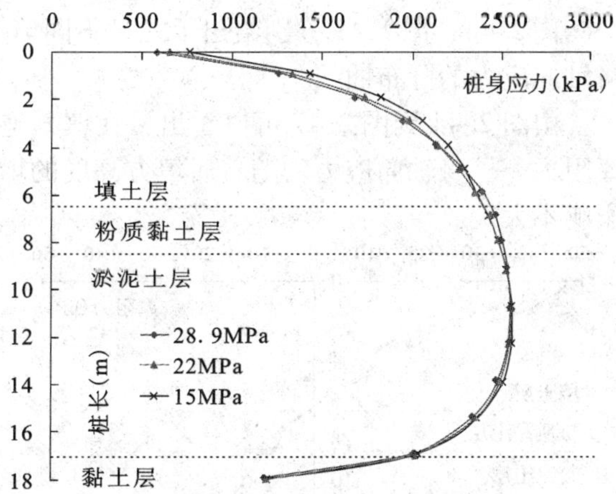

图 2.42 施工 10 年后桩身轴向应力分布

图2.43给出了先填土层中点 B 处竖向有效应力的变化曲线，图中最后六个点按照时间顺序依次为路面加载后4个月、8个月、12个月、4年、7年、10年后的竖向有效应力。

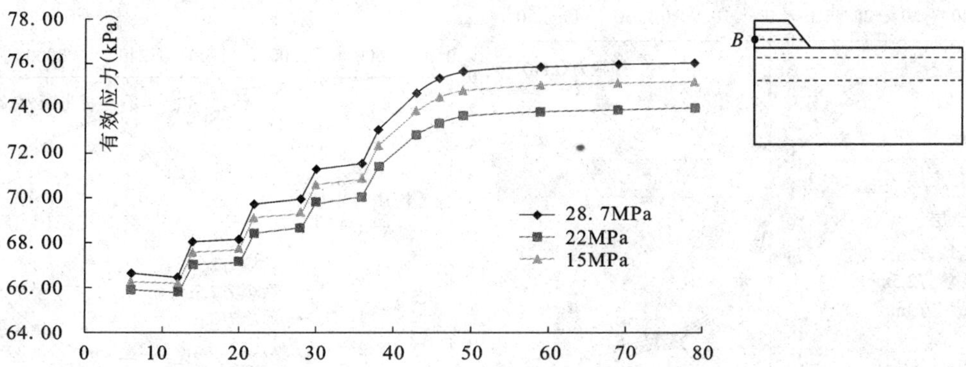

图 2.43 先填土层中点处竖向有效应力变化曲线

由图2.39到图2.42可以看出，填土的刚度变化对于桩身位于填土层区段的桩侧负摩阻力及桩身轴向应力影响不明显。填土刚度越大，桩侧负摩阻力越大，桩顶轴向应力越小，桩身轴向应力越小。可见填土刚度影响桩顶应力集中现象，填土刚度越小，应力集中越明显。填土刚度的变化对于桩身位于地基土中的正摩阻力区段几乎没有影响。由图2.38可以看出，填土刚度的提高对于填土中竖向应力的提高即土体承载能力有所贡献，但是效果不是很明显。

2）后填方的高度对桩侧摩阻力分布规律影响的研究

后处理施工完成之后的后填方高度是后处理设计中一个设计参数。本节建立了后填方高度为2m、2.5m及3m的模型，在模型其他参数均相同的情况下研究了不同后填方高度下桩侧摩阻力的分布形态及发展情况。每次填方高度仍为0.5m，施工周期为2d，相邻层施工间隔6d。

图2.44、图2.45分别给出了三种不同填方高度下施工完成之后桩侧摩阻力及桩身轴向应力的分布曲线。

图2.46、图2.47分别给出了三种不同填方高度下施工完成10年之后桩侧摩阻力及桩身轴向应力的分布曲线。

由图2.44到图2.47可以看出，在填方施工阶段和工后服役阶段，桩侧正摩阻力和负摩阻力、桩身轴向应力均随着后填方高度的增高而增大。后填方高度对于桩身中性点位置影响不大。

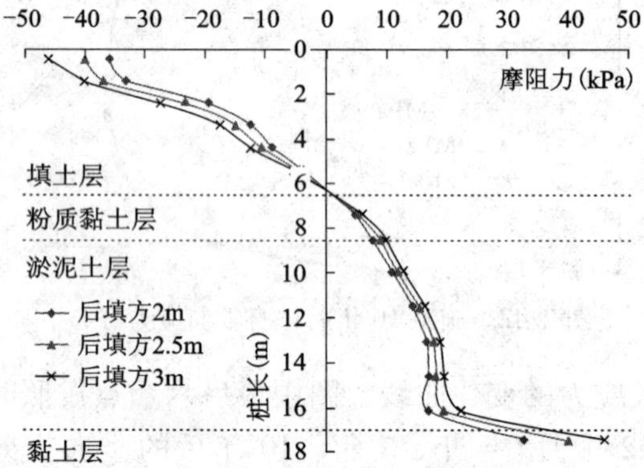

图2.44　施工完成后桩侧摩阻力分布曲线

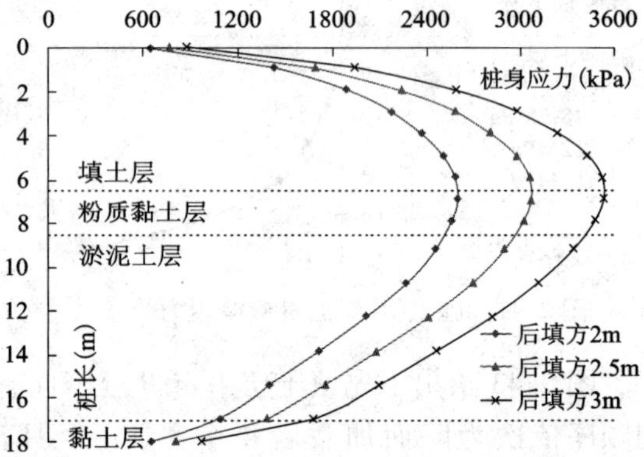

图2.45　施工10年后桩身轴向应力分布曲线

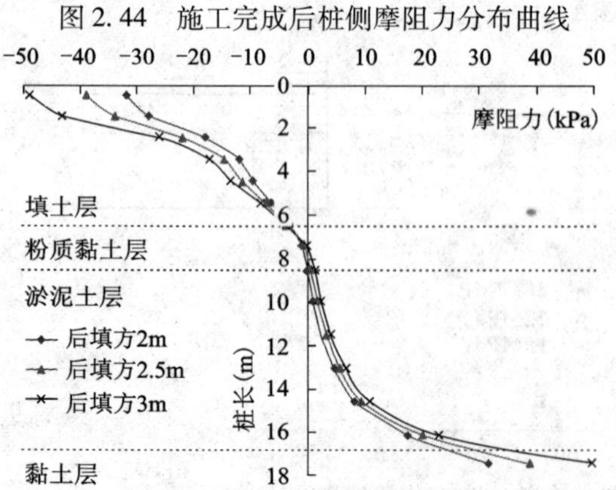

图2.46　施工10年后桩侧摩阻力分布曲线

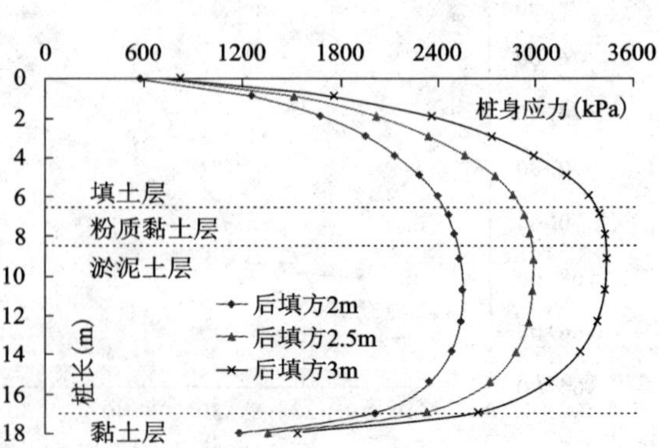

图2.47　施工10年后桩轴向应力分布曲线

图 2.48 给出了后填方高度为 3m 的情况下施工结束后小桩桩顶附近土体的竖向应力云图。

图 2.48　施工结束后小桩桩顶土体竖向应力云图

由图 2.48 及图 2.49 可以明显看出，桩顶有明显应力集中现象，桩顶部分因小桩的存在而产生了拱效应，使应力向桩土集中。

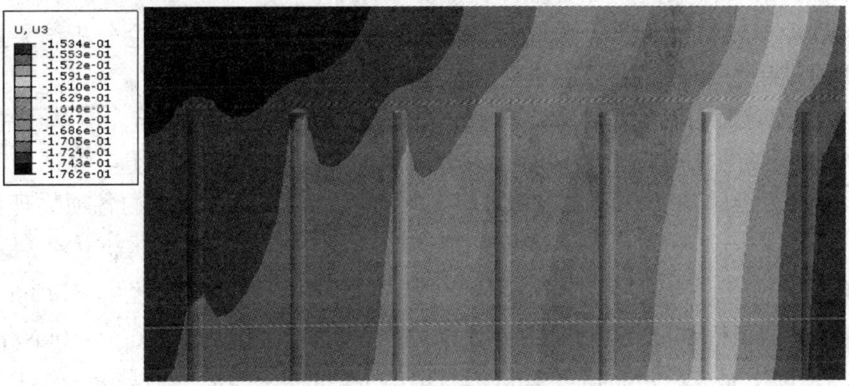

图 2.49　施工结束后小桩桩顶土体的竖向位移云图

图 2.50 给出了施工过程及工后不同时刻中心桩（1 号桩）桩顶应力和桩周土应力的比值。

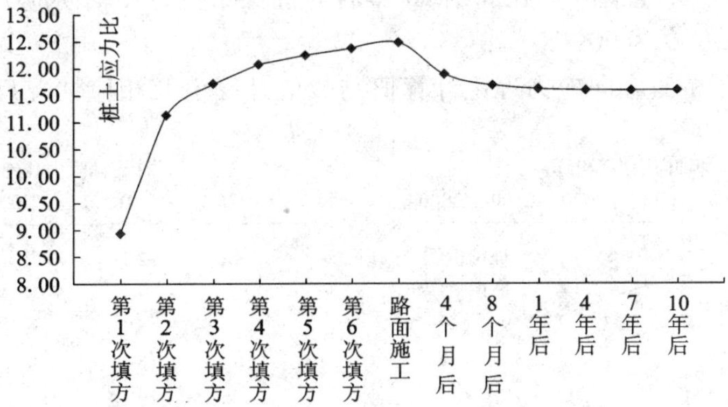

图 2.50　不同时刻桩顶部桩土应力比变化曲线

由图 2.50 可以看出，桩顶部桩土应力比随着填方过程的进行而上升，随着工后固结过程而下降，但是整个过程中变化较小，大致稳定在 11 ~ 12 之间。

3）小结

（1）填方土体的刚度对于填土中桩侧负摩阻力有一定影响，但不明显。填土层中桩侧负摩阻力随着填土的刚度增强而增大，桩顶应力集中现象随着刚度增强而减小。填土刚度对于正摩阻力没有明显影响。

（2）后填方土体的高度对于桩侧正负摩阻力的影响是相同的，正摩阻力、负摩阻力以及桩身轴向应力随着后填方高度的增加而增大，但中性点位置保持不变。桩顶土产生拱效应及应力集中现象，桩土应力比随着后填方高度的增高而增大，随着工后固结过程的进行而减小。

2.3.3.4　计算比较

理论计算结果较为复杂，桩身轴力显式表达式形式繁琐，故使用 Fortran 程序对计算过程进行了编译，运用因子表方法进行矩阵求逆运算，通过输入参数值直接得到矩阵 A、B，经过求逆和矩阵相乘可直接得到系数 c_1、c_2、c_3、c_4，代入式（2.76）及式（2.77）可算出桩身轴力的具体数值。部分编译代码见附录 A。

为检验理论推导的正确性，选取与数值模拟中相关参数代入理论分析结果进行算例分析，并将所得结果与数值模拟结果进行比较。

为最大限度与数值模拟模型保持一致，取填土中桩长 L 为 6.5m，地基土中桩长 H 为 12.1m。本文理论推导中只考虑了两层土，即下层地基土及上层先填土。故选定下层地基土引用表 2.1 中淤泥土的各项物理性质，上层先填土引用表 2.1 中填土的各项物理性质，土层剪变模量 G_s 由式 $E_s=2(1+\mu)G_s$ 计算。桩体弹性模量 $E_p=20\text{GPa}$，桩体半径 $a=0.15\text{m}$，桩截面积 $A=0.07065\text{m}^2$，桩距 $s_d=2\text{m}$，取 $c_g=1.13$，则桩体影响半径 $b=1.13\text{m}$。桩顶桩土应力比取施工完成后固结期间的平均值，即 $\theta=12$。取桩底基床系数 $K_b=150\text{kN/m}^3$。取后填土高度为 2m，施工完成后路面荷载 10kPa，即作用在桩周土表面的荷载 $p=46\text{kPa}$。

前文理论推导中，假设后填方施工前地基土中超孔隙水压力已在后处理过程中完全消散，故将上述数据代入 Fortran 程序中进行计算而得到的结果与成孔 8d 后成桩的模型（成桩前桩周土体超孔压完全消散）在固结 10 年后的桩身摩阻力及轴向应力进行对比。理论计算中取平均固结度 U 为 90%。

图 2.51 给出了桩身轴向应力理论计算值与数值计算值及相应情况反算得出的桩身侧摩阻力曲线。

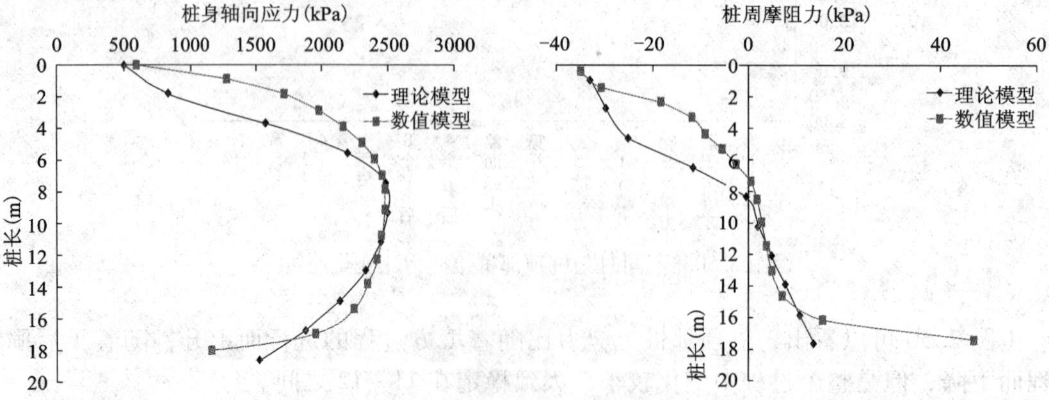

图 2.51　理论模型与数值模型桩身轴向应力、摩阻力曲线

由图2.51可以看出，虽然数值模型中实际桩周土层为四层（填土、垫层、粉质黏土、淤泥土、黏土）而理论模型仅为两层（填土、淤泥土），且数值模型中固结排水情况远较理论模型复杂，但是两者在摩阻力分布情况、中性点位置、摩阻力及轴向应力数值等方面具有可比性，验证了理论解的合理性。

图2.52给出了服役过程中不同固结度下（50%，70%，90%）理论解的桩身轴向应力分布曲线。

由图2.52可以看出，随着桩周土固结度的增长，桩身轴向应力及桩端阻力随之增加。对比数值模拟结果，两者结论相同，计算结果相近。

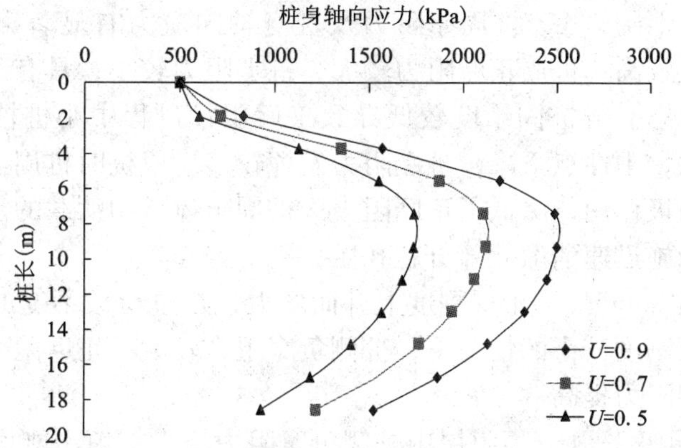

图2.52　不同固结度下桩身轴向应力曲线

2.3.3.5　小结

运用数值模拟方法，建立了高填方后处理复合路基技术数值模型，研究了从高填方施工开始到后处理施工、后填方施工再到路基服役的全过程中复合路基中宏观及微观力学性状的变化发展规律，研究了无砂混凝土小桩桩侧摩阻力随填方施工过程及工后土体固结过程的分布形态及发展趋势，研究了后处理技术中若干重要参数对于桩侧摩阻力及桩身轴向应力的影响规律。运用理论分析方法，基于弹性理论法假设及后处理过程相应条件推导了后处理无砂混凝土小桩桩身轴向应力分布表达式，并与数值模拟结果进行了对比，验证了其正确性。

通过上述数值模拟及理论推导，得到了以下结论：

1）后处理技术在其成孔阶段能够迅速消散软弱土层中的超孔隙水压力，提高土体的有效应力，加快土体的固结沉降。经投石压浆形成的后处理复合路基能够减小路基总沉降及路面差异沉降。

2）后填方施工过程中，土体中的孔隙水压力因为后填方荷载、排水边界变化及桩土荷载传递的作用而有所上升，土体中的有效应力因为桩体的荷载分担作用及孔隙水压力的增长而保持相对稳定的状态。施工结束后，土体中的超孔隙水压力随时间增长而消散，竖向有效应力相应增加。

3）后填方施工过程中，填方中土体产生指向填方内侧的位移，地平面下土体产生指向填方外侧的位移。施工结束后，土体中指向填方内侧的位移随着固结过程的进行而增大，指向填方外侧的位移随着固结过程的进行而减小，此现象在软弱土层中较为明显。

4）后处理复合路基中的桩体在填土层中主要受负摩阻力作用，在软土层及其下土层中主要受正摩阻力作用。正摩阻和负摩阻随填方施工而增大，施工完成后含水土层中正摩阻力随土体固结而减小，桩端土层正摩阻力及端阻力相应增大。

5）后处理复合路基中桩土荷载传递规律为：填土通过负摩阻力形式将自身荷载传递给小桩；在填方下的土层中，小桩通过正摩阻力及桩端阻力将荷载传递给土体。正摩阻力区段土体中首先由孔隙水压力承担小桩传来的荷载，孔隙水压力随时间消散后荷载一部分传给土体骨架，一部分通过桩体继续向下传递。

6）后处理成桩固结度对于桩周摩阻力及桩身轴向应力有显著影响。成桩固结度较高，则摩阻力中性点较高，桩周正摩阻力较大，桩端阻力较小，具有一定承载力储备，桩体处于较好的工作状态。成桩固结度较低导致工后服役过程中小桩桩周正摩阻力大幅减小，负摩阻力区扩大，中性点下降，桩端阻力发挥较多。成桩时桩周土余存的超孔压对与桩体工作性能起了消极作用，降低了正摩阻力区桩周土体承担荷载的能力，在实际施工过程中应该尽量采取措施迅速消散此部分超孔压。

7）桩端荷载分担随着桩端土层刚度上升而增大，在总荷载不变的情况下，桩侧正摩阻力值减小。软弱层刚度较小的情况下，桩侧负摩阻力较大，正摩阻力较小，桩端持力层桩侧阻力提高，桩端阻力提高。

8）随着填土的刚度增强，填土层中桩侧负摩阻力增大，填土刚度对于正摩阻力没有明显影响。正摩阻力、负摩阻力以及桩身轴向应力随着后填方高度的增加而增大，但中性点位置保持不变。桩顶土产生拱效应及应力集中现象，桩土应力比随着后填方高度的增高而增大，随着工后固结过程的进行而减小。

9）基于弹性理论法建立的后处理复合路基小桩桩身轴向应力表达式能够较好地反映小桩桩身轴向应力与负摩阻力的变化趋势，所得结果经与数值模拟结果比较，证明了其正确性。

2.4 无砂混凝土小桩后处理技术机理

2.4.1 无砂混凝土小桩后处理机理分析

对于软弱黏性土地基，当含水量逐渐增大渐趋饱和时，通常情况下其孔隙结构表现为气封闭形态。当上部受到外力作用时，不排水条件下，孔隙中的自由水产生孔隙压力 u_m，骨架土颗粒同时受压，形成有效应力 σ'，存在：

$$\sigma = \sigma' + u_m \tag{2.78}$$

在总应力保持不变条件下，土体的压缩变形主要取决于超孔隙水压力的大小只在土体中孔隙水压力逐步消散，土颗粒有效应力逐步增大时，土体才发生固结，土体抗剪强度得到提高，相应发生压缩变形。

高速公路路基宽度通常达到30～40m，采用大型机械化施工，高填方区一般在自然地面上铺设一层30～50cm厚碎石，然后分层铺土碾压。因此施工过程中下层软弱土层不具备良好排水条件，随着路基的逐层加高，下层软弱土层的顶部压力相应增大，但由于土体含水量较大，孔隙水压力提高的速度远大于土颗粒上有效应力增大的速度，这就使得高填方路基施工过程中，孔隙超静水压力随施工进度基本上呈线性增长趋势，而土颗粒的有效应力仍保持在较低应力水平上，软弱土层得不到压实，形成工后填土路基自重主要由下层软弱土层中的孔隙水承担，土体主固结速度缓慢，路基处于变形不稳定的不利受力状态。

从机理方面看，高填方软弱路基变形稳定性处理就是要迅速消散下部软弱土层中的超静水压力，提高土颗粒间的有效应力，完成土体主固结过程。无砂混凝土小桩施工工艺分为：成孔→插管投石→封孔注浆。在成孔过程中，下部软弱土层中的超静水压力得到彻底释放，使土颗粒的有效应力发生突增，主固结进程加快；插管投石并间隔压力注浆施工过程中，首先在压力注浆作用下通过邻近桩孔将桩间土中的部分自由水置换排出，如图2.53（*a*）所示；再次在邻近桩孔中压力注浆时，水泥浆继续置换桩周土体中的自由水，并使桩体密实（如图2.53（*b*）所示），同时使桩周土体受到压密灌浆处理，形成竖向无砂混凝土小桩桩体以及桩周水泥复合土。待注入的水泥浆液与周围介质凝固成一体后，即形成由中心部位的无砂混凝土小桩桩体与周围压力灌浆土体共同构成的复合地基。一方面中心桩体对软土地基进行了部分置换加强；另一方面在压力注浆过程中，水泥浆体对桩周土体进行了加固处理，使桩周土体的力学性能指标得到显著提高，且由于注入浆液在碎石桩及桩周土体中的分布的连续性和凝结形成强度过程的同步性，使中心桩体与桩周土体间的连接得到充分保证，在后期荷载作用下，中心桩体与桩周土体间除产生有效的摩擦作用外，还存在显著的机械咬合作用，使中心桩体与桩周土体形成稳定、高强的复合地基。从而使高填方软基的竖向承载力和压缩模量均得到显著提高。

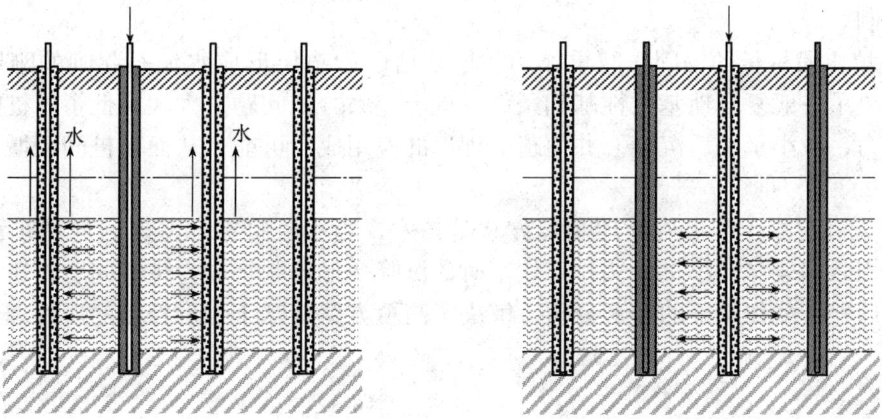

（*a*）　（*b*）

图2.53　无砂混凝土小桩地基处理纵剖面图

2.4.2　无砂混凝土小桩后处理技术机理

通过对投石压浆无砂混凝土小桩后处理软基的机理分析可知，后处理技术具有堆载预压、快速排水、排气固结、固化、竖向置换增强等综合作用机理。在被加固场地先填土形成附加应力后用碎石桩置换，然后通过桩孔中的钢质注浆管，对碎石桩体及桩周土体进行低压力的渗入式灌浆，再进行二次压密注浆，使孔内水泥浆进一步密实，并使桩周土体受到压密灌浆处理，形成较高强度的无砂混凝土小桩竖向增强体。

施工桩长有部分位于填土内，利用桩土间的摩擦力形成锚固段，可阻止地基土变形时桩向上的“刺入”和使后部分填土荷载通过该段桩侧摩阻力向桩身的转移，有效地调整和增加桩土应力比，减小填土荷载对老路基的影响；位于填土和原地基土间设置的碎石垫层压入水泥浆形成无砂混凝土，成为较刚性垫层（基础），同样起到调整和增加桩土应力比的作用，大大改善了“柔性基础条件”下复合地基工作性状。压力注浆也使桩周填土得到进一步密实，桩体与桩周填土间产生的较高侧阻力对后填土起到“减重”作用，降低了地基附加应力，有效调整地基沉降变形时应力向桩的集中。

2.5 本章小结

（1）高填方路基后处理技术具有堆载预压、快速排水、固结、胶结、竖向增强等综合作用机理。

（2）后处理方法与其他方法比较，具有排水固结快，所需沉降稳定时间短的优点；具有刚性桩复合地基的特点，有利于高填方路基的稳定。

（3）先处理路基在填方作用下常导致路基发生沉降变形，这种变形仅属于瞬时沉降变形，在饱和土条件下，发生瞬时沉降的过程中，伴随产生越来越大的孔隙水压力，土体中有效应力下降，有时会导致路基沉降不稳定，填土工程不能按预期继续施工。后处理技术成孔过程中消散了孔隙水压力，土体固结快速，路基沉降稳定时间短，后期变形被复合地基所控制。

（4）填土段桩长的锚固、减重作用、压浆后的砂垫层形成水泥石起到的刚性基础作用有效解决了一般复合地基柔性基础条件下桩土应力分配问题，大大降低了原桩间地基土的附加应力，减小了工后沉降。并使疏桩理论的应用成为可能，从而使桩间距增大，大大减少用桩量。

（5）无砂混凝土小桩后处理高填方软基技术，当小桩打穿软基时，应属于承载力控制问题；当软基较深，小桩无法打穿软基时，沉降变形控制将成为主要问题。通过对桩及桩间土在后期荷载作用下的变形分析，解决了高填方路基基于变形控制的后处理优化设计问题。

第3章　高填方路基后处理设计理论与方法

3.1　路堤临界填土高度计算方法

后处理技术中先填土高度近似于传统的地基临界填土高度，临界填土高度是高填方路基在不控制填土施工速率的条件下天然地基所能承担的填土高度，是一理论值，是高填方路基地基处理和施工期稳定控制的重要参数。在高填方路基后处理技术中计算分析先填土高度，目的是在施工阶段先填土高度接近临界高度时，无砂混凝土小桩成孔阶段的土体固结相对最快，最大限度地减小工后沉降，缩短工期，最大限度地实现后处理技术的目的和技术效果。目前，采用较多的高填方路基施工期的稳定性分析计算方法主要有极限高度法、应力路径反演分析法、侧向位移速率法、孔隙水压力法等，这些方法大都以 Mohr-Coulomb 准则为基础，后几种方法还更多地依赖于现场监测资料的准确性，Mohr-Coulomb 强度准则没有考虑中主应力的影响，实验证明中主应力对岩土体的强度和破坏有影响，因此由 Mohr-Coulomb 强度准则推导出的高填方路基临界填土高度是偏于保守的，并不能完全反映地基承载性能的实际情况。统一双剪强度理论可以考虑中主应力对强度和破坏的影响，特别适用于岩土类材料。本章利用弹性理论平面应变假设和统一双剪强度理论，探讨了考虑中主应力影响下后处理技术先填土高度的分析计算方法。研究成果对指导高填方路基的设计与施工具有重要意义。

3.1.1　路堤临界填土高度计算方法

3.1.1.1　极限高度法

在天然的软土地基上，基底不做特殊加固处理，用快速施工方法（即不控制填土速度）修筑路堤所能填的最大高度，称为极限高度，其本质是对极限承载力的计算。1960 年日本的宫川提出：

$$H_{\mathrm{C}} = 5.52\frac{c_{\mathrm{u}}}{\gamma} \tag{3.1}$$

式中　c_{u}——地基土体不排水抗剪强度，用现场十字板试验确定；

γ——填土的容重（$\mathrm{kN/m^3}$）。

上式仅适用于均质深厚软土地基的路堤极限高度的求解，当软土地基上有硬壳层，且硬壳层厚度大于 1.5m 时，要考虑其应力扩散提高承载力、减小地基沉降的效应。路堤极限高度可按下式估算：

$$H_{\mathrm{C}} = 5.52\frac{c_{\mathrm{u}}}{\gamma} + 0.5h \tag{3.2}$$

式中　h——硬壳层厚度（m）；其他符号同上。

极限高度法对于深厚软土层，滑动面不通过基底且填土高度较小时，其适用性较好，且简单易行。否则，需引入稳定系数 N_s 且需进行多次试算，此时，计算就比较繁琐。

3.1.1.2　总应力法

总应力法假定荷载瞬时施加，软土地基的强度采用直接快剪指标，计算图式见图3.1，计算公式为：

$$K=\frac{\sum_{A}^{B}\left[c_{ui}l_i+(W_{\mathrm{I}}+W_{\mathrm{II}})_i\cos\alpha_i\tan\varphi_{ui}\right]+\sum_{B}^{C}(c_{\mathrm{II}i}l_i+W_{\mathrm{II}i}\cos\alpha_i\tan\varphi_{\mathrm{II}i})}{\sum_{A}^{B}(W_{\mathrm{I}}+W_{\mathrm{II}})_i\sin\alpha_i+\sum_{B}^{C}W_{\mathrm{II}i}\sin\alpha_i} \tag{3.3}$$

式中　c_{ui}、φ_{ui}——分别为各土层快剪试验测得的内聚力和内摩擦角。

其余符号见图3.1。

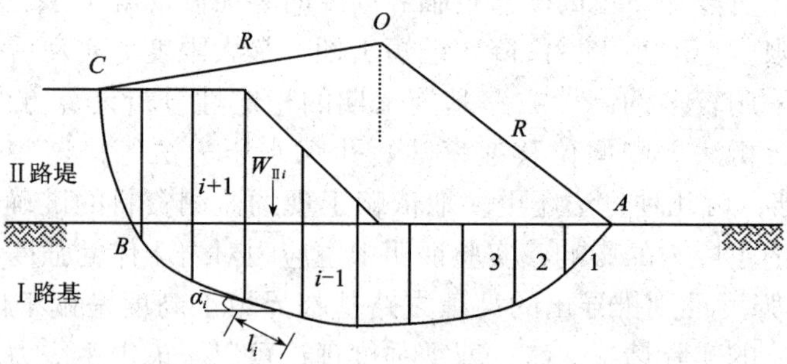

图3.1　安全系数计算图式

式（3.3）中由地基土摩擦力提供的抗滑力由两部分组成，一部分是分条内地基土重力在滑动面上产生的摩擦力，另一部分为分条内路堤填料重力在滑动面上产生的摩擦力。该式是建立在瞬时加载的基础上，由于饱和软黏土在瞬时荷载作用下产生的附加应力全部转化为超孔隙水压力，所以分条内路堤填料重力在滑动面上产生的摩擦力实际上并不存在。如果考虑到实际加载为非瞬时加载，地基强度将随着填土高度的增高而增长，但该式未引入固结试验指标和固结度的概念。所以该式既不能反映瞬时加载的情况，也不能反映地基固结情况，仅是一个经验公式。

3.1.1.3　固结有效应力法

该方法考虑了软土地基在施工荷载作用下，地基强度随固结而逐渐增加的过程。计算中采用固结快剪试验指标，计算公式为：

$$K=\frac{\sum_{A}^{B}\left(c_{ui}l_i+W_{\mathrm{I}i}\cos\alpha_i\tan\varphi_{ui}+W_{\mathrm{II}i}\cos\alpha_iU_i\tan\varphi_{gi}\right)+\sum_{B}^{C}(c_{\mathrm{II}i}l_i+W_{\mathrm{II}i}\cos\alpha_i\tan\varphi_{\mathrm{II}i})}{\sum_{A}^{B}(W_{\mathrm{I}}+W_{\mathrm{II}})_i\sin\alpha_i+\sum_{B}^{C}W_{\mathrm{II}i}\sin\alpha_i} \tag{3.4}$$

式中　U_i——地基平均固结度；

φ_{gi}——地基土固结快剪内摩擦角。

该方法考虑了软土路堤施工的实际情况，即路堤荷载并非瞬间填到设计高度，而是按照一定的施工速率逐渐填筑。当遇到在强度很差的地基上需要修筑高路堤的情况时，可以按照这一计算模式对采取分期加载方法使地基强度固结提高后的安全系数进行验算，以保证路堤填筑过程中的稳定性满足要求。

逐渐加载条件下地基的固结度 U 的计算可采用改进的太沙基法，也可采用改进的高木俊介法。

3.1.1.4　总强度法

用总强度法进行稳定分析时，直接用实测或估算的总抗剪强度作为计算数据，如十字板抗剪强度或无侧限抗压强度等，由于强度不再分出摩擦力部分，故此法也称 $\varphi=0$ 法。其安全系数计算公式为：

$$K=\frac{\sum_{A}^{B}S_{u}l_{i}+\sum_{B}^{C}(c_{\mathrm{II}i}l_{i}+W_{\mathrm{II}i}\cos\alpha_{i}\tan\varphi_{\mathrm{II}i})}{\sum_{A}^{B}(W_{\mathrm{I}}+W_{\mathrm{II}})_{i}\sin\alpha_{i}+\sum_{B}^{C}W_{\mathrm{II}i}\sin\alpha_{i}}\tag{3.5}$$

式中　S_u——地基土的十字板抗剪强度或无侧限抗压强度。

这一方法适用于分析修建在透水性极小的饱和软黏土地基上的路堤，而且施工期限很短，路堤建成后，地基土没有足够的时间改变含水量。在这种情况下，地基土的抗剪强度相当于 $\varphi=0$ 的条件。对于透水性大的土，因 $\varphi\neq0$，故不适用。

3.1.1.5　应力路径反演分析法

地基中某点的有效应力路径可以反映该点有效应力增长过程，当地基中孔隙水压力不断变化时，有效应力也随之改变。通过比较地基中某点的有效应力轨迹与破坏包线（k_f' 线）即可判断该点是否破坏，进而可以反演得到允许增加的最大荷载，再换算得填方平台高度 h。

1）施工过程中总应力路径

将初始地基视为半无限体，在其表面逐层碾压填方形成路基。高填方路基可视为无限长条形均布荷载，如图 3.2 所示，路基等效宽度为 B（m），作用于原地基表面上的荷载集度为 p（kN/m^2），根据弹性理论，地基下任一点的主应力按下列公式计算：

$$\sigma_{1/3}=\frac{p}{\pi}(\theta\pm\sin\theta)\tag{3.6}$$

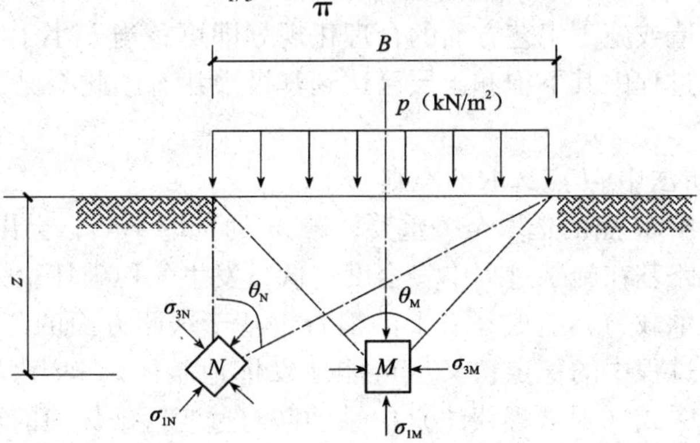

图 3.2　路基下主应力图

M 点：

$$\theta_M = 2\arctan\frac{B}{2z}（弧度） \tag{3.7}$$

$$\sigma_{1M} = \frac{p}{\pi}(\theta + \sin\theta)，\sigma_{3M} = \frac{p}{\pi}(\theta - \sin\theta) \tag{3.8}$$

$$p_M = \frac{\sigma_{1M} + \sigma_{3M}}{2}，q_M = \frac{\sigma_{1M} - \sigma_{3M}}{2} \tag{3.9}$$

由此可计算得路基下任一点 M 在填土荷载作用下的总应力，进而可在 $p-q$ 坐标系中画出 M 点的总应力路径线。如果原地基地下水位埋深较大，此总应力即为地基土的有效应力。

2）施工过程中超静水压力与有效应力路径

若路基下土层为饱和土，由于假定填土荷载为一次瞬时施加，此时，在饱和土中的孔隙水来不及排出，产生超孔隙水应力。超孔隙水应力系数 A、B 可根据经验选取，则超孔隙水应力为：

$$u_M = B[\sigma_{3M} + A(\sigma_{1M} - \sigma_{3M})] \tag{3.10}$$

有效应力相应为：

$$\sigma'_{1M} = \sigma_{1M} - u_M，\sigma'_{3M} = \sigma_{3M} - u_M \tag{3.11}$$

$$p'_M = \frac{\sigma'_{1M} + \sigma'_{3M}}{2}，q'_M = \frac{\sigma'_{1M} - \sigma'_{3M}}{2} \tag{3.12}$$

据此可画出软土路基施工过程中的应力路径如图3.3所示。

图3.3中 A 点表示原地基中某点 M 的天然应力状态，通过分析计算地基中某点 M 的应力路径与 k'_f 线的关系：如图中所示的极限关系来反算求得此时的填土高度 h，h 为后处理填方平台高度。当 h 大于实际填方高度 H 时，说明高填方路基全部施工完毕，其下饱和土层尚未达到其承载能力极限状态，此工况下路基不必进行处理；当 h 等于实际填方高度 H 时，说明高填方路基施工结束时，其下饱和土层正好达到其极限状态，此工况下仅需进行构造或施工工艺方面的合理化规划即可；当 h 小于实际填方高度 H 时，说明高填方路基施工过程中其下饱和土层已达到其极限状态，此工况下路基必须进行加固处理。

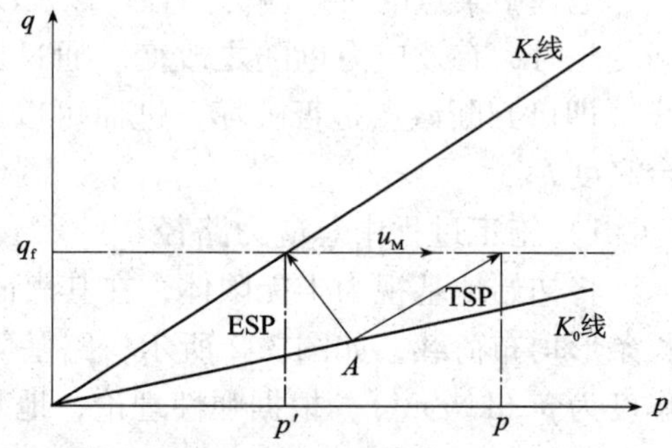

图3.3　路基施工过程中的应力路径

3）应力路径分析法中 M 点选取的准则

应力路径分析法中 M 点的选取至关重要，若 M 的选取不当，会出现两方面的主要问题：一方面可能造成路基在施工过程中安全度过低，发生失稳破坏；另一方面可能是没有充分发挥地基的原有承载力，造成经济上的浪费。基于这两方面的考虑来选取 M 点，使得既能保证路基施工过程中的稳定；又尽可能地发挥地基的承载力。M 点按地基极限承载力复合滑动面计算图式（对数螺线法）中主动区与过渡区破坏面的交点确定，如图3.4所示。

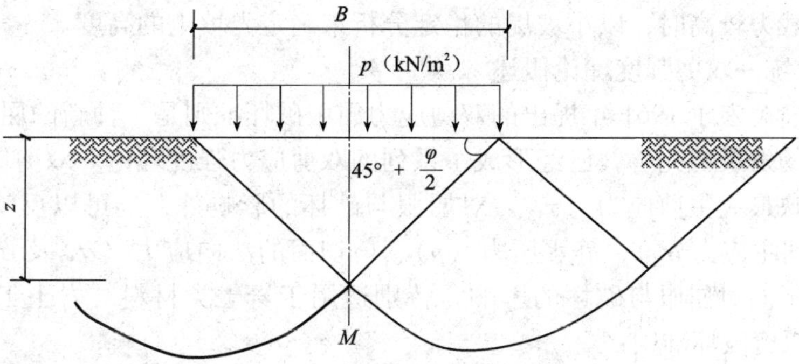

图 3.4 地基中 M 点的位置选取

因为假定填土荷载为一次性瞬时施加，饱和土中的孔隙水来不及排出，所以土的强度指标应采用不排水剪强度指标 c_u 和 φ_u，对于饱和软黏土，其不排水剪条件下的内摩擦角 $\varphi_u \approx 0$，k'_f 线变成一条水平线，截距为 c_u 值，此时 M 点应力路径如图 3.5 所示。

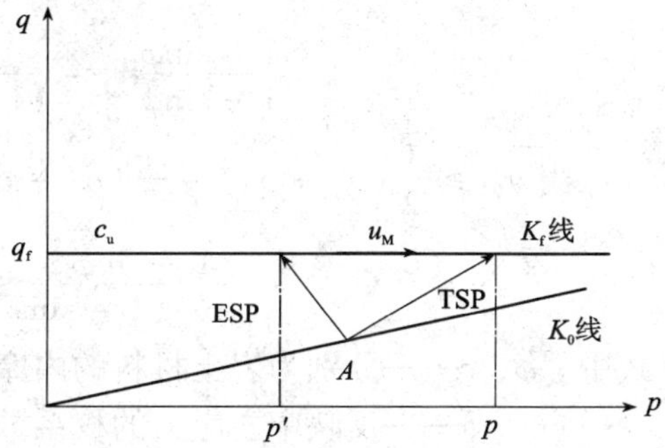

图 3.5 路基施工过程中的应力路径

由公式(3.7) ~ (3.12)可求得地基在填土荷载 p 作用下的剪应力 q'_M：

$$q'_M = \frac{\sigma'_{1M} - \sigma'_{3M}}{2} = \frac{\sigma_{1M} - \sigma_{3M}}{2} = \frac{p}{\pi}\sin\theta \tag{3.13}$$

M 点的初始状态下的剪应力 τ_M：

$$\tau_M = \left(\frac{\gamma' B}{4} - \frac{K_0\gamma' B}{4}\right)\tan\left(45° + \frac{\varphi}{2}\right) = \frac{(1 - K_0)\gamma' B}{4}\tan\left(45° + \frac{\varphi}{2}\right) \tag{3.14}$$

式中 K_0——静止侧压力系数；

γ'——饱和软黏土的有效重度。

由图 3.5 应力路径与 k'_f 线之间的关系可得：$q_f = q'_M + \tau_M = c_u$

将式（3.13）、（3.14）代入上式得：

$$p = \frac{\pi}{\sin\theta}\left[c_u - \frac{(1 - K_0)\gamma' B}{4}\tan\left(45° + \frac{\varphi}{2}\right)\right]$$

若填土的重度为 γ，则填方平台高度 h：

$$h = \frac{\pi c_u}{\gamma\sin\theta} - \pi\frac{(1 - K_0)\gamma' B}{4\gamma\sin\theta}\tan\left(45° + \frac{\varphi}{2}\right) \approx \frac{\pi c_u}{\gamma} \tag{3.15}$$

3.1.2 基于统一双剪强度理论的先填土高度计算方法

高填方路基加宽工程中加宽填方荷载形状是逐渐变化的，由最初的近似矩形荷载到三角形荷载，当填方高度较大时，最后变成窄梯形荷载，在高填方路基后处理技术中先填土高度的确定本书分两种情况来讨论，一种是当土层浅层含有饱和软土层时，此时先填土高度一般较小，以矩形荷载作用下基于统一双剪强度理论来分析计算先填土高度；另一种是当地基土层承载力较高时，以小坡堤的稳定分析来确定先填土的高度。

3.1.2.1　统一双剪强度理论概述

我国学者俞茂宏于1961年提出的双剪应力屈服破坏准则是一种新的屈服与破坏理论。经过四十多年的发展与完善，已经形成了系列的双剪应力强度理论。双剪应力系列强度理论除了可以反映最大主剪应力（τ_{13}）对屈服与破坏的影响外，还可以反映次大主剪应力（τ_{12}，τ_{23}或中间主应力σ_2）、静水压力（p）、剪切面的法向应力（σ_{13}及σ_{12}或σ_{23}）以及材料拉压强度不同对屈服与破坏的影响，特别适用于岩土类材料。岩土工程中常用的c、φ形式的统一双剪破坏准则：

当$\sigma_2 \leqslant \frac{1}{2}(\sigma_1+\sigma_3)-\frac{1}{2}(\sigma_1-\sigma_3)\sin\varphi$时，

$$\frac{1+\sin\varphi}{1-\sin\varphi}\sigma_1-\frac{1}{(1+b)}(b\sigma_2+\sigma_3) \leqslant \frac{2c\cos\varphi}{1-\sin\varphi} \tag{3.16}$$

当$\sigma_2 \geqslant \frac{1}{2}(\sigma_1+\sigma_3)-\frac{1}{2}(\sigma_1-\sigma_3)\sin\varphi$时，

$$\frac{1+\sin\varphi}{(1+b)(1-\sin\varphi)}(\sigma_1+b\sigma_2)-\sigma_3 \leqslant \frac{2c\cos\varphi}{1-\sin\varphi} \tag{3.17}$$

式中　φ、c——分别为岩土材料的内摩擦角和黏聚力；

b——反映中主应力的权系数；

σ_1、σ_2、σ_3——分别为第一、第二、第三主应力。

3.1.2.2　基于统一双剪强度理论的先填土高度计算方法

1）施工过程中应力分析

将初始地基视为半无限体，在其表面逐层碾压填方形成路基。高填方路基可视为无限长条形均布荷载，如图3.6所示，路基等效宽度为B，作用于原地基表面上的荷载集度为p，根据弹性理论，地基下任一点的主应力按下列公式计算：

$$\sigma_{1/3}=\frac{p}{\pi}(\theta \pm \sin\theta) \tag{3.18}$$

M点：

$$\sigma_{1M}=\frac{p}{\pi}(\theta+\sin\theta),\ \sigma_{3M}=\frac{p}{\pi}(\theta-\sin\theta) \tag{3.19}$$

若静止土压力系数为K_0，则有土自重产生的应力和填土产生的附加应力叠加，由此可计算得路基下任一点M在填土层荷载作用下的总应力为：

$$\sigma_1=\frac{p}{\pi}(\theta+\sin\theta)+\gamma z,\ \sigma_3=\frac{p}{\pi}(\theta-\sin\theta)+\gamma z \tag{3.20}$$

式中　γ——地基土的天然重度；

z——M点深度。

将长条形路基均布荷载作用下力学问题当作平面应变问题来解答，由$\varepsilon_z=0$得：

$$\sigma_z=\mu(\sigma_x+\sigma_y) \tag{3.21}$$

对于图3.6中路基下任意点M点，其中主应力应为：

$$\sigma_2=\mu(\sigma_1+\sigma_3) \tag{3.22}$$

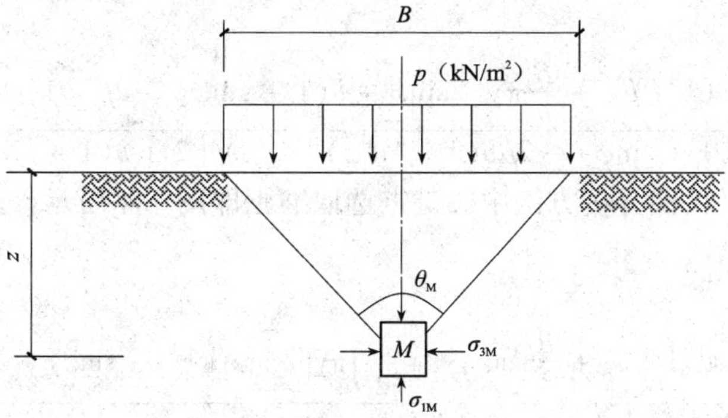

图 3.6　路基下主应力图

将式（3.20）代入式（3.22）可得：

$$\sigma_2 = \frac{2\mu p\theta}{\pi} + 2\mu\gamma z \tag{3.23}$$

2）施工过程中路基先填土高度的计算

（1）当 $\sigma_2 \leqslant \frac{1}{2}(\sigma_1 + \sigma_3) - \frac{1}{2}(\sigma_1 - \sigma_3)\sin\varphi$ 时，

将式（3.20）、（3.23）分别代入式（3.16）可得：

$$z = \frac{2c\cos\varphi(1+b)}{\gamma[2\sin\varphi + b(1+\sin\varphi) - 2\mu b(1-\sin\varphi)]} - \frac{p}{\pi\gamma}\theta - \frac{\frac{p}{\pi}[2+b(1+\sin\varphi)]}{\gamma[2\sin\varphi + b(1+\sin\varphi) - 2\mu b(1-\sin\varphi)]}\sin\theta \tag{3.24}$$

对式（3.24）两边同时对 θ 求导可得：

$$\frac{\mathrm{d}z}{\mathrm{d}\theta} = -\frac{p}{\pi\gamma} - \frac{\frac{p}{\pi}[2+b(1+\sin\varphi)]}{\gamma[2\sin\varphi + b(1+\sin\varphi) - 2\mu b(1-\sin\varphi)]}\cos\theta \tag{3.25}$$

令 $\frac{\mathrm{d}z}{\mathrm{d}\theta} = 0$ 由上式可得：

$$\theta_{\max} = \arccos\frac{-[2\sin\varphi + b(1+\sin\varphi) - 2\mu b(1-\sin\varphi)]}{[2+b(1+\sin\varphi)]} \tag{3.26}$$

将式（3.26）代入式（3.24）可得在填土荷载 p 作用下天然地基中塑性区发展的最大深度 $z_{\max}$，若令 $z_{\max}=0$ 则可得到此时一临塑填土荷载 p_{cr}：

$$p_{cr} = \frac{2\pi c\cos\varphi(1+b)}{[2\sin\varphi + b(1+\sin\varphi) - 2\mu b(1-\sin\varphi)]\theta_{\max} + [2+b(1+\sin\varphi)]\sin\theta_{\max}} \tag{3.27}$$

若填土重度为 γ_s，则临塑填土高度 h_{cr} 为：

$$h_{cr} = \frac{p_{cr}}{\gamma_s} \tag{3.28}$$

通常情况下，土体的破坏是以形成剪切滑移面为标志的；实际工程中，为简化起见常以土体中出现一定深度 $\left(z_{\max} = \frac{B}{n}\left(n \geqslant 2/\tan\left(45° + \frac{\varphi}{2}\right)\right)\right)$ 的塑性区作为破坏准则，由式

(3.24) 可得:

$$p_{\frac{B}{n}} = \frac{2\pi c\cos\varphi(1+b) + \frac{B}{n}\pi\gamma[2\sin\varphi + b(1+\sin\varphi) - 2\mu b(1-\sin\varphi)]}{[2\sin\varphi + b(1+\sin\varphi) - 2\mu b(1-\sin\varphi)]\theta_{\max} + [2+b(1+\sin\varphi)]\sin\theta_{\max}} \tag{3.29}$$

当参照应力路径反演分析方法中关键点选取准则即图 3.4 所示破坏模式时，取 $z_{\max} = \frac{B}{2}\tan\left(45° + \frac{\varphi}{2}\right)$，则:

$$p_{\frac{B}{2}\tan(45°+\frac{\varphi}{2})} = \frac{2\pi c\cos\varphi(1+b) + \frac{B}{2}\tan\left(45° + \frac{\varphi}{2}\right)\pi\gamma[2\sin\varphi + b(1+\sin\varphi) - 2\mu b(1-\sin\varphi)]}{[2\sin\varphi + b(1+\sin\varphi) - 2\mu b(1-\sin\varphi)]\theta_{\max} + [2+b(1+\sin\varphi)]\sin\theta_{\max}} \tag{3.29-1}$$

根据 Fellenius 对地基土在高速公路荷载作用下的剪应力和塑性区开展模式的研究成果及平面应变条件下临界荷载计算时对塑性区开展深度取值，可取 $n=4$，即 $z_{\max} = \frac{B}{4}$，则:

$$p_{B/4} = \frac{2\pi c\cos\varphi(1+b) + \frac{B}{4}\pi\gamma[2\sin\varphi + b(1+\sin\varphi) - 2\mu b(1-\sin\varphi)]}{[2\sin\varphi + b(1+\sin\varphi) - 2\mu b(1-\sin\varphi)]\theta_{\max} + [2+b(1+\sin\varphi)]\sin\theta_{\max}} \tag{3.29-2}$$

(2) 当 $\sigma_2 \geqslant \frac{1}{2}(\sigma_1 + \sigma_3) - \frac{1}{2}(\sigma_1 - \sigma_3)\sin\varphi$ 时，

将式 (3-20)、(3-23) 分别代入式 (3-17) 可得:

$$z = \frac{2c\cos\varphi(1+b)}{\gamma[2\sin\varphi - b(1-\sin\varphi) + 2\mu b(1+\sin\varphi)]} - \frac{p}{\pi\gamma}\theta - \frac{\frac{p}{\pi}[2+b(1-\sin\varphi)]}{\gamma[2\sin\varphi - b(1-\sin\varphi) + 2\mu b(1+\sin\varphi)]}\sin\theta \tag{3.30}$$

对式 (3.30) 两边同时对 θ 求导可得:

$$\frac{\mathrm{d}z}{\mathrm{d}\theta} = -\frac{p}{\pi\gamma} - \frac{\frac{p}{\pi}[2+b(1-\sin\varphi)]}{\gamma[2\sin\varphi - b(1-\sin\varphi) + 2\mu b(1+\sin\varphi)]}\cos\theta \tag{3.31}$$

令 $\frac{\mathrm{d}z}{\mathrm{d}\theta} = 0$ 由上式可得:

$$\theta_{\max} = \arccos\frac{-[2\sin\varphi - b(1-\sin\varphi) + 2\mu b(1+\sin\varphi)]}{2+b(1+\sin\varphi)} \tag{3.32}$$

将式 (3.32) 代入式 (3.30) 可得在填土荷载 p 作用下天然地基中塑性区发展的最大深度 $z_{\max}$，若令 $z_{\max}=0$ 则可得到此时一临塑填土荷载 p_{cr}:

$$p_{cr} = \frac{2\pi c\cos\varphi(1+b)}{[2\sin\varphi - b(1-\sin\varphi) + 2\mu b(1+\sin\varphi)]\theta_{\max} + [2+b(1-\sin\varphi)]\sin\theta_{\max}} \tag{3.33}$$

当 $z_{\max} = \frac{B}{n}$ 时:

$$p_{\frac{B}{n}} = \frac{2\pi c\cos\varphi(1+b) + \frac{B}{n}\pi\gamma[2\sin\varphi - b(1-\sin\varphi) + 2\mu b(1+\sin\varphi)]}{[2\sin\varphi - b(1-\sin\varphi) + 2\mu b(1+\sin\varphi)]\theta_{\max} + [2+b(1-\sin\varphi)]\sin\theta_{\max}} \tag{3.34}$$

当取 $z_{max}=\frac{B}{2}\tan\left(45°+\frac{\varphi}{2}\right)$，则：

$$p_{\frac{B}{2}\tan(45°+\frac{\varphi}{2})}=\frac{2\pi c\cos\varphi(1+b)+\frac{B}{2}\tan\left(45°+\frac{\varphi}{2}\right)\pi\gamma[2\sin\varphi-b(1-\sin\varphi)+2\mu b(1+\sin\varphi)]}{[2\sin\varphi-b(1-\sin\varphi)+2\mu b(1+\sin\varphi)]\theta_{max}+[2+b(1-\sin\varphi)]\sin\theta_{max}} \tag{3.34-1}$$

当取 $z_{max}=\frac{B}{4}$ 时：

$$p_{B/4}=\frac{2\pi c\cos\varphi(1+b)+\frac{B}{4}\pi\gamma[2\sin\varphi-b(1-\sin\varphi)+2\mu b(1+\sin\varphi)]}{[2\sin\varphi-b(1-\sin\varphi)+2\mu b(1+\sin\varphi)]\theta_{max}+[2+b(1-\sin\varphi)]\sin\theta_{max}} \tag{3.34-2}$$

3）工程实例

某高速公路某合同段路面宽度28m，路基平均填高7.0m，原自然地面下1.8m存在约9.1m淤泥质土，该淤泥质土属软塑~流塑状态，天然含水量为57.3%~61.4%，孔隙比1.569~1.726，干密度10.7~10.2kN/m^3，湿密度为16.9~16.4kN/m^3，$c=6.8$kPa，$\varphi=12.6°$，承载力标准值 $f_{sk}=70$kPa，土的泊松比 $\mu=0.25$。

考虑到本工程实例的土层条件，剪切滑移面的最大深度应在淤泥质土与下卧黏性土层的交界面，即其最大深度为10.9m，如图3.7所示，由图中几何关系可得：

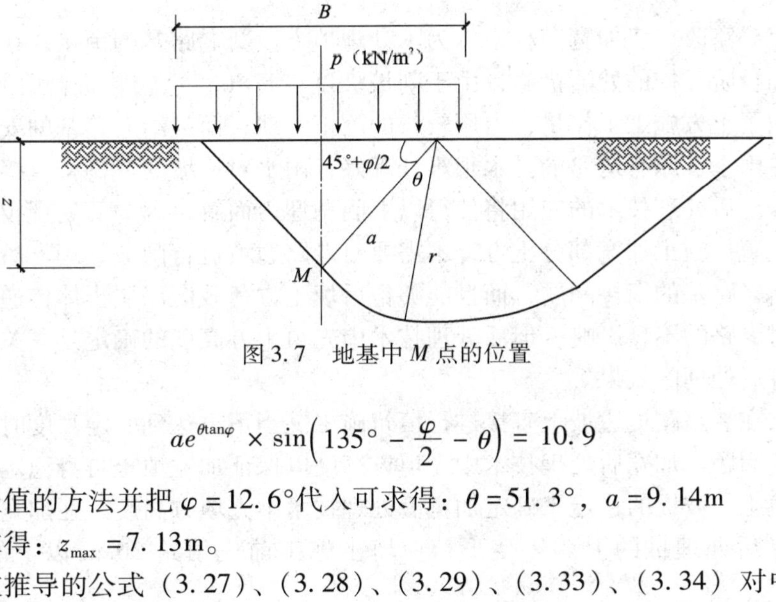

图3.7 地基中 M 点的位置

$$ae^{\theta\tan\varphi}\times\sin\left(135°-\frac{\varphi}{2}-\theta\right)=10.9$$

通过求极值的方法并把 $\varphi=12.6°$ 代入可求得：$\theta=51.3°$，$a=9.14$m

进而可求得：$z_{max}=7.13$m。

利用本文推导的公式（3.27）、（3.28）、（3.29）、（3.33）、（3.34）对中主应力影响系数 b 取不同值时的路基临界荷载及先填土高度进行计算，其结果如表3.1所示。

路基承载力及先填土高度计算表 **表3.1**

b	路基临塑荷载 p_{cr}（kPa）	路基临界荷载 p（kPa）	先填土高度 h（m）
0.0	15.22	74.98	3.75
0.25	15.29	86.00	4.30
0.5	15.30	93.17	4.66

续表

b	路基临塑荷载 p_{cr}（kPa）	路基临界荷载 p（kPa）	先填土高度 h（m）
0.75	15.29	98.29	4.91
1.0	15.28	101.94	5.10
1.25	15.26	104.77	5.24

从表3.1的计算结果可知，随着中间主应力影响系数 b 取值的提高，路基的临塑荷载变化不大，但路基临界荷载 p 的计算值随之增大，增大幅度相对于 $b=0.0$（相当于 Mohr-coulomb准则的计算值）时约为15%～35%，说明基于考虑中间主应力影响下的路基填土高度的计算方法能够充分反映路基承载力的实际情况。实际上，该工程在填方到5.4m时，现场检测结果正常，当填方达到6.3m时，发现垂直和水平方向的位移异常，填方最大沉降量达530mm，说明此时已超过路基的极限承载力，路基的临界填土高度应为 $h=5.4$m，与表3.1理论计算结果（对于淤泥质土，b 值可取1.25）较接近，误差为3.4%，因为本文计算方法没有能够考虑上覆硬壳层的影响，所以本文公式计算结果和实际工程相比应是偏小的。该工程实践验证了基于统一双剪强度理论的地基临界荷载计算方法是可行的，具有较好的工程应用价值。

3.1.3　基于小坡堤稳定理论的填土高度计算方法

我国高速公路改扩建加宽工程中，为了处理填方段新老路基的衔接，在施工中常常采取边坡削坡和台阶开挖的处治措施，由于削坡坡度（1∶0.5）较陡且台阶开挖数量较多，不仅大大增加了土方施工工作量，占用较长的施工工期；而且给老路基的安全带来严重影响，特别是在雨季，原有道路的排水很难处理好，雨水对边坡的冲刷将直接影响老路路基的稳定与安全。后处理技术的应用将使得以上问题迎刃而解，因为后处理技术允许在原有老路的边坡上直接施工加宽部分土方，不需要对老路边坡进行削坡处理。后处理桩不仅很好地处理了新老路基的衔接问题，而且能够把后填土方荷载向深层土体传递，有效控制加宽路堤荷载对老路的不良影响。但后处理技术中先填土方高度的确定是一关键环节，很大程度上影响着后处理的效果。

加宽填土在老路路堤边坡上直接进行填筑施工。当填方达到一定高度时，加宽填土自身将出现稳定问题。加宽后处理技术中先填方高度以保证加宽填土自身稳定来确定，即通过分析加宽填土小坡堤的稳定来确定加宽后处理技术中先填方高度。在加宽后处理技术中为减小和消除后处理桩的上刺入变形，在填土施工前先填筑30cm以上的砂石或碎石垫层。

加宽填土小坡堤的稳定分析如图3.8所示，分析中假定老路边坡土体和加宽填土之间以及地基土体和加宽填土之间不产生压缩变形。设路基加宽宽度为 B，老路边坡坡角为 β，加宽填土的黏聚力为 c，内摩擦角为 φ，重度为 γ，土与碎石垫层的摩擦角为 α，加宽填土与老路边坡填土的摩擦角为 φ'，黏聚力为 c'。

小坡堤（Ⅲ）的稳定分析中水平推力 E_a 是由位于老路边坡上加宽填土（Ⅰ）的自重下滑力产生的。

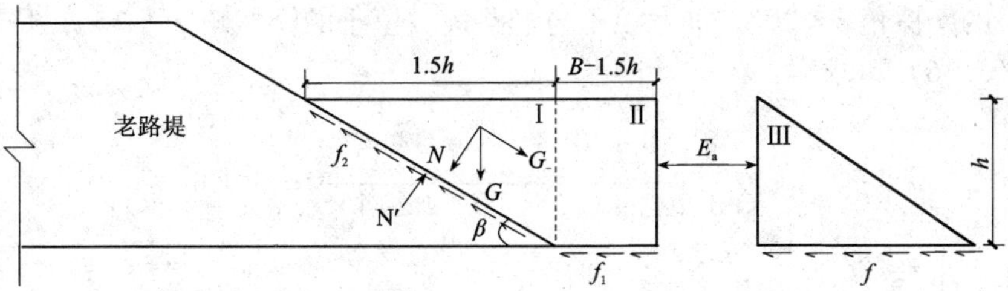

图 3.8 加宽填土小坡堤的稳定分析

老路边坡上加宽填土(Ⅰ)的自重:

$$G = \frac{1}{2} \times h \times \frac{3}{2}h \times \gamma = \frac{3}{4}\gamma h^2$$

加宽填土(Ⅰ)的自重在老路边坡上产生的正压力:

$$N = G \times \cos\beta$$

加宽填土(Ⅰ)的自重在平行于老路边坡方向分量:

$$G_- = G \times \sin\beta$$

老路边坡对加宽填土(Ⅰ)的摩擦力:

$$f_2 = \mu N + \frac{c'h}{\sin\beta} = \tan\varphi' N + \frac{c'h}{\sin\beta}$$

老路边坡上加宽填土(Ⅰ)的自重产生的下滑力:

$$F = G_- - f_2 = G\sin\beta - \tan\varphi' N - \frac{c'h}{\sin\beta}$$

下滑力的水平分量:

$$F_- = F\cos\beta = \left(G\sin\beta - \tan\varphi' N - \frac{c'h}{\sin\beta}\right)\cos\beta$$

则小坡堤所受水平推力:

$$E_a = F_- - f_1 = \left(G\sin\beta - \tan\varphi' N - \frac{c'h}{\sin\beta}\right)\cos\beta - (B - 1.5h)\gamma h\tan\alpha$$

假定小坡堤的稳定安全系数为 F_s（取 $F_s = 1.5$），则有:

$$F_s = \frac{f}{E_a} = \frac{\frac{1}{2}\gamma h \times \frac{3}{2}h\tan\alpha}{\left(G\sin\beta - \tan\varphi' N - \frac{c'h}{\sin\beta}\right)\cos\beta - (B - 1.5h)\gamma h\tan\alpha} = 1.5 \quad (3.35)$$

由公式（3.35）可得先填土高度 h 需满足:

$$h \leqslant \frac{B\tan\alpha + \frac{c'}{\gamma}\cot\beta}{\tan\alpha + \frac{3}{4}(\sin\beta\cos\beta - \tan\varphi'\cos^2\beta)} \quad (3.36)$$

由公式（3.36）可知，基于小坡堤稳定分析所得先填土高度与加宽填土的重度 γ，路基加宽宽度 B，老路边坡坡角 β，土与碎石垫层的摩擦角 α，加宽填土与老路边坡填土的摩擦角 φ'，黏聚力 c'有关。

假定取加宽宽度 $B = 8.0$m，加宽填土重度 $\gamma = 20\text{kN/m}^3$，老路边坡坡角 $\beta = 33.7°$，土

与碎石垫层的摩擦角 $\alpha = 20°$，加宽填土与老路边坡填土的摩擦角 $\varphi' = 15°$，黏聚力 $c' = 0$，则由公式（3.36）可求得：

$$h \leqslant \frac{8 \times \tan 20° + \frac{0}{20}\cot 33.7°}{\tan 20° + 0.35 - 0.52\tan 15°} = 5.1\ \mathrm{m}$$

3.1.4　小结

（1）先填土高度是高填方路基后处理技术中非常关键的一个技术参数，对路基后处理的效果起到很大的控制作用。填土高度过大，路基施工期间的稳定将受到影响，填土高度过小，又难以达到后处理技术的目的，所以对高填方路基后处理技术，合理确定后处理先填土高度是非常重要的。

（2）对基于统一双剪强度理论的高填方路基临界荷载计算方法进行了分析讨论。统一双剪强度理论考虑了中主应力的影响，能够较真实地反映地基的受力与承载性状，相对于基于 Mohr-Coulomb 准则的地基承载力的计算方法能使地基承载力计算值提高约15% ~35%。通过工程实例验证，说明该方法能够更准确地反映地基承载力的实际情况。

（3）对加宽填土基于小坡堤稳定理论确定后处理先填土高度的方法进行了详细讨论，所得先填土高度计算表达式与加宽填土的重度 γ，路基加宽宽度 B，老路边坡坡角 β，土与碎石垫层的摩擦角 α，加宽填土与老路边坡填土的摩擦角 φ'，黏聚力 c'有关。

（4）将统一双剪强度理论引入高填方路基的稳定分析中，是高填方路基稳定分析的又一种新尝试，其成果对指导高填方路基的设计与施工具有一定的理论意义。

3.2　无砂混凝土小桩复合地基的承载力分析

复合地基的承载力计算方法很多，但大体可分为两种模式：（1）先分别确定桩体和桩间土的承载力，再按一定的原则进行叠加。这种方法的难点在于如何确定桩和桩间土的应力分担比例，即桩土应力比 n，另外，还可能要确定两者中谁先达到极限状态；（2）把桩体和桩间土组成的复合土体作为整体来考虑，确定其整体承载力。这种方法需要确定复合土体的综合强度指标，如复合模量。

《建筑地基处理技术规范》中采用的是第一种计算模式。投石压浆无砂混凝土小桩复合地基由于其特殊的施工工艺，其承载力大小除与工程地质条件有关外，还与灌浆材料、灌浆压力和灌浆量、灌浆工艺及置换率有关。其复合地基承载力特征值计算公式为：

$$f_{spk} = \lambda m \frac{R_a}{A_P} + \beta(1 - m)f_{sk} \tag{3.37}$$

式中　λ——单桩承载力发挥系数，可按地区经验系数取值，无经验时可取0.8 ~0.9；

R_a——单桩竖向承载力特征值（kN）；

m——面积置换率；

f_{sk}——桩间地基土承载力特征值（kPa），可取天然地基承载力特征值；

A_p——桩的截面积（m^2）；

β——桩间土承载力发挥系数，可按地区经验系数取值，无经验时可取 0.9～1.0。

对于道路工程来说，尤其是高填方路基，天然地基的承载力很难满足其对路基承载力的要求，必须对路基进行处理。采用投石压浆无砂混凝土小桩复合地基技术对高填方路基进行后处理，其设计参数通常是由施工工期和承载力条件决定的，但还应参考以下从工程经验中得出的设计参数值：

1）桩径

投石压浆无砂混凝土小桩的桩径一般为 150～450mm，在选择桩径时，可根据工程地质成孔条件，成孔设备情况等综合考虑，常选用 250～350mm。

2）桩长

桩长的取值与工程地质各土层的性质和建筑物对沉降的要求，以及单桩所需要的承载力大小等有关。般桩端应坐落在承载力较高的土层上，长径比大于 20，但不应大于 80；常用的长径比一般为 40～60。

3）单桩承载力发挥系数 λ 取值

λ 的大小与高填方路基对沉降的要求有关，对高等级公路路基工程，工后沉降要求不甚严格，λ 值可取 0.9～1.0 系数，反之取 0.8～0.9 系数。

4）面积置换率 m

因投石压浆无砂混凝土小桩复合地基技术是以疏桩理论为基础而开发的，所以，所确定的面积置换率一定要适当。当置换率过大时，不利于桩间上的承载力发挥，达不到经济安全的目的。置换率过小时，桩土应力分配不均衡，对基础刚度要求大。对于道路工程来说，路堤一般被认为是柔性基础，根据大量的工程实践和实验结果，适宜的置换率范围为 1.5%～10%，一般常取 2.5%～5%。

5）单桩竖向承载力特征值

单桩竖向承载力由桩侧摩阻力和端阻力提供，可按下式估算：

$$R_a = \pi d \sum_{i=1}^{n} l_i q_{si} + \alpha_p q_p A_p \tag{3.38}$$

式中 d——桩径（m）；

l_i——桩长范围内第 i 层土的厚度（m）；

q_{si}——桩周第 i 层土的桩侧摩阻力特征值（kPa），可直接采用钻孔灌注桩条件下的侧摩阻力数值；

q_p——桩端承载力特征值（kPa），可按地区经验确定；

α_p——桩端端阻力发挥系数，考虑到投石压浆无砂混凝土小桩复合地基刚度特征值的变化情况，使中心桩体与桩周土间的相对变形有所差异，从而使竖向荷载作用下，实际桩端的压力要小于桩端土的承载力标准值。实际工程中，在成孔后投石振捣过程中易造成桩底存在一定厚度的虚土，也使桩端土承载力难以充分发挥，故单桩竖向承载力计算过程中需对桩端阻力予以折减，对投石压浆无砂混凝土小桩，考虑到压浆对桩端土的灌注作用，一般取为 $\alpha = 1.0$。

3.3　无砂混凝土小桩复合地基的竖向变形分析

无砂混凝土小桩复合地基由于桩体的作用，对桩间土的侧向变形提供了较大的约束，所以桩间土的变形较接近一维压缩情况。在后期荷载作用下小桩复合地基的变形分析中，对于桩体应力和桩间土应力，分别取水平向分布的平均值进行分析，为便于分析，从图3.9中取出一单元体如图3.10所示。设桩体总长为l，假定等沉面位于小桩复合地基顶面下l_0处，等沉面以上桩侧摩阻力为$\tau_1(z)$，等沉面以下桩侧摩阻力为$\tau_2(z)$。

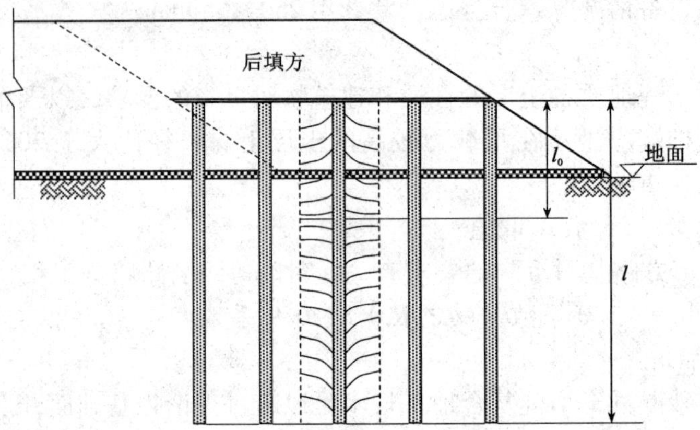

图3.9　无砂混凝土小桩复合地基剖面图

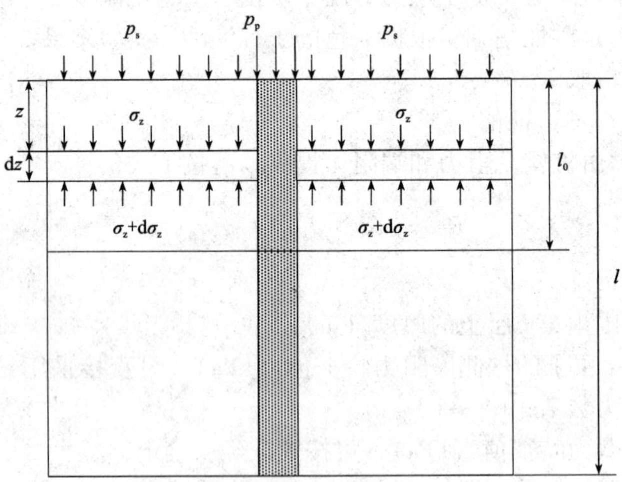

图3.10　桩土相互作用单元体图

3.3.1　小桩复合地基桩土变形协调分析

从图3.10单元体的桩土变形关系可知，在等沉面以上，桩间土的压缩变形等于桩体的压缩变形与桩顶的上刺入变形之和，即：

$$\int_0^{l_0}\varepsilon_{sz}\mathrm{d}z = \int_0^{l_0}\varepsilon_{pz}\mathrm{d}z + c_0(p_p - p_s) \tag{3.39}$$

式中 ε_{sz}，ε_{pz}——桩间土与桩体的竖向应变；

p_p，p_s——桩顶面与桩间土顶面的竖向应力（kPa）；

c_0——桩顶面作用于后填方路堤单位压力时的竖向刺入变形（m/kPa）；

在等沉面以下，桩间土的压缩变形等于桩体的压缩变形与桩底的下刺入变形之和，即：

$$\int_{l_0}^{l}\varepsilon_{sz}\mathrm{d}z = \int_{l_0}^{l}\varepsilon_{pz}\mathrm{d}z + c_1(p_{pd} - p_{sd}) \tag{3.40}$$

式中 p_{pd}，p_{sd}——桩底平面处桩底面与桩间土底面的竖向应力（kPa）；

c_1——桩底面作用于下卧土层单位压力时的竖向刺入变形（m/kPa）；

若设桩体的变形模量为 E_p，桩径为 d，小桩桩体可视为线弹性体，则等沉面以上任意深度 z 处对桩体有：

$$\varepsilon_{pz} = \frac{p_p + \frac{1}{A_p}\int_0^z\tau_1(z)\pi d\mathrm{d}z}{E_p} = \frac{p_p + \frac{4}{d}\int_0^z\tau_1(z)\mathrm{d}z}{E_p} \tag{3.41}$$

上式代入公式（3.39）可得桩顶的桩土应力比 n：

$$n = \frac{p_p}{p_s} = \frac{1}{\frac{l_0}{E_p} + c_0}\left[c_0 + \frac{1}{p_s}\left(\int_0^{l_0}\varepsilon_{sz}\mathrm{d}z - \frac{4}{d}\eta_1\right)\right] \tag{3.42}$$

式中 $\eta_1 = \frac{1}{E_p}\int_0^{l_0}\int_0^z\tau_1(z)\mathrm{d}z\mathrm{d}z$

对于等沉面以下部分，深度 z 处对桩体有：

$$\varepsilon_{pz} = \frac{p_p + \frac{4}{d}\int_0^{l_0}\tau_1(z)\mathrm{d}z - \frac{4}{d}\int_{l_0}^{z}\tau_2(z)\mathrm{d}z}{E_p} \tag{3.43}$$

深度 l 处，对桩体和桩间土有：

$$\begin{aligned} p_{pd} &= p_p + \frac{4}{d}\int_0^{l_0}\tau_1(z)\mathrm{d}z - \frac{4}{d}\int_{l_0}^{l}\tau_2(z)\mathrm{d}z \\ p_{sd} &= p_s - \frac{m}{1-m}\frac{4}{d}\int_0^{l_0}\tau_1(z)\mathrm{d}z + \frac{m}{1-m}\frac{4}{d}\int_{l_0}^{l}\tau_2(z)\mathrm{d}z \end{aligned} \tag{3.44}$$

把上式（3.43）、（3.44）代入（3.40）得桩顶桩土应力比 n：

$$n = \frac{p_p}{p_s} = \frac{1}{\frac{l-l_0}{E_p} + c_1}\left[c_1 + \frac{1}{p_s}\left(\int_{l_0}^{l}\varepsilon_{sz}\mathrm{d}z + \frac{4}{d}\eta_2\right)\right] \tag{3.45}$$

式中 $\eta_2 = c_1\left(1 - \frac{m}{1-m}\right)\left[\int_{l_0}^{l}\tau_2(z)\mathrm{d}z - \int_0^{l_0}\tau_1(z)\mathrm{d}z\right] + \frac{1}{E_p}\left[\int_{l_0}^{l}\int_{l_0}^{z}\tau_2(z)\mathrm{d}z\mathrm{d}z - (l-l_0)\int_0^{l_0}\tau_1(z)\mathrm{d}z\right]$

由式（3.42）和式（3.45）相等可得下式：

$$\frac{l_0 + c_0 E_p}{l - l_0 + c_1 E_p} = \frac{\int_0^{l_0} \varepsilon_{sz} dz - \frac{4}{d}\eta_1 + c_0 p_s}{\int_{l_0}^{l} \varepsilon_{sz} dz + \frac{4}{d}\eta_2 + c_1 p_s} \tag{3.46}$$

即为小桩复合地基在竖向的桩土变形协调关系。

设后填方荷载密度为 p（kPa），则由小桩复合地基顶面处桩土压力分担作用的静力平衡条件得：

$$p = (1 - m + mn)p_s \tag{3.47}$$

由式（3.42）、（3.46）、（3.47）联立求解，设定等沉面位置参数 l_0，对于小桩后处理技术，由于路基填土施工之前一般在地面铺设 300～500mm 厚碎石垫层，小桩注浆后形成无砂混凝土刚性垫层，其与小桩桩体形成整体，两者之间相对变形为零，可以取等沉面位置参数 l_0 等于先填土高度，由此可求得桩长 l、桩土应力比 n 以及桩间土顶面的竖向压力 p_s 值。

3.3.2　桩间土的应力和变形分析

3.3.2.1　桩侧的摩阻力及土中应力分析

桩侧的摩阻力可采用别伦（Berrum）公式计算，即：

$$\tau(z) = \alpha\sigma_z \tag{3.48}$$

式中　$\alpha = K_0 \tan\delta$，K_0 为土的侧压力系数，δ 为小桩与桩间土之间的摩擦角，σ_z 为桩间土中竖向平均有效总应力。

土中应力可按图 3.10 所示单元体图进行分析，在单个小桩影响范围内的桩侧土中取出厚度为 dz 的微单元体，设微单元体面积为 $A_s = (1 - m)A$，A 为单个小桩处理面积，土中竖向应力为均布，则微单元体的竖向静力平衡条件为（设土的重度为 γ）：

对等沉面以上：

$$(1 - m)A(\sigma_z + \gamma dz) = (1 - m)A(\sigma_z + d\sigma_z) + \pi d\tau_1(z)dz$$

化简得：

$$\frac{d\sigma_z}{dz} + \frac{4}{d}\alpha\frac{m}{1 - m}\sigma_z = \gamma \tag{3.49}$$

同理对等沉面以下：

$$\frac{d\sigma_z}{dz} - \frac{4}{d}\alpha\frac{m}{1 - m}\sigma_z = \gamma \tag{3.50}$$

方程（3.49）、（3.50）为一阶线性非齐次微分方程。

采用常数变异法解方程（3.49）得等沉面以上深度 z 处的土应力：

$$\sigma_z = \left(c - \frac{\gamma}{\xi}\right)e^{-\xi z} + \frac{\gamma}{\xi} \tag{3.51}$$

式中　$\xi = \frac{4}{d}\alpha\frac{m}{1 - m}$，$c$ 为积分常量，可由边界条件确定，其物理意义为等沉面以上每层土顶面处竖向土压力，如对先填方土层：$c = p_s$。

同理，对等沉面以下，土中应力：

$$\sigma_z = \left(c + \frac{\gamma}{\xi}\right)e^{\xi z} - \frac{\gamma}{\xi} \tag{3.52}$$

式中符号意义同上。

3.3.2.2 桩间土体的变形分析

若桩间水泥复合土层的压缩模量为 E_{sp}，则桩间土中一点的竖向应变为：

$$\varepsilon_{sz} = \frac{\sigma_z}{E_{sp}} \tag{3.53}$$

假定小桩复合地基等沉面位于自然地面处，l_0即为先填方的等效高度，单元体等沉面上下土体的物理力学性质不相同，设等沉面以上土体的压缩模量为 E_{sp1}，侧压力系数为 K_{01}，桩体与桩间土之间的摩擦角为 δ_1；等沉面以下土体的压缩模量为 E_{sp2}，侧压力系数为 K_{02}，桩体与桩间土之间的摩擦角为 δ_2。

对考虑后期填方荷载产生的附加应力作用，则等沉面以上桩间土附加应力：

$$\sigma_{z1} = ce^{-\xi_1 z} = p_s e^{-\xi_1 z} \tag{3.54}$$

式中 $\xi_1 = \frac{4}{\mathrm{d}}\alpha_1 \frac{m}{1-m}$，$\alpha_1 = K_{01} tan\delta_1$。

等沉面以下桩间土附加应力：

$$\sigma_{z2} = ce^{\xi z} = p_s e^{-\xi_1 l_0} e^{\xi_2(z-l_0)} \tag{3.55}$$

式中 $\xi_2 = \frac{4}{\mathrm{d}}\alpha_2 \frac{m}{1-m}$，$\alpha_2 = K_{02} tan\delta_2$。

把式（3.54）、（3.55）代入式（3.53）积分可得等沉面上下桩间土的压缩变形量。假定桩间土为均质的线性变形体，则等沉面以上桩间土的压缩变形量为：

$$s_1 = \int_0^{l_0} \varepsilon_{sz} \mathrm{d}z = \int_0^{l_0} \frac{\sigma_{z1}}{E_{sp1}} \mathrm{d}z = \frac{p_s}{E_{sp1}\xi_1}(1 - e^{-\xi_1 l_0}) \tag{3.56}$$

等沉面以下桩间土的压缩变形量为：

$$s_2 = \int_{l_0}^{l} \varepsilon_{sz} \mathrm{d}z = \int_{l_0}^{l} \frac{\sigma_{z2}}{E_{sp2}} \mathrm{d}z = \frac{p_s}{E_{sp2}\xi_2} e^{-\xi_1 l_0}\left[e^{\xi_2(l-l_0)} - 1\right] \tag{3.57}$$

3.4 无砂混凝土小桩复合地基基于变形的优化设计

采用后处理法处理高填方路基，一般要在填方施工之前，在自然地面先铺 300 ~ 500mm 厚碎石垫层，在小桩注浆施工完成后其形成刚度相对较大的刚性垫层，能较好地协调桩土之间变形，保证荷载作用向桩体的集中。无砂混凝土小桩复合地基基于变形的优化设计是在变形分析式（3.42）、（3.45）、（3.47）、（3.56）、（3.57）基础上，先取定等沉面位置参数 l_0（即先填方的高度），联立求解得桩长 l 和置换率 m，并结合下式确定最终方案。

$$s = s_1 + s_2 + s_3 \leqslant [s] \tag{3.58}$$

式中 $[s]$——容许沉降量；

s_3——下卧层沉降量。

3.5　本章小结

（1）在已有理论基础上对高填方路基后处理技术成孔施工过程中各阶段土体的固结进行了分析。基于高填方路基加宽时加宽填土荷载的特殊性，首先对各种荷载形式作用下地基土体的初始有效应力和超孔隙水压力进行了分析；其次对后处理技术先填土、成孔施工各阶段的固结过程进行了详细分析，得出了各阶段土体超孔隙压力和固结度的计算分析结果。

（2）利用统一强度理论和柱形孔扩张弹性理论，分析了无砂混凝土小桩注浆期间注浆压力与桩周土体的应力状态，得出了考虑中主应力影响下桩周土体处于弹性状态和弹塑性状态时注浆压力计算公式以及注浆压力与塑性开展半径的关系式；通过对桩周土体处于不同应力状态时土体注浆开裂与挤密之间的相关关系以及中主应力权系数 b 和初始应力 p_0 取不同值时注浆压力 p 与塑性开展半径 r_c 的关系进行了分析，得出：

① 在压力注浆初期，p'_{cr} 和 p_e 随着 p_0 也即土体深度的增加线性增加，且 p'_{cr} 增加的幅度大于 p_e 增加的幅度，说明在浅层土体，土体开裂先于其压密屈服，当土体达到一定深度以后，土体的压密屈服先于土体的开裂。p_e 随着 b 值的增大而增大，说明中主应力对土体的屈服有影响，且随着其权重的增加影响越大。

② 在压力注浆后期，当塑性区半径 r_c 一定时，p 随着 p_0 也即土体深度的增加线性增加，且随着 b 值增大而增大；当 p_0 一定时，同样的挤压力 p 作用下，塑性区半径 r_c 随着 b 值的增大而减小。

第4章　高填方路基后处理过程的数值模拟

4.1　引　　言

计算机技术的发展给人们利用计算机进行大型的数值模拟分析提供了条件。运用数值分析技术，特别是有限单元法解决岩土工程中较为复杂的非线性问题已成为目前研究的主要手段之一。具体到负摩阻力研究上，运用有限元软件可以同时考虑影响负摩阻力的许多因素，如可以方便地设置土体和桩体材料的本构关系、桩土界面接触模式以及土体固结沉降的模式等。

ABAQUS 是一款世界著名的有限元软件。它不仅能够解决普通的线性问题，更在复杂的非线性问题上有着自己强大的优势，故在岩土工程、热传导、热电耦合、声学分析等领域得到广泛应用。最新的 ABAQUS 版本可以采用 CAE 图形用户界面进行复杂模型建模，并可通过 Standard 或 Explicit 求解器满足不同的计算需要。本文的数值模拟是在采用 CAE 图形界面建模，运用 standard 求解器计算的基础之上开展的。

4.2　数值模型

4.2.1　模型简图及模拟过程

对于高填方后处理模型进行简化，数值分析模型如图 4.1 所示。为简化计算，根据对称条件，路堤取半幅进行计算。

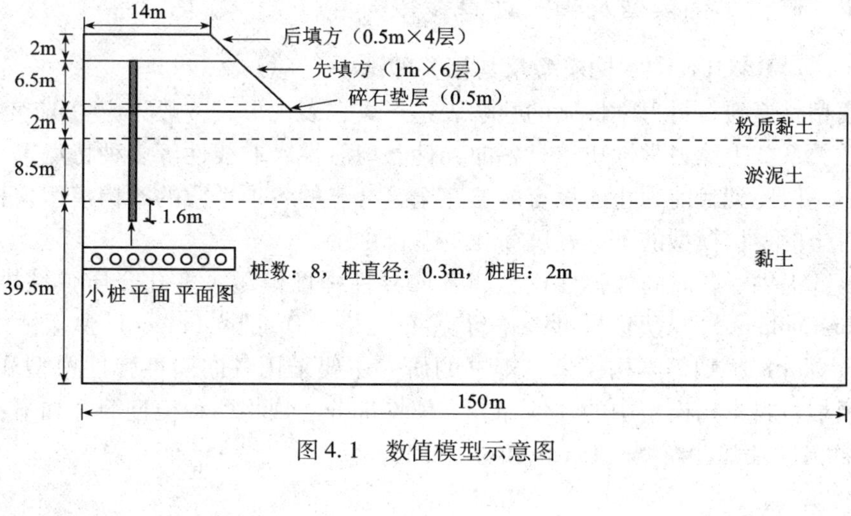

图 4.1　数值模型示意图

先填方部分高为6.5m，分为6m的路基填土和0.5m的碎石垫层。后填方部分高为2m。路堤顶部半幅宽度为14m，路肩坡度为1∶1.5。填方下路基简化为三层，由原始地面向下依次是2m厚的粉质黏土层，8.5m厚的淤泥土层，39.5m厚的黏土层。整个模型水平向计算范围为150m。小桩桩长为18.6m，穿越先填土层、碎石垫层、粉质黏土层和淤泥土层，进入黏土层1.6m。小桩为圆形桩，桩径0.3m，桩距2m，在半幅路堤中共有8列小桩。

本文模拟了从先填方施工到后处理成孔、投石压浆成桩，再到后填方施工的整个过程，数值模拟过程如图4.2所示。

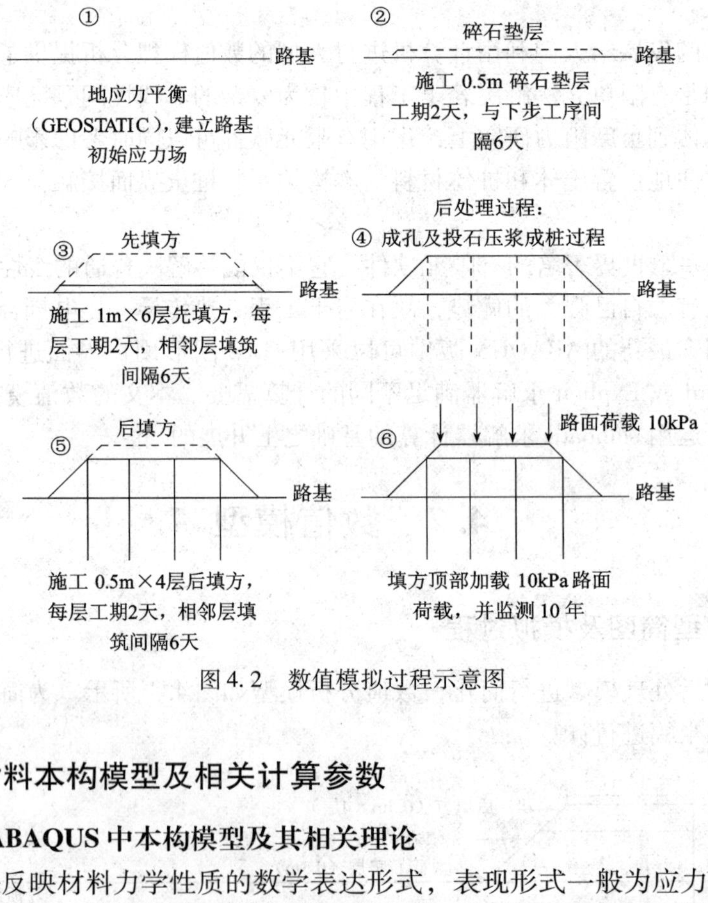

图4.2　数值模拟过程示意图

4.2.2　材料本构模型及相关计算参数

4.2.2.1　ABAQUS中本构模型及其相关理论

本构模型是反映材料力学性质的数学表达形式，表现形式一般为应力-应变-强度-时间之间的函数关系。土体力学性质兼具各向异性、剪胀性、非线性等多种特点，且受到应力历史的影响，因此到目前为止还没有能够完全符合土的各项性质的本构模型，相关研究大多建立在对土的本构模型的不同程度简化的基础之上。

ABAQUS提供了各向同性弹性模型、各向异性弹性模型、多孔介质弹性模型、摩尔-库伦（Mohr-Coulomb）弹塑性模型、德鲁克-布拉格（Drucker-Prager）弹塑性模型、修正剑桥（Cam-Clay）模型等本构模型。本书的研究主要采用各向同性弹性模型和摩尔-库伦模型分别模拟材料本构模型中的弹性部分和塑性部分。现将两种模型简介如下：

（1）各向同性弹性模型（Elastic-Isotropic）

各向同性弹性模型是材料弹性阶段应力应变关系的最简单描述，适用于应力应变呈线性且无卸载滞后现象的各向同性均质连续材料。其应力应变关系符合胡克定律，其应力应变的增量表达式为：

$$\Delta\sigma_{ij} = 2G\Delta\varepsilon_{ij} + \alpha_2\Delta\varepsilon_{kk}\delta_{ij} \tag{4.1}$$

$$\alpha_2 = K - (2/3)G \tag{4.2}$$

其中，δ_{ij} 为 Kroenecher 三角符号，K 为体积模量，G 为剪切模量。

由此可得新应力 σ_{ij}^{N} 的表达式为：

$$\sigma_{ij}^{N} = \sigma_{ij} + \Delta\sigma_{ij} \tag{4.3}$$

（2）摩尔-库伦弹塑性模型（Mohr-Coulomb）

摩尔-库伦弹塑性模型弹性部分由胡克定律计算。ABAQUS 中其屈服方程为：

$$F = R_{mc}q - p\tan\varphi - c = 0 \tag{4.4}$$

$$R_{mc} = \frac{1}{\sqrt{3}\cos\varphi}\sin\left(\Theta + \frac{\pi}{3}\right) + \frac{1}{3}\cos\left(\Theta + \frac{\pi}{3}\right)\tan\varphi \tag{4.5}$$

$$\cos(3\Theta) = \frac{r^3}{q^3} \tag{4.6}$$

其中，φ 是材料的摩擦角，c 是材料的黏聚力系数，Θ 为极偏角，r 为第三应力不变量。

为避免经典莫尔-库伦弹塑性模型中屈服面上尖角处塑性流动方向不一，产生收敛困难的情况，ABAQUS 中采用 Menelrey & William 建议的光滑的椭圆函数作为塑性势面：

$$G = \sqrt{(\varepsilon c_0\tan\psi)^2 + (R_{mw}q)^2} - p\tan\psi \tag{4.7}$$

$$R_{mw} = \frac{4(1-e^2)\cos^2\Theta + (2e-1)^2}{2(1-e^2)\cos\Theta + (2e-1)\sqrt{4(1-e^2)(\cos\Theta)^2 + 5e^2 - 4e}}R_{mc}\left(\frac{\pi}{3},\varphi\right) \tag{4.8}$$

$$e = \frac{3 - \sin\varphi}{3 + \sin\varphi} \tag{4.9}$$

其中，ψ 是剪胀角；c_0是初始黏聚力，即没有塑性变形时的黏聚力；ε 为子午面上的偏心率，用来控制塑性势面在子午面上投影的形状与函数渐近线之间的相似度；R_{mw}用来控制塑性势面在 π 面上的形状；e 是 π 面上的偏心率，$0.5 \leqslant e \leqslant 1.0$。

ABAQUS 中硬化或软化规律是通过控制黏聚力 c 来实现的，可以通过制定 c 与等效塑性应变之间的关系来控制屈服面大小的变化。

4.2.2.2 ABAQUS 中固结沉降理论

ABAQUS 中提供了用以计算渗透/应力耦合问题的单元，液体渗透采用 Forchheimer 渗透定律，土体力学性质通过有效应力实现，ABAQUS 中有效应力计算公式如下：

$$\overline{\sigma} = \sigma + (\chi u_w + (1-\chi)u_a)l \tag{4.10}$$

其中，σ 为总应力；$\overline{\sigma}$ 为有效应力；χ 为试验测得常数，ABAQUS 中将其定义为饱和度。

ABAQUS 中渗透系数 $\bar{k}$ 计算公式：

$$\bar{k} = \frac{k_s}{(1 + \beta\sqrt{\nu_w\nu_w})}k \tag{4.11}$$

其中，k 为饱和土的渗透系数；ν_w 为流体流速；β 为反映速度对渗透系数影响的系数；$\beta=0$ 则 Forchheimer 渗透定律简化为达西渗透定律；k_s 为与饱和度有关的参数，当土体饱和时，$k_s=1$，ABAQUS 中默认 $k_s=S_r^3$，反映了饱和土与非饱和土在渗透系数上的区别。

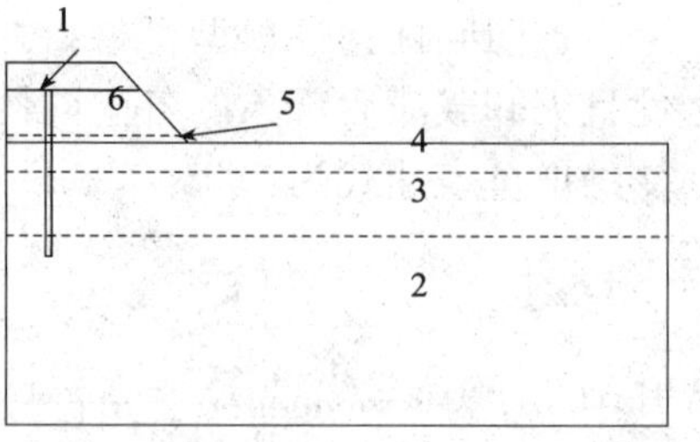

图 4.3　数值模型材料分布图

4.2.2.3　模型计算参数

假设路基及填方土体为弹塑性材料，桩体为弹性材料，根据经验及相关现场数据给出模型各部分的材料计算参数如图 4.3 及表 4.1 所示。

材料参数　　表 4.1

编号	变形模量 E_0（MPa）	泊松比 ν	密度 ρ（kg/m³）	渗透系数 K（m/s）	黏聚力 c（kPa）	内摩擦角 φ（°）
1 桩体	20000	0.2	2400	—	—	—
2 黏土	15.3	0.27	1730	10^{-7}	27	28
3 淤泥土	4.7	0.4	1650	10^{-8}	10	13
4 粉质黏土	10.3	0.28	1720	10^{-7}	25	20
5 碎石垫层	25.6	0.23	1850	10^{-4}	24	16
6 填土	28.9	0.25	1800	10^{-6}	32	25

4.2.3　模型单元及边界条件

数值模型如图 4.4 所示。模型中土体采用八节点六面体孔压单元（C3D8P），桩体采用八节点六面体线性非协调单元（C3D8I）。

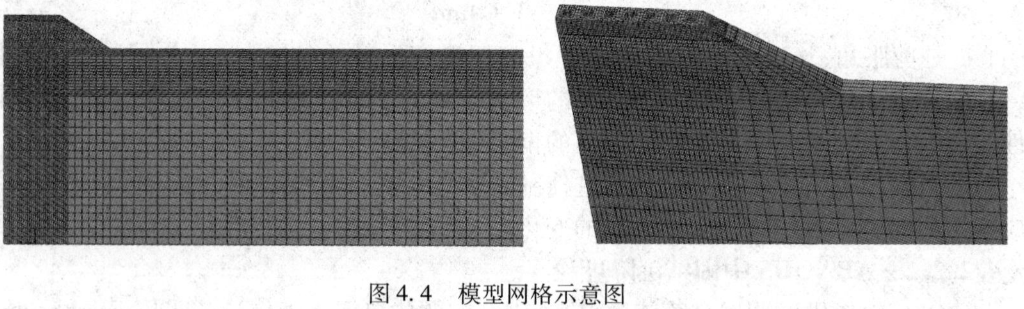
图 4.4　模型网格示意图

边界条件如图 4.5 所示。孔压边界条件为：土体与空气接触表面为排水边界（孔压为 0）；土体底部及侧向为不排水边界；初始孔隙水压力从自然地面向下线性增加；成孔后孔壁为排水边界（孔压为 0），后处理完成后桩土界面不再为排水边界。位移边界条件为：模型底部为固定约束，左右侧面受 X 向水平约束，前后侧面受 Y 向水平约束。

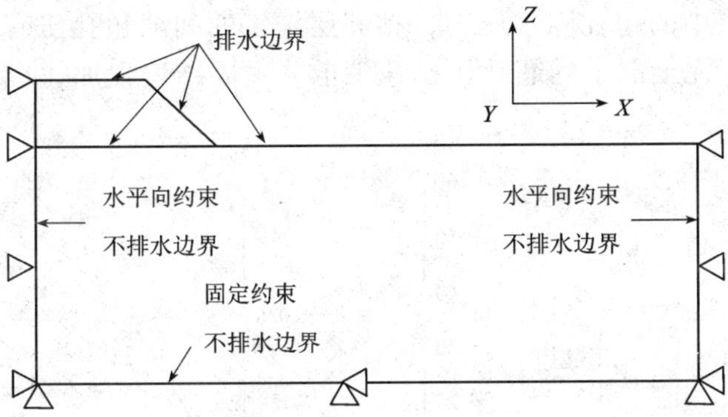

图 4.5 模型边界条件

4.3 计算结果及分析

4.3.1 后处理作用机制的数值分析

为比较后处理工法的技术特点，建立了采用后处理工法的高填方路基原模型以及相同条件下不进行后处理的对比模型。原模型在后处理成孔后、对比模型在先填方施工后均进行 10d 的固结计算（期间没有成桩及后填方施工）。图 4.6 为后处理成孔 4d 后原模型土体中超孔隙水压力云图。图 4.7 为对比模型在相同时间时的超孔隙水压力云图。

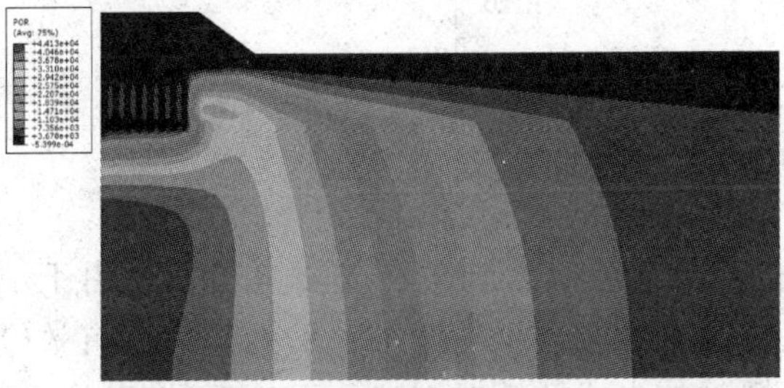

图 4.6 原模型成孔后超孔隙水压力云图

图 4.7 对比模型超孔隙水压力云图

图 4.8 为路基中线上淤泥土层中点 A 的超孔隙水压力变化曲线，图中取先填方结束时间为 0 点，则负值代表先填方阶段，正值代表后处理阶段。

引入原模型中 A 点在后处理完成时的固结度 U_A 定义为淤泥土层的成桩固结度，用来反映 A 点在后处理后超孔隙水压力消散的程度：

$$U_A = \frac{P_0 - P_t}{P_0} \tag{4.12}$$

其中 P_0 为先填方结束后 A 点的超孔压，t 为后处理工期，P_t 为 t 时间后 A 点的超孔压。则原模型与对比模型 A 点处的 U_A 曲线如图 4.9 所示。

对比图 4.6 及图 4.7 可以发现，对比先填方后不进行处理的工况，后处理过程能够迅速释放路基软弱土层中的超孔隙水压力。由图 4.8 及图 4.9 可得，先填方过程中，每次填筑都增大了淤泥土层中的超孔隙水压力，相邻层施工的间隙超孔压有所消散，但速度较慢。后处理之后，淤泥土层中的超孔压迅速消散，主固结过程加速；而在未成孔的情况下，超孔压消散缓慢。

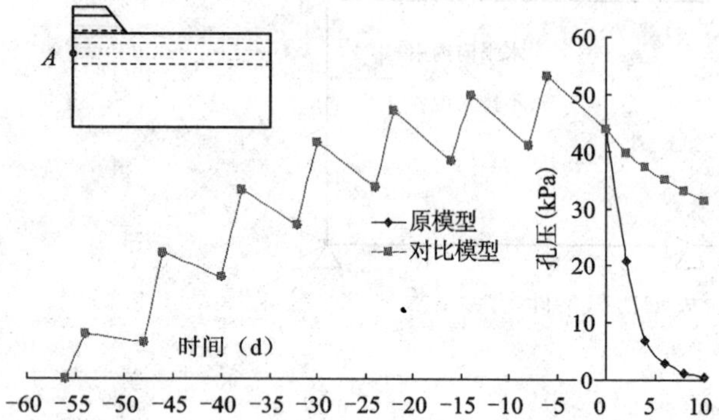

图4.8　淤泥土中心A点超孔压变化曲线

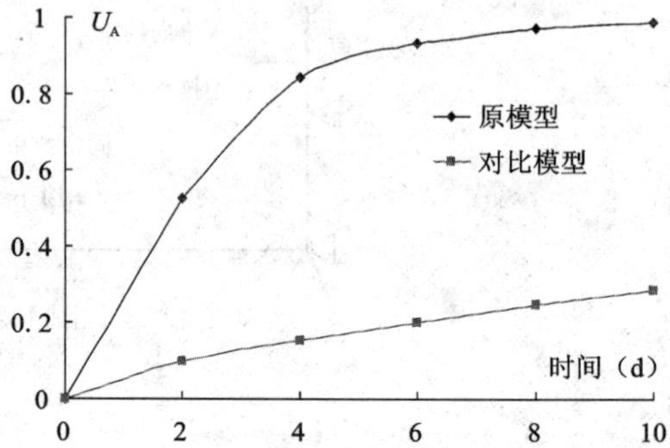

图4.9　A点U_A值

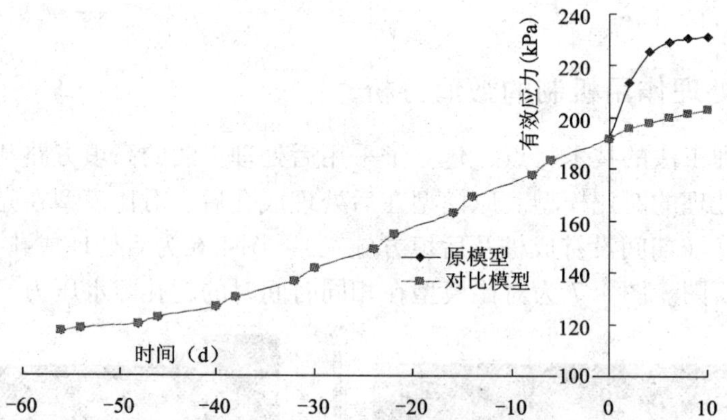

图4.10　A点竖向有效应力变化曲线

图4.10为A点的竖向有效应力变化曲线。从图中可以看到，在先填方阶段，由于填方的施工及施工间隔超孔压的消散，淤泥土底部的有效应力缓慢增加；后处理后，有效应力快速增加，并在固结排水基本完成后渐趋平缓；与未成孔情况对比，可知后处理过程能够明显提高淤泥土中有效应力的增长速度，加速土体固结过程。

4.3.2　后处理施工过程的数值模拟

建立了后处理工期为4d的模型，即图4.9中淤泥土底部A点超孔压消散大概80%后再投石压浆成桩进行后填方施工，记此模型为原模型。同时建立了相同施工步骤下不进行后处理的对比模型。

4.3.2.1　土体中超孔隙水压力及有效应力变化

图4.11给出了路基中线上从原始地面到桩底深度段CD上不同时刻的超孔隙水压力分布曲线。从图中可以看出，后处理过程极大地消散了桩周土体中的超孔隙水压力。成桩后，由于桩孔排水表面闭合，排水边界发生变化，桩周土体内部超孔压进行了重新分布，从原本的曲线形态逐渐变化为从上到下线性增加的形态。在孔压边界条件变化、后填方荷

载及桩土之间的相互作用的影响下，淤泥土中的超孔隙水压力在后处理后呈现增长的趋势。施工完成后随着时间的推移，土体中的超孔压又逐渐消散。

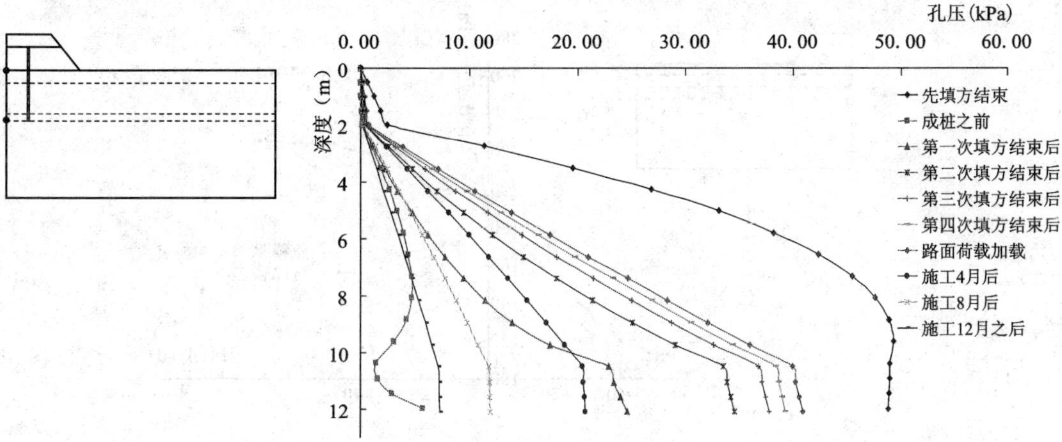

图 4.11 路基中线超孔压变化图

图 4.12 给出了从施工开始到完工 10 年后淤泥土层中点 A 点的超孔隙水压力的变化曲线。图线中最后六个点按照时间顺序依次为路面加载后 4 个月、8 个月、12 个月、4 年、7 年、10 年后的超孔隙水压力。

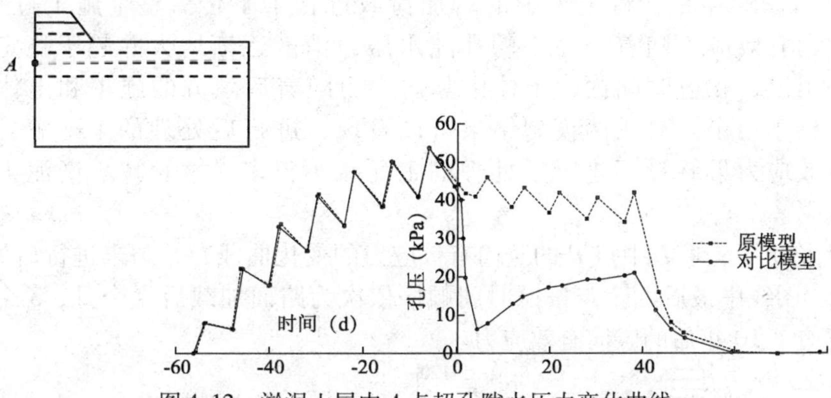

图 4.12 淤泥土层中 A 点超孔隙水压力变化曲线

由图中可以看出，对于不进行后处理的情况，在后填方施工过程中，A 点超孔隙水压力有明显上升，相邻层施工间隔时间由于土体固结排水，超孔压下降。孔压上升及下降趋势及规律与先填方段相同。施工完成后，淤泥土中超孔压随时间增长逐渐消散，最终变为 0。对于进行后处理施工的情况，成孔过程迅速释放了土体中的超孔隙水压力，使后处理后土体中超孔隙水压力处于较低状态。后处理后由于土体中的孔压边界条件变化，孔压发生重新分布，致使后续施工中 A 点超孔压不是继续消散而是缓慢增大。后填方的施工也会导致 A 点超孔压增大，但是增大的幅度没有不进行后处理的情况大，这主要是因为桩体分担了部分后加荷载，改变了土体中应力传递的模式。施工完成后，淤泥土中的超孔压随时间增长逐渐下降，最终完全消散。

图 4.13 给出了淤泥土层中点 A 的竖向有效应力的变化曲线，并与未进行后处理的情况

进行了对比。图线中最后六个点按照时间顺序依次为路面加载后4个月、8个月、12个月、4年、7年、10年后的竖向有效应力。

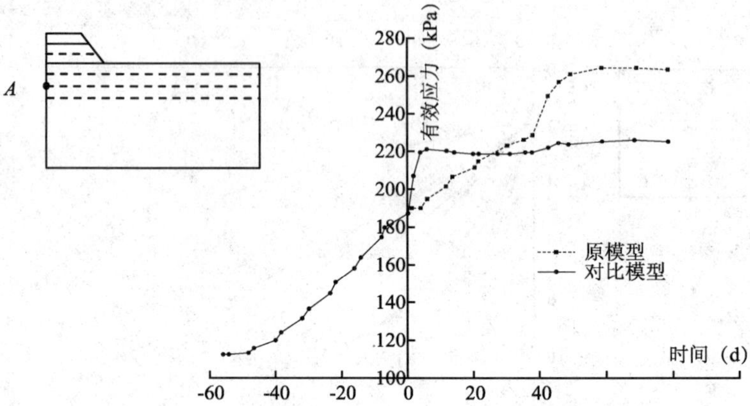

图4.13　淤泥土层中点有效应力变化曲线

由图4.13可得，淤泥土中心点土体中的竖向有效应力在后处理过程中迅速上升；后处理之后到整个工程施工完成，有效应力变化不大，稍有下降。这一方面是因为无砂混凝土小桩的存在，将土体中的后加荷载进行了下传。整个施工过程完成后，土体中的竖向有效应力随着土体中的孔隙水压力消散逐渐增大并趋于稳定。而不进行后处理的工况，相应时间内，土体中竖向应力随着后填方的施工和土体固结逐渐上升，最终趋于稳定。对比两模型结果可以发现，进行后处理的工况下，淤泥土体中的竖向有效应力最终较不进行后处理的工况减小很多，这对减小淤泥土的沉降变形有显著效果。

图4.14给出了先填方中点 *B* 的竖向有效应力的变化曲线，并与未进行后处理的情况进行了对比。图线中最后六个点按照时间顺序依次为路面加载后4个月、8个月、12个月、4年、7年、10年后的竖向有效应力。

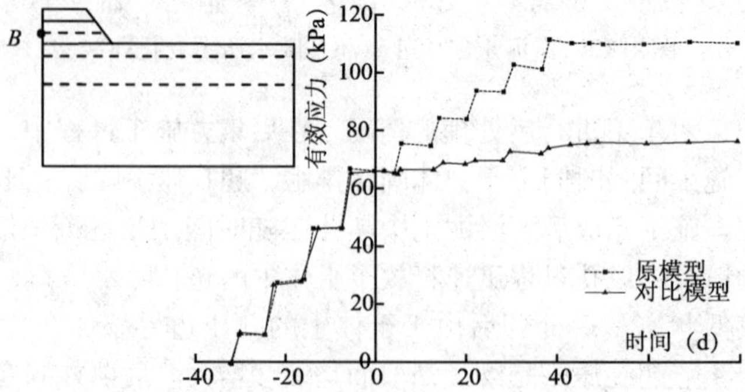

图4.14　先填土中点有效应力变化曲线

由图4.14可得，在先填方过程中，由于填方加载过程，土体中的有效应力上升，但由于填方中超孔压消散迅速，故相邻填方层间隔时间内土体中有效应力变化不大。不进行后处理的情况下，先填方中的有效应力随着后续施工过程的进行而明显增长；而在进行了后处理的情况下，土体中有效应力在后填方施工过程中增长不明显。这主要是因为后处理所形成的桩体分担了土体中的后加荷载，将其传至深层土体。与图4.13现象一致，经后处理的高填方土体中竖向有效应力要较未进行后处理的情况小，这有利于减小填方中的压缩变形。

图4.15给出了桩底土层中点D的竖向有效应力的变化曲线，并与未进行后处理的情况进行了对比。图线中最后六个点按照时间顺序依次为路面加载后4个月、8个月、12个月、4年、7年、10年后的竖向有效应力。

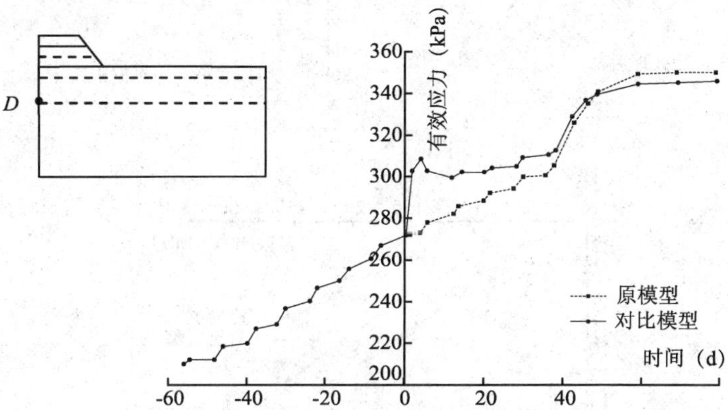

图4.15 桩底土层中点有效应力变化曲线

由图4.15可得，桩底土层中有效应力在后处理后随着后填方施工过程及土体固结过程缓慢上升，趋势和未进行后处理的情况相似。施工完成后土体中有效应力随土体的固结过程进行而增大，最终趋于稳定。对比两种情况可得，对于桩体底部土体，后处理和不进行后处理的工况最终竖向有效应力相近。这也证明了桩体将上部荷载传至底部土体，底部土体承担的荷载和没有进行后处理的情况下相似。

图4.16给出了进行后处理施工和未进行后处理施工两种情况下路基中线上从先填方顶面到桩底端面GD段的竖向有效应力分布曲线。

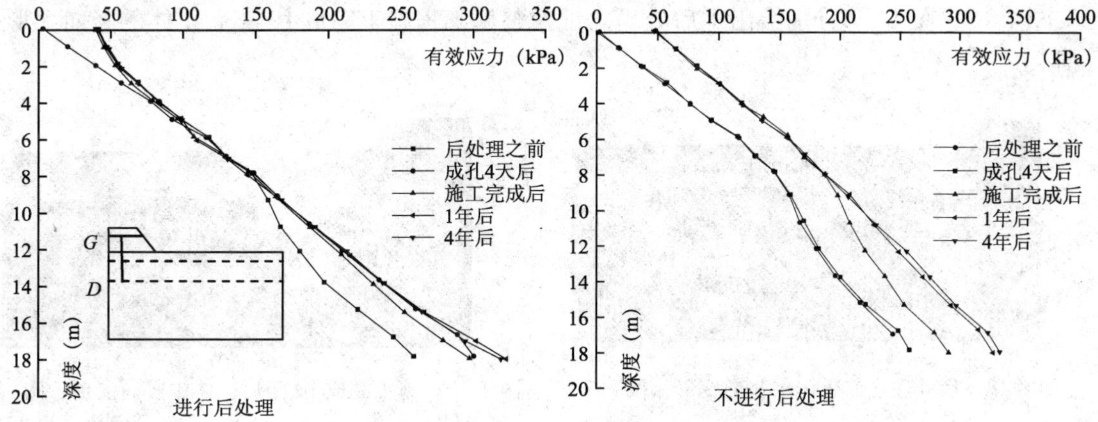

图4.16 GD段土体中有效应力变化曲线

图4.17分别给出了进行后处理施工和未进行后处理施工两种情况下 *GD* 段在后处理后、施工结束后及施工10年后的有效应力曲线。

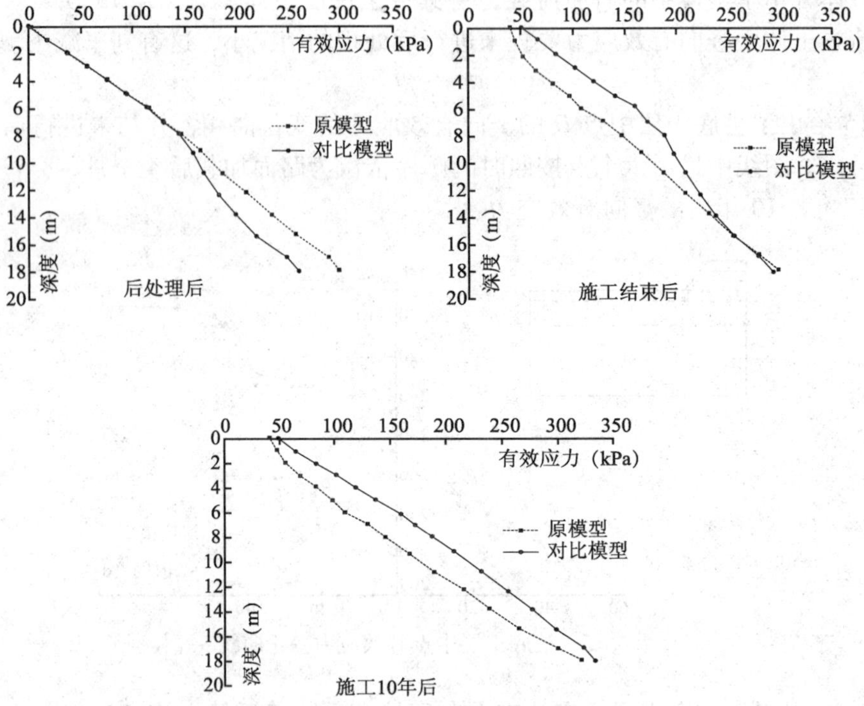

图4.17　*GD* 段在不同时刻有效应力曲线

由图4.16及图4.17可以观察到，后处理技术能够明显提高软弱土层中的有效应力，降低填土内的有效应力。后续施工过程及固结过程提高了填方和路基土体中的有效应力，但经后处理施工的高填方路基中有效应力增长小于没有处理的情况，且分布形态也不相同。

4.3.2.2　土体变形发展过程

图4.18、图4.19分别给出了后处理之前及整个工程施工完成10年后土体的竖向变形云图。

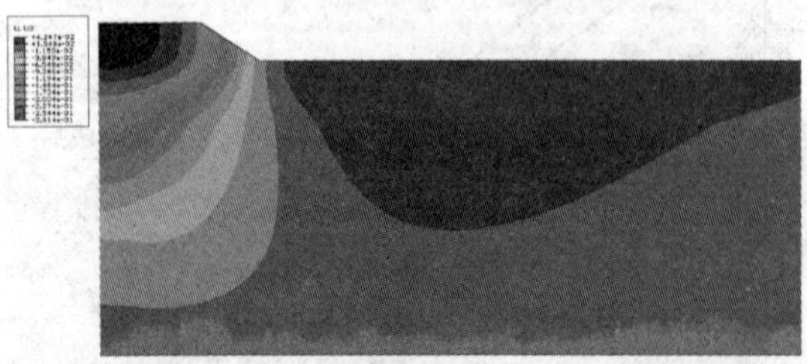

图4.18　后处理之前土体中竖向变形云图

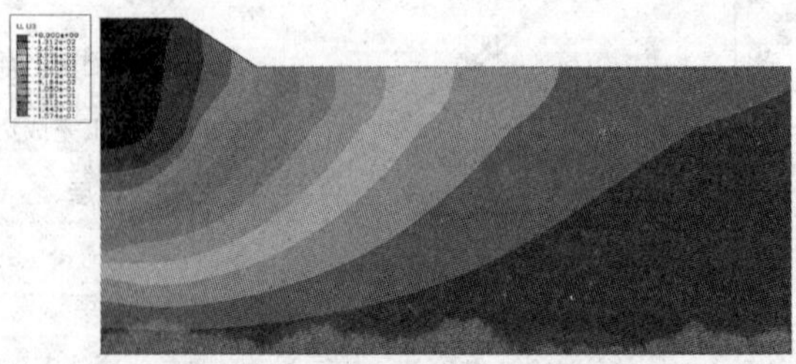

图4.19　施工完成10年后土体中竖向变形云图

由以上两图可以看出，后处理之前填方中竖向变形从填方中间到两边逐渐递减，填方土层差异沉降明显；后处理之后，填方中土体沉降较为均匀。由于在后处理过程中，无砂混凝土小桩与桩间土共同作用形成复合路基，填土中差异沉降较小。

图4.20给出了整个施工过程中路基表面中心点E的沉降变化图线，并与不进行后处理的对比模型进行了比较。图线中最后六个点按照时间顺序依次为路面加载后4个月、8个月、12个月、4年、7年、10年后的沉降。

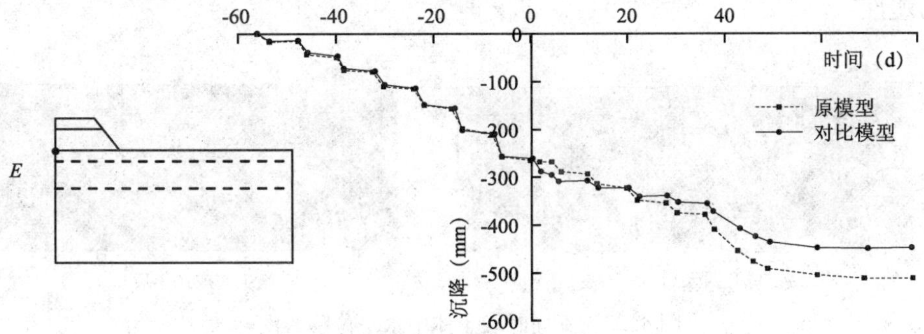

图4.20 路基表面中点处沉降变化曲线

从图中可以看出，路基表面中点E竖向沉降随着填方施工和固结过程的进行而逐渐增大。与不进行后处理的情况对比，后处理过程由于释放了土体中的超孔隙水压力，沉降发展迅速。成桩之后到整个施工过程完成，E点的沉降发展较不处理情况缓慢而均匀，其最终沉降较不处理的情况明显减少。

图4.21给出了整个施工过程中路基表面中心处E点和路肩边缘F点沉降差的变化曲线，并与不处理的情况进行了对比。图中最后六个点按照时间顺序依次为路面加载后4个月、8个月、12个月、4年、7年、10年后的沉降差。

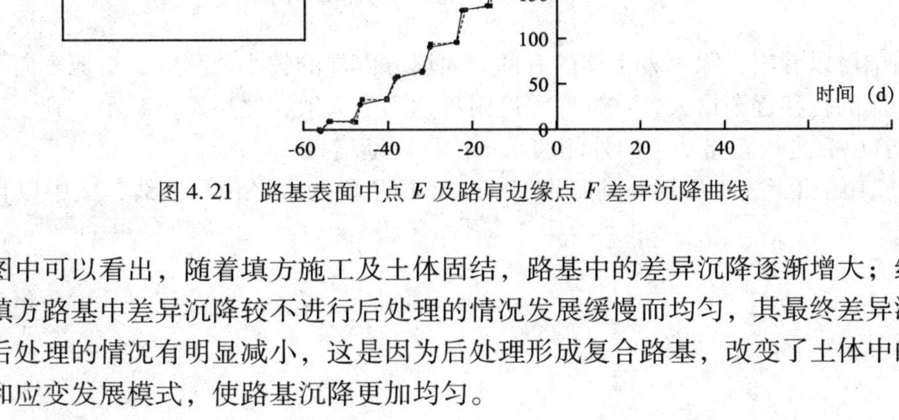

图4.21 路基表面中点E及路肩边缘点F差异沉降曲线

从图中可以看出，随着填方施工及土体固结，路基中的差异沉降逐渐增大；经过后处理的高填方路基中差异沉降较不进行后处理的情况发展缓慢而均匀，其最终差异沉降量比不进行后处理的情况有明显减小，这是因为后处理形成复合路基，改变了土体中的应力传递模式和应变发展模式，使路基沉降更加均匀。

图 4. 22 给出了后处理 4 天后及施工完成 10 年后土体中的水平位移云图。

由上图可以看出，后填方施工前，指向高填方中心的水平位移主要集中于路肩顶端，指向高填方外侧的水平位移主要集中于高填方坡脚下方。施工完成 10 年后，由于桩体复合路基的作用，指向高填方中心的水平位移主要集中于高填方外的地表，而指向高填方外侧的水平位移主要集中于复合路基下的深层土体中。此时在高填方后处理复合路基下存在斜向上的塑性区。

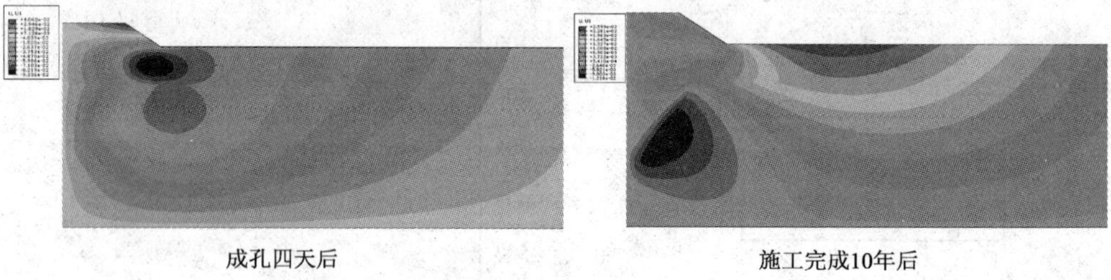

图 4. 22　不同时段土体中水平位移云图

设定后处理施工后土体中各点的水平位移为 0，图 4. 23 给出了从后填方开始到路面施工结束期间土体中典型截面 *HI*（先填方顶部边缘竖直向下到土体底部）的水平位移曲线。图中以自然底面为深度的 0 点。

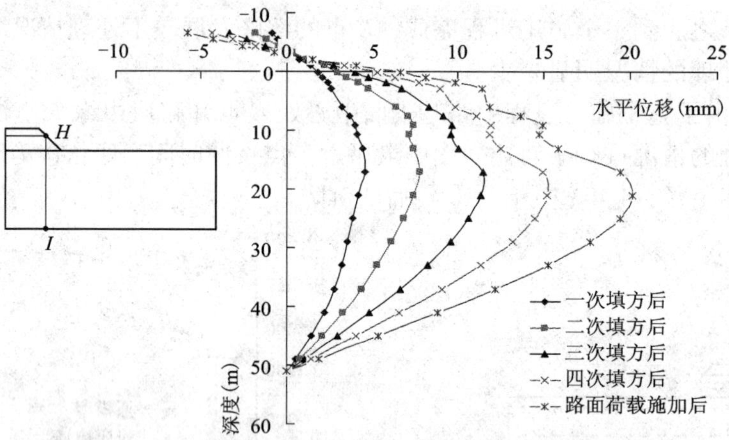

图 4. 23　施工阶段土体典型截面 *HI* 水平位移

由图中可以看出，除填方土体内有部分向填方内部的较小位移外，自地表向下的土体向路基外侧的位移逐渐增大，在桩底深度附近达到最大值，之后逐渐减小，到土体底部变为 0；随着填方进行，路基中向外侧的水平位移逐渐增大。

图 4. 24 给出了完工后到路基服役 10 年期间 *HI* 段的水平位移曲线，图中以自然地面为 0 点。

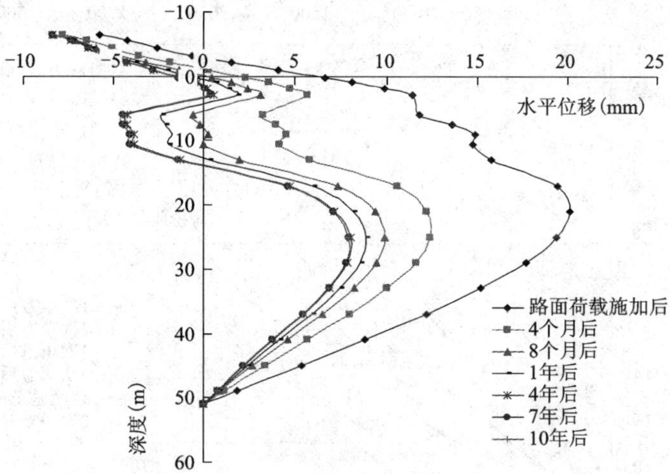

图 4.24 服役阶段土体典型截面 HI 水平位移

由图中可以看出，与填方作用相反，固结过程使土体中向路基外侧的位移减小，向路基内侧的位移增大，而且这种现象在渗透系数较小，强度较低的淤泥土层中最为明显。

4.3.2.3 后处理小桩桩侧摩阻力及桩身轴向应力

建立的数值模型共含有 8 根桩，按照路由基内部向外方向将其依次编号，如图 4.25 所示。

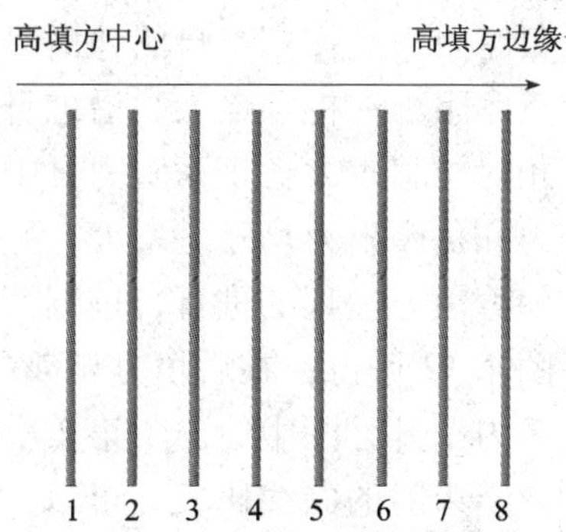

图 4.25 小桩排列方式及编号

选定模型中心部位的 1 号桩作为代表桩，研究其在整个施工过程中桩侧摩阻力及桩身轴向应力的分布形态及发展过程。

图 4.26 给出了成桩后到施工完成阶段 1 号桩桩侧摩阻力分布情况，图 4.27 给出了相同时间段桩身应力分布情况。

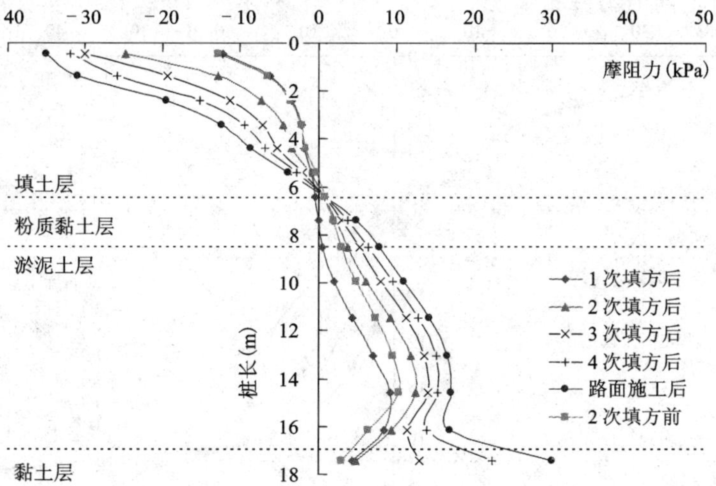

图 4.26 施工过程中 1 号桩桩侧摩阻力分布

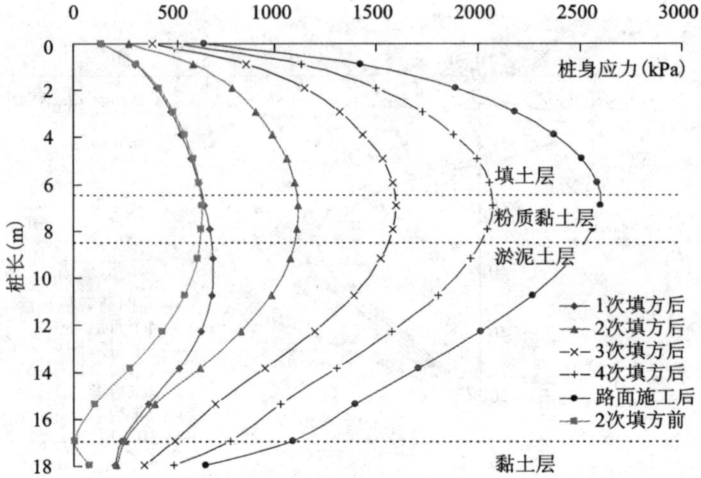

图4.27 施工过程中1号桩桩身轴向应力分布

从图4.26及图4.27可以看出，在后填方施工阶段，桩身位于填土内的部分主要受到负摩阻力的作用，自然地面以下部分主要受到正摩阻力作用，中性点位于自然地面附近。负摩阻力在桩顶最大，沿桩身向下逐渐减小，这是因为复合地基桩顶有上刺入现象，桩土相对位移较大。正摩阻力自中性点向下逐渐上升。随着后填方路基分层施工，桩侧正摩阻力和负摩阻力均随之增大，桩身轴向应力也相应增长，中性点稍有下降。值得注意的是，随着填方过程的进行，桩端持力的黏土层中桩侧摩阻力逐渐发挥出来。由前文图4.11及图4.12可得，在后填方相邻层施工的间隔时间内，由于土体内排水路径变化，超孔隙水压力上升，图中给出了第2次后填方开始前的桩侧摩阻力及桩身应力曲线，与第1次后填方结束时的曲线比较，可以发现随着桩周土地体孔隙水压力的消散，桩侧正摩阻力有所增大。

图4.28给出了施工完成10年以后1号桩桩周土体摩阻力分布情况，图4.29给出了相应时间段桩身轴向应力分布情况。

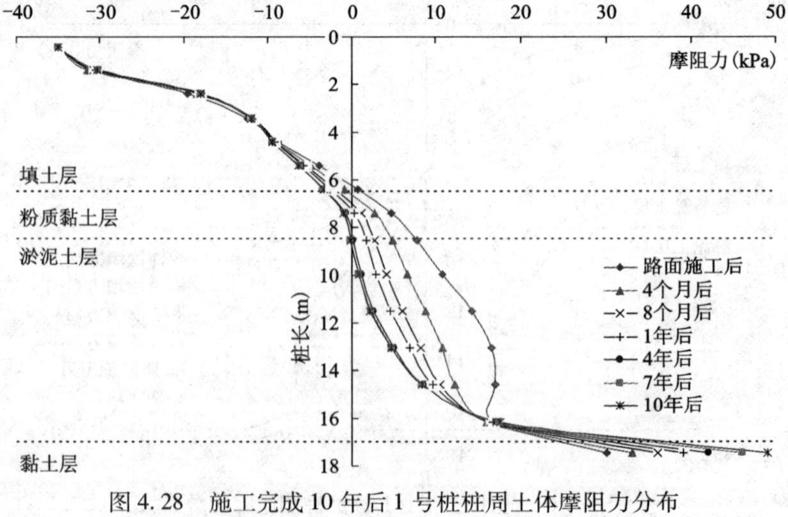

图4.28 施工完成10年后1号桩桩周土体摩阻力分布

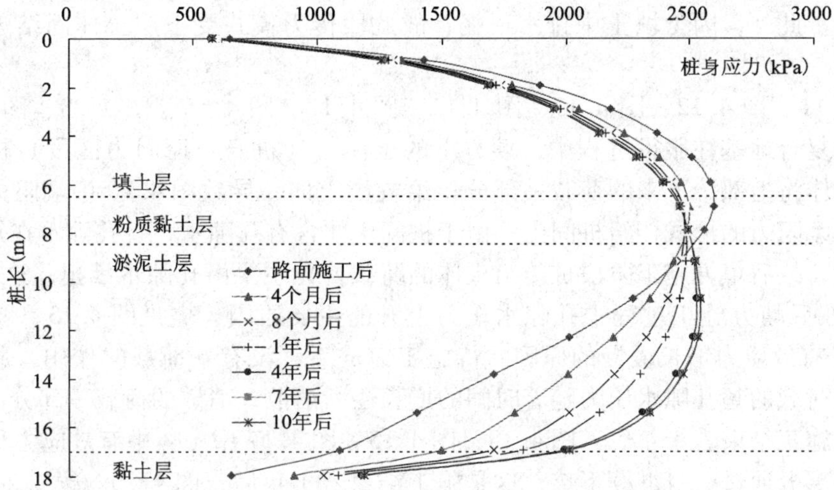

图 4.29 施工完成 10 年后 1 号桩桩身轴向应力分布

由图 4.28 及图 4.29 可得，土体固结对于桩侧阻力及桩身轴向应力的作用与填方施工不同。由于填土中超孔压消散迅速，故固结对于填土中桩身所受负摩阻力作用不明显，仅局限于靠近中性点的部分。负摩阻力随着固结的进行而增大。地基土体中，特别是排水不畅的淤泥土层中超孔隙水压力随着固结过程的进行逐渐消散，引起该层中桩侧正摩阻力下降，桩身轴向应力上升，中性点下移；同时在持力的黏土层中，正摩阻力随着固结过程的进行而不断上升。

图 4.30 给出了从后填方开始到施工完成 10 年后 1 号桩桩端阻力变化曲线。图中由左至右前五个点为施工期间四次填方后和路面荷载施加后的桩端阻力，后六个点为路面加载后 4 个月、8 个月、12 个月、4 年、7 年、10 年后的桩端阻力。

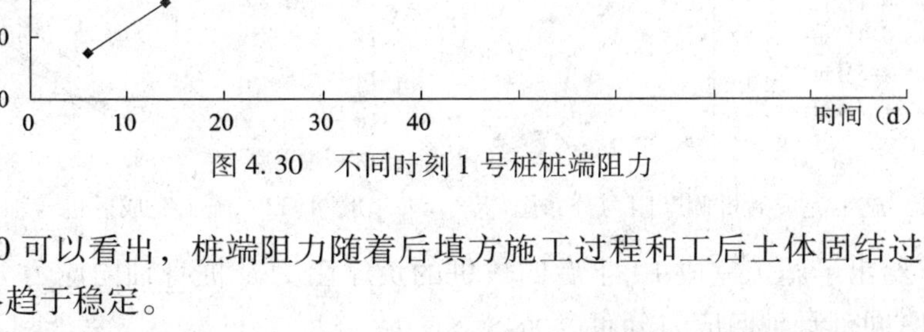

图 4.30 不同时刻 1 号桩桩端阻力

由图中 4.30 可以看出，桩端阻力随着后填方施工过程和工后土体固结过程呈现逐渐上升趋势，最终趋于稳定。

由图 4.14、图 4.17、图 4.26、图 4.28 可推知，后处理复合路基在服役过程中，填土中（桩身负摩阻力区段）桩土传力方式主要是桩间土将自身荷载以负摩阻力的形式传给小桩。这是图 4.14 及图 4.17 中，后处理填土中竖向有效应力小于未经后处理的竖向有效应力的原因。此外，因为填土中排水通畅，故此段传力模式受下层土体固结过程的影响较小。

由图4.11、图4.12、图4.13、图4.15、图4.17、图4.26、图4.28、图4.30可推知，后处理复合地基在服役过程中，填方下的土体中（桩身正摩阻力区段）桩土传力方式主要是桩体将上部传下来的荷载一部分传给桩端土体，导致图4.30中端阻力上升，另一部分以正摩阻力的形式传给桩间土。由于桩间土体含有孔隙水，且孔隙水在短时间内难以很快消散，故后填方施工阶段桩传给土体的荷载首先主要由孔隙水承担，这是图4.11、图4.12中在后填方施工过程中孔隙水压力上升的主要原因，也是图4.13、图4.15、图4.17中土体有效应力增长缓慢的原因。待施工完成后，没有新荷载的作用，原来土体中承担桩传来荷载的超孔隙水压力随着时间的增长逐渐消散，消散的荷载一部分由土体骨架承担，这是施工结束若干年后，图4.13、图4.15、图4.17中土体中有效应力显著增长的原因；另一部分通过桩身继续下传，这是施工结束若干年后，图4.26、图4.28中持力黏土层侧摩阻力增大，图4.30中桩端阻力增大的原因。

从总体上看，小桩负摩阻力在后处理复合地基中起到了积极作用，它将先填方及后填方的荷载传递给小桩，由小桩将其传至地基深层土体，减小了填方承担的荷载，进而减小了填方的沉降变形，优化了高填方路基中的传力路径。

在图4.25中，选定1、3、5、7号桩作为代表桩，研究不同桩位桩在整个施工过程中的力学性状。

图4.31给出了高填方施工完成后四根桩的摩阻力及桩身轴向应力分布图。图4.32给出了相应时间段桩身轴向应力分布情况。

由图4.31及图4.32可得，由于桩间距较大（径距比=6.67>5），群桩效应不是很明显。总体上内侧桩承受的摩阻力大于外侧桩，桩身轴向应力也大于外侧桩，桩身中性点位置由内到外逐渐上升。

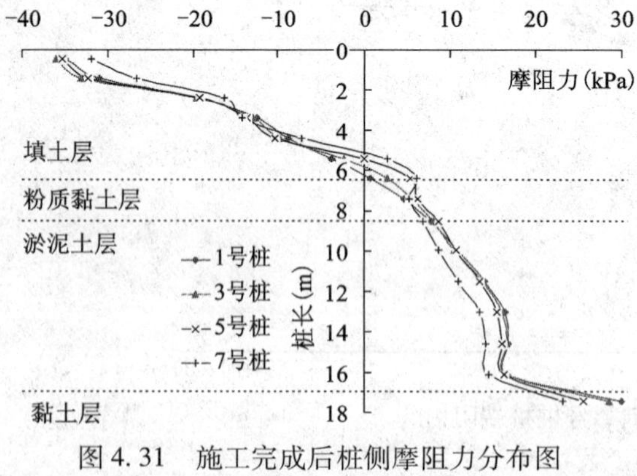

图4.31　施工完成后桩侧摩阻力分布图

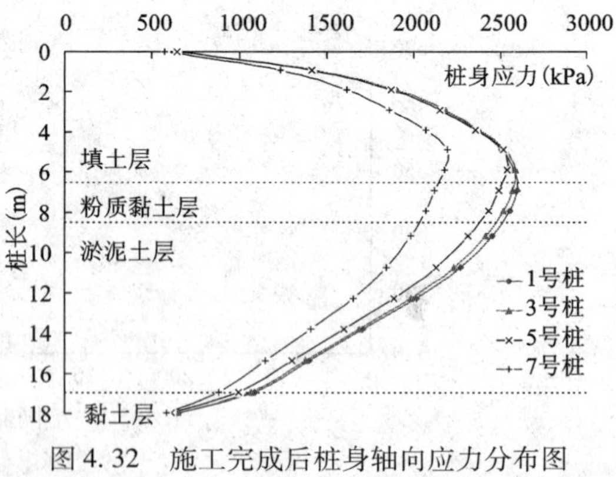

图4.32　施工完成后桩身轴向应力分布图

图4.33给出了施工完成10年后四根桩的负摩阻力及桩身轴向应力分布图。图4.34给出了相应时间桩身轴向应力分布情况。

由图4.33及图4.34可得，固结过程使得各个桩位的桩体侧摩阻力及桩身轴向应力趋于一致，内侧桩桩周摩阻力及桩身轴力稍大于外侧桩，桩身中性点位置由内到外逐渐上升。可以观察到最外侧7号桩在固结过程中淤泥土层部分桩周正摩阻力减小变为负摩阻力，桩身中性点下移至淤泥土层中。

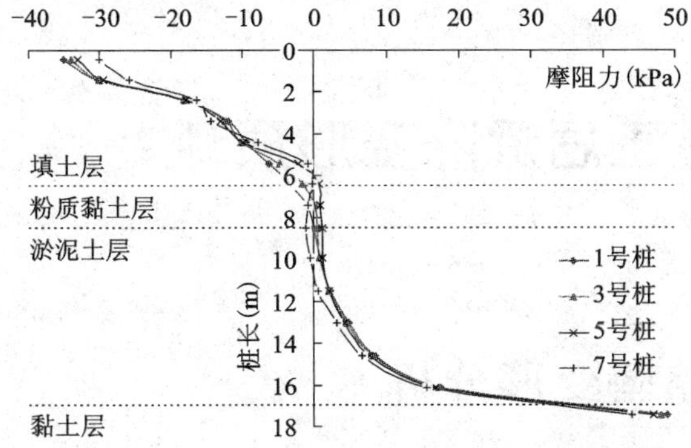

图 4.33　施工完成 10 年后桩侧摩阻力分布图

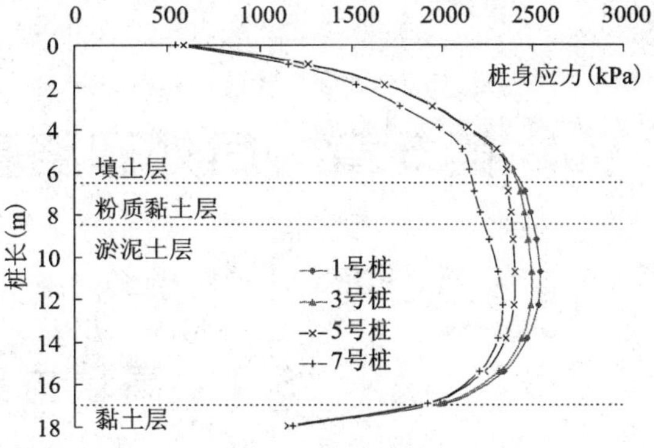

图 4.34　施工完成 10 年后桩侧摩阻力分布图

4.4　本章小结

本章采用有限元程序对无砂混凝土小桩后处理机理及后处理技术整个施工过程进行了数值模拟，研究了高填方路基中不同部位的沉降变形、超孔隙水压力、有效应力的变化情况，同时研究了后处理无砂混凝土小桩在施工及服役期间的桩周摩阻力及桩身轴向应力分布情况，得到以下结论：

1）后处理技术在其成孔阶段能够迅速消散软弱土层中的超孔隙水压力，提高土体的有效应力，加快土体的固结沉降。

2）从后处理施工到整个施工过程结束，土体中的孔压因为排水边界变化、后填方施工及桩土荷载传递的作用而有所上升，土体中的有效应力因为桩体的荷载分担作用及孔隙水压力的增长而保持相对稳定的状态。土体中水平向变形随着后填方的施工而变化，填方中土体产生指向填方内侧的变形，水平面下土体产生指向填方外侧的变形。

3）后处理施工完成后，土体中的孔隙水压力随时间消散，竖向有效应力相应增加。土体中指向填方内侧的水平向变形随着固结过程的进行而增大，指向填方外侧的水平向变形随着固结过程的进行而减小，此现象在软弱土层中较为明显。

4）后处理复合地基中的桩体在填土层中主要受负摩阻力作用，在软土层及其下土层中主要受正摩阻力作用。正摩阻和负摩阻随填方施工而增大，施工完成后软弱土层中正摩阻力随土体固结而减小，桩端土层正摩阻力及桩端阻力相应增大，填土层中的桩侧负摩阻力保持相对不变。

5）无砂混凝土小桩后处理复合路基中桩土相互作用机理为：在高填方中，填土通过负摩阻力将自身荷载传递给小桩；在填方下的土层中，小桩通过正摩阻力及桩端阻力将荷载传递给土体。正摩阻力区段土体中首先由孔隙水压力承担桩及后填方传递的荷载，孔隙水压力随时间消散后荷载一部分传给土体骨架，一部分通过桩体继续向下传递给桩端持力土层。

6）从总体效果上讲，无砂混凝土小桩后处理技术解决了高填方施工中软弱下卧层孔隙水压力消散缓慢的问题，将填土荷载传至土体深部，减小了高填方路基的沉降及路面差异沉降，优化了荷载在路基中的传力方式。

第5章　后处理路基工后沉降变形预测

5.1　高填方路基变形分析

5.1.1　高填方路基变形分析

高等级公路常常通过地质条件复杂、地表起伏不平的地区，所以在地基原土上兴建高速公路通常要填筑一定高度的路堤，一方面是保证公路线型、线路的流畅顺直，结构安全耐久，满足车辆通行、车行速度、乘车舒适度等的使用要求；另一方面还要满足抗洪、排涝等抵御自然灾害的要求。在填方路堤荷载作用下，地基土中的应力状态发生变化，从而引起地基变形，出现路基沉降。一般情况下，路堤荷载形式是完全柔性的基础荷载形式，但由于路堤填筑高度不同和地质条件随线路的变化而差异，路基各个部分的沉降或多或少总是不均匀的，使得路面相应产生不均匀变形。路基不均匀沉降超过一定限度，将导致路面的结构性、功能性破坏，使得高等级公路不能满足正常使用要求，甚至导致交通事故频发。因此，研究高等级公路路基沉降，对保证高等级公路建设和正常使用具有重要意义。

根据高等级公路填方路基荷载特点，高填方土体的变形分析可简化为平面问题，包括土体的竖向沉降和侧向挤出变形。

在外荷载的作用下，土体的竖向变形包括瞬时沉降、固结沉降和次固结沉降，其变形量的大小主要受附加应力大小、土体固结情况、地基处理方法、填土施工速率及土体结构性等因素的影响。

一般采用弹性理论计算瞬时沉降。但瞬时沉降的大小及其随时间的变化与填土加载历程有关，根据土体不排水变形模量按线弹性理论计算无法考虑加载历程的影响。国内工程应用中，通常采用经验系数修正固结沉降的计算结果来考虑瞬时沉降的影响。当然，经验系数的取值带有很大的随意性。

固结沉降的计算方法可分为线弹性和非线性两种。线弹性固结理论以 Terzaghi（1923）一维固结理论和 Biot（1941）真三维固结理论为代表，但与土体实际上的非线性变形有很大的差异，需要用经验系数进行修正；土体的非线性固结理论以 Gibson 等人（1967）提出的一维有限非线性固结理论为代表，考虑了土体压缩性和渗透性与孔隙比的非线性关系，以及土体自重等方面的影响。但其计算工作量巨大，且计算参数难以从常规试验中获得，严重影响了它的实用性。

对于次固结沉降，目前认为是土骨架黏滞蠕变所至，还没有很好的计算方法，主要采用对数曲线进行拟合，在实际应用中一般忽略不计。

填土荷载作用下软土地基的侧向挤出变形非常明显，从而加重了土体的竖向变形。土体侧向膨胀的体积与竖向沉降的体积近似相等，随着超孔隙水压力的消散，土体体积收缩，竖向沉降进一步发展而侧向变形有可能减小，地基的侧向挤出变形主要受荷载应力水平、填土路堤几何形状、土体先期固结压力、土体物理力学性质、土体各向异性及填土施工速率等因素的影响。目前主要采用现场监测的方法对土体侧向挤出变形进行估算，并以此对地基竖向固结变形计算结果进行修正。

至于交通荷载对地基固结变形的影响，由于交通荷载是外部的动荷载，同时自身又产生震动，地基土体的受力状况十分复杂。日本道路协会的观测表明，道路开放交通后会产生新的沉降，这种新沉降是由车辆荷载引起的。交通荷载的周期较长，自身震动频率较低，荷载产生的震动波长较长，相对而言影响范围较大。各类车辆荷载是一种长期的循环荷载，正确估算道路构筑物在交通荷载作用下的沉降变形，对高等级公路工程的建设具有重要意义。

在目前路基沉降计算方法还很不成熟的情况下，计算地基沉降时可以将交通荷载折算为一定厚度的土层进行处理。

5.1.2 数学新方法

随着现代科学技术的发展，不同学科之间的交流、融合已成为一种趋势，一门学科的发展往往要借鉴其他学科的研究手段和方法，利用数学工具对地基变形进行计算和预测是当今土力学变形计算的一个热点。利用数学方法对地基变形进行计算主要有两种形式：（1）优化或模糊土体应力和变形计算参数，利用力学基本原理计算地基变形；（2）根据土体在附加应力作用下的变形规律，结合数学方法直接建立模型，预测地基的最终变形量。

5.1.2.1 灰色预测理论

灰色预测理论是20世纪80年代随着灰色系统理论发展而提出的一种新型预测模型，它主要应用于与数据处理有关的系统预测决策及控制。灰色系统介于白色系统与黑箱之间，是指部分信息已知，部分信息未知的系统。其主要观点是将离散的数据序列经变换后形成有规律的生成数列，对生成数列建立GM（Grey Model）模型，得到模型计算值，再与实测值比较，获得残差，用残差再对GM模型进行修正，然后便可用建立的模型对系统进行预测决策及控制。灰色预测理论已广泛用于农业、水利、交通、管理、气象等多个领域，并取得了显著的技术、经济和社会效益。

灰色理论将参数看成是在一定范围内变化的灰色量，其最为显著的优点是在预测过程中不受参数样本数量的限制。对于复合地基的沉降变形而言，新模型的物理意义在于复合地基及下卧土层产生一定量的变形后，复合土层与其周边土层的侧阻力在达到极限状态时才会将多余的荷载传至下卧层顶面，这对附加应力、下卧层土强度及变形验算有极强的实用意义。

模型中假想实体侧阻力是一个灰色量，介于0和q_{sik}之间，并随时间变化，这样即可建立灰色预测理论的GM模型，通过跟踪随着荷载的增加复合地基变形发展趋势，对灰色模型进行修正和调整，进而有效地预测复合地基变形。

5.1.2.2 神经网络技术

人工神经网络（Artificial Neural Network，简称ANN）是由大量而简单的处理单元（神经元）以某种拓扑结构广泛地相互连接而形成的复杂网络系统，它是模仿人脑学习和组织能力的一种数据处理系统。目前应用较为广泛的是误差反向传播神经网络模型（Error Back Propagation Neural Network，简称BP神经网络模型），它具有输入层、中间层和输出层三层结构，是一种分层型网络模型。

BP神经网络模型是通过学习过程的输入信息和输出信息，用简单的关系来实现复杂的、非线性的动力学系统的人工智能控制理论，不过分依赖物理模型。具体到变形预测方面，可学习利用已有的变形沉降规律，借助当前变形检测数据实现一次或多次滚动预测，对没有发生过的变形的预测与控制，将依靠数据信息反馈与控制来实现。

5.1.2.3 遗传算法

地基沉降非线性模型的参数识别实质上是一个优化问题，而遗传算法是处理复杂优化问题的理想方法。同常规的优化方法（如梯度下降法）相比，遗传算法直接处理代表参数的编码，在整个计算过程中控制着一个群解而不局限于某一点，这就大大提高了搜索速度，并避免陷入局部极值。求解时，对目标函数和约束条件没有苛刻要求，这在处理非线性问题方面与传统方法相比具有明显的优势。

计算实例表明，遗传算法具有简单、实用、高效的优点，在解决复杂的优化问题方面具有广阔的应用前景。

5.1.2.4 损伤力学方法

在岩土工程活动中，地基土内部伴随一系列的变化，如土颗粒间的错动，孔隙水压力的增长与消散，有效应力的变化等都会损坏土颗粒间的黏结，即损伤。损伤后的土性参数会发生变化，这种变化将对变形产生有利或不利的影响。

因此，地基的变形预测计算模型中的某些土性参数变成了变量参数，这些变量参数的采用使变形预测更接近实测值。

5.1.2.5 模糊数学方法

利用模糊数学方法中的模糊综合评判原理，对影响地基变形的各个参数进行模糊评判，对多因素影响的沉降变形进行分析讨论，判断最终沉降量以进行预报和控制。当判定地基沉降影响因素较多且都具有模糊性时，可应用多级模糊综合评判方法。

由于地基沉降是一个复杂系统，而模糊评判主要靠人的经验和学识进行主观判断，当影响因素很多时，可能会产生一定的误差。因此，模糊评判需针对具体地质情况具体分析。

5.2 高填方路基处理的技术路线

5.2.1 高填方路基的先处理法与后处理法

高等级公路地基处理的方法多种多样，地基加固机理也各不相同，但加固目的只有两个：提高地基承载力和减小地基变形。高速公路路基宽度通常达到30～40m，采用大型机械化施工，高填方区一般在自然地面上铺设一层30~50cm厚碎石，然后分层铺土碾压。在工程地质条件复杂的高填方路段，路基逐层碾压过程中，下层原状土受压、发生沉降变形。实际工程中当高填方区存在软弱土层且其埋深较大时，在上部路基碾压过程中，下层软弱土层将产生超静水压力，导致土颗粒间的有效应力与上部附加荷载集度的递增速率不成比例，当路基高程达到设计标高时，下层土体的主固结沉降远远没有完成，路基变形也难以按设计工期达到稳定标准，预留很大的工后沉降，目前常用的办法是降低施工速度，由此可能造成整个标段工程的工期延误，严重影响工程效益的发挥。本节根据高等级公路地基的变形发展过程及施工顺序不同将地基处理方法分为先处理法、后处理法和过程处理法。

5.2.1.1 先处理法

高等级公路地基的先处理法从基本思想上相当于地基加固处理，公路选线和地质勘探后，在填土荷载未施加时对道路基床进行加固处理，使地基满足预定荷载下的稳定性和耐久性要求，并使地基工后变形保持在可接受的范围内。

先处理法对于地基变形的发展可用一个“堵”字形容，通过加强地基变形的薄弱环节而有效地减小地基沉降。对于地基而言，随着填方荷载的增加，加固区和下卧层的变形相应增加，加固区的存在使加固区范围内的地基承载力增大、压缩变形减小，附加应力向深处传递引起下卧层压缩变形增大。地基先处理法基本特点如下：

(1) 施工工序：根据地质勘探情况，预先对软弱地基进行加固，然后进行高填方土体的施工。

(2) 施工方法：根据地基处理方案选择相应的施工设备（一般都是大中型设备），在地质条件复杂的野外作业，交通运输条件差，施工效率难以保证。

(3) 沉降变形稳定时间：外荷载增加后，尽管地基变形量减小，但土层（特别是下卧层）仍然会产生超静水压力，而无有效的渗流通道，使土层有效应力增长缓慢，地基变形稳定时间较长。

(4) 承载力：地基承载力的增加由加固区增强体提供。

(5) 基础形式：完全柔性的基础形式。

一般可用于路基加固的水泥土搅拌桩、高压喷射注浆法、灰土桩及二灰桩等都可归入地基处理的先处理法范畴。这些方法在我国应用十分广泛，都具有一套成熟的技术规程。

5.2.1.2 后处理法

高等级公路地基的后处理法从基本思想上相当于堆载预压结合地基加固处理。公路选线和地质勘探后，在填土荷载施加到一定高度或施加完毕后对道路高填方路基和基床进行加固处理，使地基满足稳定性和耐久性的要求，并使地基工后变形保持在可接受的范围内。

后处理法对于地基变形的发展则是“导”与“堵”的结合，通过堆载预压并在地基中形成渗流通道使地基变形时间缩短、过程提前，然后进行注浆使地基得到增强。其基本特点如下：

(1) 施工工序：根据地质勘探情况，预先计算出软弱地基的允许承载力，与高填方土体荷载进行比较，取二者之较小值作为软土路基填方高度的控制指标进行高填方的施工。施工到预定高度后对软弱地基进行加固处理，然后继续上部荷载的施工。

（2）施工方法：根据地基处理方案选择相应的施工设备（一般都是小型设备），路基填方已进行了一部分，野外作业条件有了一定的改善，施工效率得到有效提高。

（3）沉降变形稳定时间：外荷载增加后，地基变形加大，地基土层产生超静水压力，使土层有效应力增长缓慢，当填土荷载达到控制高度时，在路基上成孔施工提供渗流通道，使超静水压力通过很短的渗流路径尽快消散，固结沉降提前完成。地基变形稳定后通过桩体内预埋钢管高压注浆，形成混凝土桩体复合地基，进一步减小和降低地基变形（蠕变）的发展。

（4）承载力：地基承载力的增加主要由土体固结使土体有效应力增加而提供，形成的混凝土桩体复合地基除提供部分地基承载力外，同时增加了地基稳定和减小沉降的安全系数。

（5）基础形式：由于注浆使地基原状土和高填方土体之间形成一个混凝土托盘向土体传递附加应力，每个桩体（包括混凝土托盘）形成一个独立的刚性小基础。所以，可将整个基础近似看作多个刚性基础的组合。

无砂混凝土小桩技术可归入地基处理的后处理法。无砂混凝土小桩技术是一种新型的地基处理技术，由于它的工程特点，非常适用于以控制变形为主的高填方路基处理。

5.2.1.3　过程处理法

高等级公路地基的过程处理法从基本思想上相当于为超静水压力的消散提供渗流通道。公路选线和地质勘探后，在填土荷载施加前对道路高填方和基床进行处理（地基承载力不提高或提高很少），使地基通过固结满足稳定性和耐久性的要求，并使地基工后变形保持在可接受的范围内。其基本特点如下：

（1）施工工序：根据地质勘探情况，预先对软弱地基进行处理，然后进行高填方土体的施工。

（2）施工方法：根据地基处理方案选择相应的施工设备（一般都是中小型设备），在地质条件复杂的野外作业，施工效率一般情况下可以保证。

（3）沉降变形稳定时间：外荷载增加后，由于地基内形成有供超静水压力消散的渗流通道，通过合理控制施工速率可使超静水压力很快消散，使地基土有效应力与外荷载同步增加，大部分的地基固结沉降随加载的停止而同步完成。

（4）承载力：地基承载力的增加由土体固结（或和加固区增强体共同）提供。

（5）基础形式：完全柔性的基础形式。

一般可用于路基加固的砂桩、碎石桩、砂井地基和塑料排水板等都可归入地基处理的过程处理法。这些方法在我国软土地区的应用十分广泛，一般都具有一套成熟的技术规程。

经过以上比较可以看出：地基处理的先处理法通过地基加固使地基沉降量减小；后处理法利用多种地基处理技术结合，在一定荷载作用下使地基沉降提前完成，并形成一定的安全储备；过程处理法使地基固结与荷载增加同步完成，主要通过地基土体固结提高地基的承载力，同时完成大部分的地基沉降。

5.2.2 先、后处理理法变形计算对比分析

先处理法和后处理法在地基变形机理上存在很大不同，本节通过具体的模型分析对比两种地基处理方法对沉降控制的影响。

两段地质条件基本相同的路段，高填方土体荷载 q_1、路面结构荷载 q_2、交通荷载 q_3 在原状土地面上产生宽度为 b 的条形均布荷载 q（$=q_1+q_2+q_3$）。一段路基采用先处理法（水泥土搅拌桩复合地基），另一段路基采用后处理法（无砂混凝土小桩复合地基），二者具有相同的软基处理深度 h、复合弹性模量 E_{0sp} 和复合变形模量 E_{sp}。现通过理论计算的方法对原状土体的最终变形量和工后变形量进行对比分析。对于软土而言，由于次固结沉降常常需要数年甚至数十年才完成，因此，本节仅对瞬时沉降和主固结沉降之和进行比较，瞬时沉降采用弹性理论计算，主固结沉降采用分层总和法计算。

5.2.2.1 原状土最终变形量 s

1）先处理法：

瞬时沉降
$$s_1 = \frac{2qb(1-\mu^2)}{E_{0sp}} \tag{5.1}$$

固结沉降
$$s_2 = \psi_s \sum_{i=1}^{n} \frac{q}{E_{spi}}(z_i\overline{\alpha_i} - z_{i-1}\overline{\alpha_{i-1}}) + \sum_{i=n+1}^{m} \frac{q}{E_{si}}(z_i\overline{\alpha_i} - z_{i-1}\overline{\alpha_{i-1}}) \tag{5.2}$$

2）后处理法：

瞬时沉降 s_1 包括地基处理前的变形 s_{11} 和地基处理后继续加载的变形 s_{12} 两部分。

$$s_1 = s_{12} + s_{11} = \frac{2(q_2+q_3)b(1-\mu^2)}{E_{0sp}} + \frac{2q_1 b(1-\mu_0{}^2)}{E_{0s}} \tag{5.3}$$

固结沉降 s_2 包括地基处理后继续加载前的固结变形 s_{02} 和继续加载完毕后的固结变形 s_{20} 两部分。

$$s_{02} = \psi_{s1}\left[\beta_1 \sum_{i=1}^{n} \frac{q_1}{E_{si}}(z_i\overline{\alpha_i} - z_{i-1}\overline{\alpha_{i-1}}) + \beta_2 \sum_{i=n+1}^{m} \frac{q_1}{E_{si}}(z_i\overline{\alpha_i} - z_{i-1}\overline{\alpha_{i-1}})\right] \tag{5.4}$$

$$\begin{aligned} s_{20} = \psi_s\Big[&\sum_{i=1}^{n} \frac{q_2+q_3+(1-\beta_1)q_1}{E_{spi}}(z_i\overline{\alpha_i} - z_{i-1}\overline{\alpha_{i-1}}) + \\ &\sum_{i=n+1}^{m} \frac{q_2+q_3+(1-\beta_2)q_1}{E_{si}}(z_i\overline{\alpha_i} - z_{i-1}\overline{\alpha_{i-1}})\Big] \end{aligned} \tag{5.5}$$

式中 μ、μ_0——分别是复合地基和原状土的泊松比；

n、m——分别是原状土地面到复合地基处理深度和变形计算深度内土体变形计算的分层数；

E_{0s}、E_s——分别是原状土的弹性模量和压缩模量；

β_1、β_2——分别是复合地基加固区和下卧层的土体固结度；

其他符号参见《建筑地基基础设计规范》GB 50007—2011 第 5.3.5 条。

对于高等级公路而言，q_2、q_3远远小于 q_1，且复合地基的弹性模量大于原状土的弹性模量，所以，后处理法的瞬时沉降大于先处理法的瞬时沉降；由《建筑地基基础设计规范》GB 50007—2011 第 5.3.5 条可知，在复合地基变形模量大于原状土变形模量的情况

下，ψ_{s1}要远大于ψ_s，所以，后处理法的固结沉降大于先处理法的固结沉降。经过以上比较，在基本相同的条件下，路基先处理法的总沉降量要小于后处理法的总沉降量。

5.2.2.2　地基的工后变形量 s

在实际的工程建设中，对交通影响较大的只有工后变形量，也就是在工程完工后地基的剩余变形量。高填方公路的剩余变形量过大，特别是公路桥头的剩余变形量过大将严重影响高等级公路的使用效益，使工程无法完成预定功能。

1）先处理法：

对于软土地基而言，先处理法的剩余变形量也就是式（5.2）计算出来的固结沉降量。

2）后处理法：

对于软土地基而言，后处理法的剩余变形量也就是式（5.5）计算出来的固结沉降量。

式（5.2）和式（5.5）主要区别在于β_1、β_2。在碎石桩地基或砂井地基处理的情况下，堆载预压软土地基特别是带有透镜体的软土地基在数天内土体固结度可达到90%以上，下卧层土体固结度可达到10%～30%。所以，$\beta_1=0.9\sim0.95$，$\beta_2=0.1\sim0.3$。从理论上讲，地基土体的预固结后处理法所得到的复合模量要大于先处理法的复合模量，结合q_1远大于q_2和q_3，则先处理法工后变形量远大于后处理法的工后变形量。

5.2.3　先、后处理法技术经济对比分析

近几年来，高等级公路建设蓬勃发展，路基处理方法也多种多样，但都面临着路基特别是软土地基上的桥头路基沉降量过大的问题。路基的沉降控制是一个复杂的系统工程，特别是在对土力学的许多技术参数还不甚明了的情况下，对地基处理方案的技术经济比较还有很多工作要做。

处理方案的技术经济对比分析主要从以下三个方面入手：质量、工期、成本。

先、后处理法都有各自的技术规程，严格按技术规程进行施工，施工质量容易得到保证。但对于先处理法而言，部分施工方法可能造成噪声污染，在使用时应远离居民区。

先处理法要在土体填方前进行施工，施工条件相对恶劣，并且必须在对地质的勘探、取样等技术数据处理后才能进行地基设计和施工，地基处理的过程占用了道路施工的工期。后处理法在填土荷载达到一定高度后进行地基处理，通过填土施工段的合理划分，不影响道路施工的正常工期。

先处理法可就地取材，材料成本较低，但在施工中要用到大中型机械；后处理法也可就地取材，尽管实用小型机械，但人工费相对较多，并且需用一定量的注浆钢管，增加了材料成本。所以，先、后处理法的工程成本基本相同。

5.3　无砂混凝土小桩后处理高填方路基的变形计算

5.3.1　变形计算基本理论

从理论上讲，将刚性桩复合地基的沉降变形视为在荷载作用下加固区压缩量和下卧层

压缩量之和，然后利用前述的计算方法进行计算是正确的，但一个重要的前提是：必须在沉降计算前知道桩土的荷载分担情况或桩土应力比。对于带有褥垫层的刚性基础而言，由于基础和地基在结构方面的差异，要明确桩土的荷载分担情况或桩土应力比是不太可能的，即使有一定的现场监测资料也无法得出令人满意的结果。

高填方路基从本质上来说是完全柔性的基础形式，而无砂混凝土小桩又列入刚性桩的范畴，地基处理不太长的发展历程中很少出现或者说根本没有出现过刚性桩复合地基加固完全柔性基础的地基处理形式，所以也就无从谈起其地基变形计算模式。本节从刚性桩复合地基受力变形机理出发，推导出适用于刚性桩后处理高填方路基的变形计算模式。

5.3.1.1　基本思路

高填方路基的变形可以从基本概念上将其分为三部分：

① 高填方土体自身的压缩变形 δ_1：一般土体的压密程度要求达到90%以上，土体受到震动压缩后其剩余变形非常小。

② 加固区的压缩变形 δ_2：充分考虑刚性桩处理高填方土体结构变形特性，加固区的沉降变形量按桩体压缩量和下刺入量之和表示。

③ 下卧层的压缩变形 δ_3：下卧层的压缩量仍按分层总和法计算，但用等效实体法计算下卧层的附加应力时应充分考虑等效实体的侧阻力。

5.3.1.2　基本理论假设

取大面积等间距群桩复合地基中某根桩及其周围影响面积内的桩周土体进行分析，为使问题进一步简化，假定：

① 忽略交通动荷载对地基固结变形的影响，用均布恒荷载 q_3 代替交通动荷载。

② 单桩影响面积上的路面结构荷载 q_2 和交通荷载 q_3 以集中均布力的形式作用于桩顶：

$$q_p(-h)A_p = A(q_3 + q_2) \tag{5.6}$$

式中　$q_p(-h)$——桩顶集中均布力；

A_P——桩体横截面面积；

A——桩体所对应（或所承担）的复合地基面积（$=ab$ 或 $\sqrt{3}\,a^2/4$）；

h——土体填方高度（从原地面到结构路面垫层底的高度）。

③ 高填方土体的梯形截面荷载简化为矩形截面荷载，考虑高填方土体内部的桩体和高填方土体的变形同步（同一水平面上的桩、土沉降相同）。无砂混凝土小桩为理想弹性体，即：

$$\varepsilon_p = \frac{\sigma_p}{E_p} \tag{5.7}$$

④ 复合地基加固区范围内桩体的侧摩阻力与桩土相对位移为理想弹塑性关系（图5.1）：

当 $\delta < \delta_u$ 时：$\tau = k\delta$　$(k = \tau_u/\delta_u)$

当 $\delta > \delta_u$ 时：$\tau = \tau_u$

⑤ 加固区范围内桩侧极限摩阻力 τ_u 随深度增长而保持不变；桩底反力均匀分布，且桩底土体符合 Winkler 地基的基本假设。

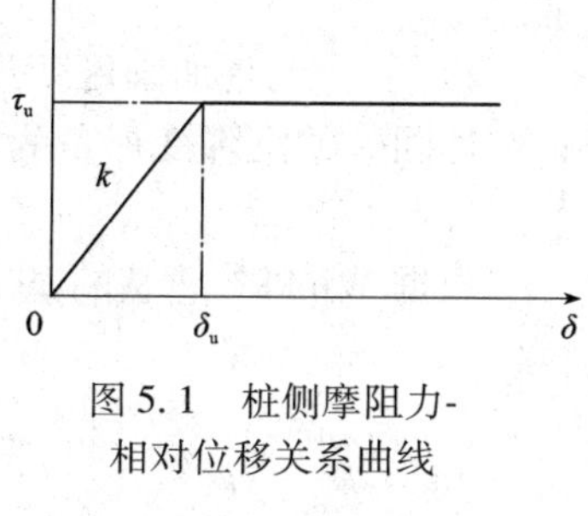

图5.1　桩侧摩阻力-相对位移关系曲线

5.3.1.3　基本方程及其解答

如图5.2、图5.3、图5.4，由基本假设，桩体弹性模量 E_p，横断面积 A_p，桩体长度 $h+l$（h：土体填方高度；l：加固区深度）。高填方土体的压缩模量 E_s，土体容重 γ_1，土体填方高度 h，路堤横断面上、下边宽度分别为 b_1 和 b_2，等效宽度为 b（$2b=b_1+b_2$）。建立如图5.3坐标系：以原地面为坐标原点，向右为 x 轴正向，向下为 y 轴正向。$q_p(y)$、$q_s(y)$ 表示 y 深度处的桩、土应力，$\delta_p(y)$、δ_p 分别表示加固区内 y 深度处的桩土相对位移和加固区桩体压缩量，m 为复合地基置换率。

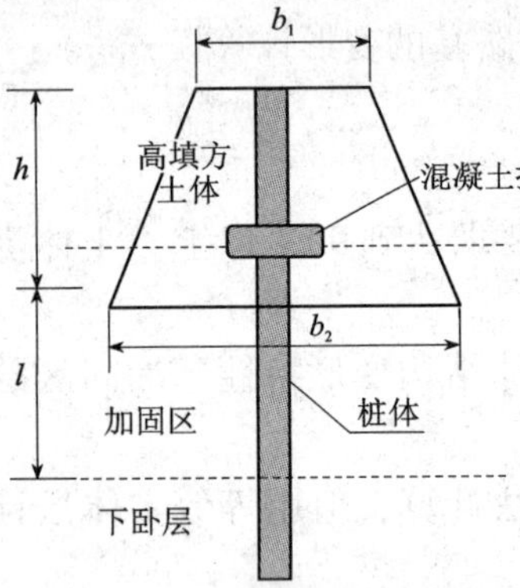

图5.2　高填方加固示意图

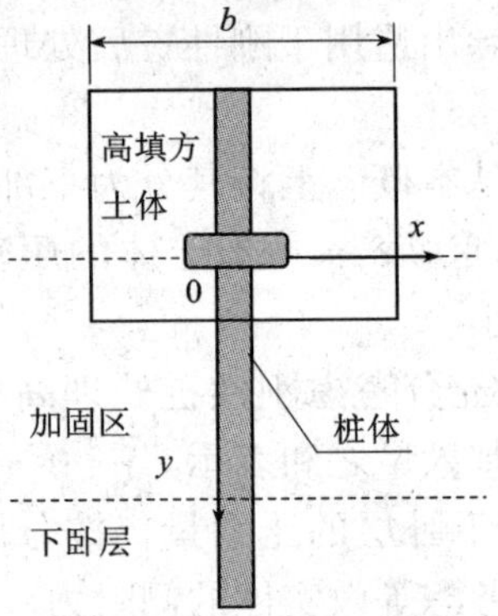

图5.3　高填方加固简图

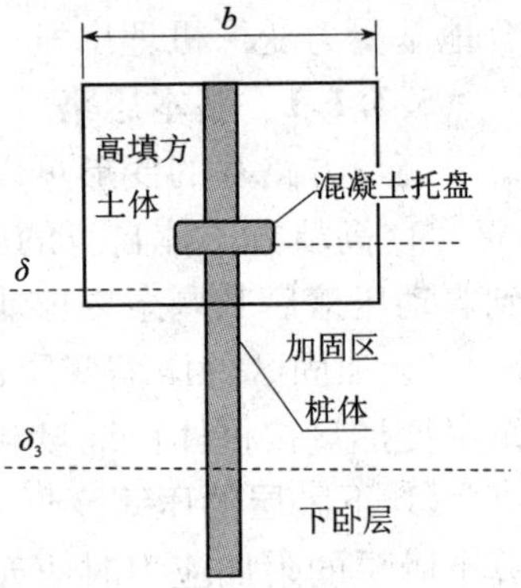

图5.4　高填方变形简图

1）填方土体自身的压缩变形 δ_1

由基本假设，桩土变形协调，有：$\delta_1=\Delta_p=\Delta_s$　(5.8)

又：填方内桩身压缩量
$$\Delta_p=\frac{q_p(0)+q_p(-h)}{2E_pA_P}\times h \tag{5.9}$$

填方土体压缩量
$$\Delta_s=\frac{q_s(0)+q_s(-h)}{2E_s(A-A_P)}\times h \tag{5.10}$$

$$q_p(-h)=(q_2+q_3)\times\frac{A}{A_P} \tag{5.11}$$

$$q_s(0)(1-m)+q_p(0)m=\gamma_1 h+q_3+q_2 \tag{5.12}$$

$$q_s(-h)=0 \tag{5.13}$$

所以：
$$q_s(0)=\frac{E_s(2q_2+2q_3+h\gamma_1)(1-m)}{m^2E_P+(1-m)^2E_s} \tag{5.14}$$

$$q_p(0)=\frac{m^2E_p(h\gamma_1+q_3+q_2)-(1-m)^2E_s(q_3+q_2)}{m^3E_p+m(1-m)^2E_s} \tag{5.15}$$

$$\delta_1=\frac{(h\gamma_1+q_3+q_2)h}{2[mE_pA_P+(1-m)(A-A_P)E_s]} \tag{5.16}$$

2）复合地基加固区变形 δ_2

加固区的沉降变形量为桩体压缩量和下刺入量之和，有：

$$\delta_2=\delta_p+\delta_p(l) \tag{5.17}$$

根据 Winkler 地基的基本假设，桩体向下刺入量为：

$$\delta_p(l)=\frac{q_p(l)-q_s(l)}{k} \tag{5.18}$$

k 为桩端土基床系数。

考虑桩土摩擦力为理想弹塑性关系，且桩土相对位移随土体深度线性增加，则要将桩土相对位移分为两种情况讨论：

① $\delta_p(l) < \delta_u$

对任意深度 y，桩体应力为：

$$q_p(y) = q_p(0) - \int_0^y \tau_p(a) u_p da \tag{5.19}$$

$$\tau_p(a) = \frac{a}{l}\delta_p(l)\frac{\tau_u}{\delta_u} \tag{5.20}$$

式中 u_p——桩体周长；

$\tau_p(a)$——深度为 a 处的桩土摩擦力。

若 $q_p(l) >> q_s(l)$，则（5.18）式变为：$\delta_p(l) = \dfrac{q_p(l)}{k}$ （5.21）

所以：
$$\delta_p(l) = \frac{q_p(0)}{k + u_p\dfrac{l\tau_u}{2\delta_u}} \tag{5.22}$$

桩体自身压缩量：

$$\delta_p = \int_0^l \frac{q_p(y)\mathrm{d}y}{E_pA_p} = \frac{q_p(0)\left[l - \dfrac{u_p l^2\tau_u}{12k\delta_u + 6u_p l\tau_u}\right]}{E_pA_p} \tag{5.23}$$

② $\delta_p(l) > \delta_u$

设深度 $y = t$ 时，有 $\delta_p(t) = \delta_u$。则

$$q_p(y) = \begin{cases} q_p(0) - \dfrac{u_p\tau_u y^2}{2l} & (y \leqslant t) \\ q_p(0) - \dfrac{u_p\tau_u t^2}{2l} - \tau_u u_p(y - t) & (y > t) \end{cases} \tag{5.24}$$

所以：
$$q_p(l) = q_p(0) - \frac{u_p\tau_u t^2}{2l} - \tau_u u_p(l - t) \tag{5.25}$$

由基本假设可得： $\dfrac{\delta_u}{t} = \dfrac{\delta_p(l)}{l}$， 则：$t = \dfrac{l\delta_u}{\delta_p(l)}$ （5.26）

综合式(5.21)、(5.25)、(5.26)有：

$$k[\delta_p(l)]^3 + [u_p\tau_u l - q_p(0)][\delta_p(l)] - l\delta_u\delta_p(l) + u_p\tau_u l\delta_u^2 = 0 \tag{5.27}$$

可求出 $\delta_p(l)$。

桩体自身压缩量：

$$\delta_p = \int_0^l \frac{q_p(y)\mathrm{d}y}{E_pA_p}$$

$$= \int_0^{\frac{l\delta_u}{\delta_p(l)}} \frac{q_p(0) - u_p\tau_u\dfrac{y^2}{2l}}{E_pA_p}\mathrm{d}y + \int_{\frac{l\delta_u}{\delta_p(l)}}^l \frac{q_p(0) - \dfrac{lu_p\delta_u^2}{2\delta_p(l)} - u_p\tau_u\left[y - \dfrac{l\delta_u}{\delta_p(l)}\right]}{E_pA_p}\mathrm{d}y \tag{5.28}$$

3）复合地基下卧层变形量 δ_3

由复合地基的变形分析可知，复合地基的作用主要是为了减小加固区土体的沉降变形，将附加应力向下传递，从而增加下卧层土体的压缩变形量。因此，对下卧层变形量的正确计算是复合地基变形计算的关键。

按分层总和法计算下卧层的沉降变形，合理地估算桩底附加应力是保证计算精度的关键。采用等效实体法计算下卧层的附加应力，考虑土体相对位移的大小对土体抗剪应力的影响，引入位移与剪应力的理想弹塑性关系模型，综合考虑上部荷载对下卧层的附加应力。

对于任意深度 y，由于桩土相对位移 $\delta_p(y)=\delta_s(y)-\delta_p'(y)$，对于刚性桩而言，其自身压缩量 $\delta_p'(y)$ 非常小，可以忽略不计。所以可近似认为从原地面到任意深度 y 的土体压缩量 $\delta_s(y)$ 随深度线性变化。

从反演分析的角度对下卧层的变形量进行分析（见图5.5）：

将附加应力按可能的大小分为二个区间进行讨论，由《建筑地基基础设计规范》GB 50007—2011 式（5.3.5）可知：

$$p_b=\frac{\delta_u}{\psi_s\sum_{i=n+1}^{m}\frac{1}{E_{si}}(z_i\overline{\alpha_i}-z_{i-1}\overline{\alpha_{i-1}})} \tag{5.29}$$

（1）当下卧层附加应力 $p\leqslant p_b$ 时，可以认为：①加固区土体抗剪应力发展在完全弹性阶段，此时原地面 $y=0$ 处土体变形 $\delta(0)=\delta_2+\delta_3\leqslant\delta_u$，加固区内任意深度土体抗剪应力 $\tau(y)\leqslant\tau_u$；②加固区土体抗剪应力发展处于弹塑性阶段，此时原地面深度 $y=0$ 处土体变形 $\delta(0)=\delta_2+\delta_3>\delta_u$，原地面深度 $y=l$ 处土体变形 $\delta(l)=\delta_3<\delta_u$。加固区内某一深度 $y=a$ 处土体沉降变形 $\delta(a)=\delta_u$，当土体深度 $y\leqslant a$ 时土体抗剪应力 $\tau(y)=\tau_u$。

（2）当下卧层附加应力 $p>p_b$ 时，可以认为加固区土体抗剪应力发展在完全塑性阶段，此时 $y=l$ 深度处土体变形 $\delta(l)=\delta_3\geqslant\delta_u$，加固区内任意深度土体抗剪应力 $\tau(y)=\tau_u$。

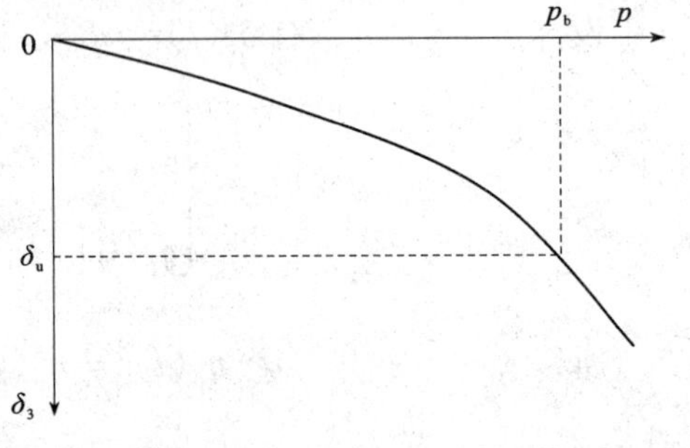

图5.5　下卧层变形示意图

根据上述的两种情况对下卧层土体沉降变形进行分析：

① 若下卧层附加应力 $p\leqslant p_b$，且 $\delta(0)=\delta_2+\delta_3\leqslant\delta_u$，则 $\delta_3\leqslant\delta_u-\delta_2$，附加应力可表示为：

$$pb=\gamma_1bh-\int_0^l\frac{\tau_u}{\delta_u}\left(\delta_3+\delta_2\frac{l-y}{l}\right)\mathrm{d}y \tag{5.30}$$

所以

$$p=\gamma_1h-\frac{\tau_u}{b\delta_u}\left(\delta_3l+\frac{\delta_2l}{2}\right) \tag{5.31}$$

根据应力影响深度（附加应力等于自重应力的10%）分层总和计算变形量，有：

$$\delta_3 = \psi_s \sum_{i=1}^{n} \frac{p}{E_{si}}(z_i \overline{a_i} - z_{i-1} \overline{a_{i-1}}) \tag{5.32}$$

② 若下卧层附加应力 $p \leqslant p_b$，且 $\delta(0) = \delta_2 + \delta_3 > \delta_u$、$\delta(l) = \delta_3 < \delta_u$，附加应力可表示为：

$$pb = \gamma_1 hb - 2\int_0^{\left(1-\frac{\delta_u-\delta_3}{\delta_2}\right)l} \tau_u \mathrm{d}y - \int_{\left(1-\frac{\delta_u-\delta_3}{\delta_2}\right)l}^{l} \frac{\tau_u}{\delta_u}\left(\delta_3 + \delta_2 \frac{l-y}{l}\right)\mathrm{d}y \tag{5.33}$$

③ 若下卧层附加应力 $p > p_b$，则 $\delta_3 \geqslant \delta_u$，附加应力可表示为：

$$pb = \gamma_1 hb - 2l\tau_u \tag{5.34}$$

所以

$$p = \gamma_1 h - \frac{2l\tau_u}{b} \tag{5.35}$$

根据应力影响深度（附加应力等于自重应力的10%）按式（5.32）计算变形量。

由式(5.30)~式（5.35）可知，复合地基下卧层变形量 δ_3 的计算要结合地区工程经验，编制计算流程图，在计算机上实现。

5.3.2 后处理软土高填方路基变形的简便计算

上节已详细推出了刚性桩后处理路基的变形计算过程，针对无砂混凝土小桩的技术特点，在处理软土路基时有一个土体预压固结过程，使软土的固结沉降明显提前，工后沉降量大大减小。考虑加固区土体在外荷作用下完全固结而下卧层土体未进行固结的理想条件，则高等级公路的工后沉降可用下式估算：

$$s = \psi_s\left[\sum_{i=1}^{n} \frac{q_2 + q_3}{E_{spi}}(z_i \overline{\alpha_i} - z_{i-1} \overline{\alpha_{i-1}}) + \sum_{i=n+1}^{m} \frac{q_2 + q_3 + q_1}{E_{si}}(z_i \overline{\alpha_i} - z_{i-1} \overline{\alpha_{i-1}})\right] \tag{5.36}$$

式中 $E_{spi} = (1-m)E'_{si} + mE_p$，$E'_{si}$——地基土体固结及注浆加固后的变形模量。

5.4 本章小结

本章简单介绍了高填方路基的变形分析及一些变形预测的数学新方法，根据路基处理的施工顺序、变形机理及变形发展过程不同，将路基处理方法分为先处理法、过程处理法和后处理法，并对先处理法和后处理法的变形进行了对比分析。最后，提出了适用于无砂混凝土小桩后处理高填方路基的变形计算方法。

第6章　高填方路基变刚度后处理技术

6.1　变刚度复合地基技术

6.1.1　变刚度复合地基研究

带裙房的高层建筑物的主楼和裙房间的不均匀沉降是一种普遍现象，以增加用桩量、桩长、桩径和筏板厚度来控制建筑的差异沉降会造成不必要的浪费，也加剧了筏底反力、桩顶反力分布的不均匀性和基础底板的内力，以及上部结构的次生应力，使沉降差和整体倾斜进一步恶化，甚至危及建筑的正常使用。为了解决此类问题，人们提出了变刚度思想。

近年来，随着复合地基理论的发展，特别是桩式复合地基在调动桩间土体承载性能和改善差异沉降等方面的研究，使得桩承式复合地基形式在地基处理方面得到了广泛的应用。

从最初桩基的变刚度设计，到目前复合地基的变刚度设计，人们对变刚度思想有了更加深刻的认识，从使用情况来看，在建筑地基处理方面，采用桩承式复合地基的形式，应用已经较为广泛，变刚度设计思想，已经得到广泛的认可，并进行了成功的应用。针对建筑基础变刚度的理论研究也相对较多，

刘金砺，迟铃泉[118]提出桩、土相互作用修正计算模型，应用于高层建筑地基、基础与上部结构共同作用计算；提出共同作用变刚度调平优化设计的概念与方法。陈龙珠，梁发云[119]分析了变刚度复合地基处理方案对基础主要工程特性的影响，并提出变刚度处理的优化设计原则。乔京生，步启军，马卫华等[120]采用模型试验和数值模拟的方法，讨论了实现变刚度复合地基的方式，认为改变桩长的方法是实现变刚度的最佳选择。乔京生，周红星，袁则循[121]通过模型试验，认为采用变刚度复合地基可以很好地减小差异沉降，对变刚度复合地基的力学性状进行了研究。张武，高文生[122]采用模型试验方法研究了变刚度复合地基的承载特征、沉降分布、变形影响范围、桩土荷载分担比及基桩荷载传递特性。

从以上工程实例及理论研究来看，目前对于复合地基变刚度思想的应用主要集中于刚性基础下的变刚度设计，此类复合地基计算理论（沉降、承载力计算和稳定性分析）主要是建立在以下三个假设之上[123]：基础为刚性，基底处桩与桩间土的竖向变形协调；在竖向荷载作用下桩与桩间土之间没有侧向挤压作用，都不发生侧向变形；复合地基土内部任一水平截面上桩与桩间土的竖向压缩变形相同。

对于公路路基，由于不存在筏板，属于柔性基础，与刚性基础相比，两种地基在应力分布，变形沉降规律方面存在巨大的差异。路堤荷载作用下的复合地基中，桩体会刺入填方路堤，导致复合地基中桩、桩间土的沉降不一致，桩土接触界面存在相对滑移，不再满

足上述变形协调假设。因此若把现行理论直接应用于诸如高速公路路堤、堤坝工程中的复合地基计算，则计算值与工程观测值差异较大[197]。

这决定了在路堤荷载下的变刚度处理与刚性基础下的变刚度处理，存在较大的不同，目前在该方面的研究主要集中在长短桩复合地基方面。

鲁绪文[124]将刚柔性长短桩复合地基技术应用于路堤下的深厚软基处理中。对长短桩复合地基沉降、孔压消散、深层水平位移、桩土应力比等特性进行了分析。范跃武，周同和，范永丰等[125]通过现场试验，研究柔性基础条件下刚性桩复合地基的工作性状。杨庆光，刘杰，张可能，何杰[126]通过水泥土长短桩复合地基承载特性试验，探讨了复合地基桩土应力比及其变化规律。郭院成，李明宇[127]理论推导了柔性基础下刚性长短桩复合地基桩土应力比的解析公式，并通过柔性基础下长短桩4桩现场静载荷试验测得的桩土应力比结果对公式进行了对比验证。凌华才，鄂海清，李勇泉等[128]运用Plaxis程序，分析了软土地基上采用长短桩复合地基加固的高速公路拓宽工程。

以上对于柔性荷载下桩体复合地基的研究，主要集中在先处理阶段，对于后处理阶段的复合地基的工作性状研究还比较少。

6.1.2 变刚度后处理技术机理分析

高填方路基填筑过程中，可能使饱和土体内的自由水难以及时排出，产生超静水压力，导致固结过程延长，工期滞后，并产生较大的工后沉降变形；对路基进行后处理，则可能导致过大的施工难度和费用。将先处理与后处理合理组合处理高填方路基，以复合地基承载力设计准则确定先处理水平要求，以路基填筑完成后的固结度设计准则确定预填方高度及后处理水平要求。由此可充分发挥先处理和后处理的技术优势，同时满足高填方路基对承载力和后期沉降变形的设计要求。

先处理阶段，对路基的处理主要是要求保证在增加填土高度，为后期后处理阶段提供准备，堆载荷载的计算，按照柔性基础上梯形荷载来计算。

根据伦度列克及亨开尔实验建立的正常固结黏土的三轴应力条件，建立了孔隙比与孔隙水应力之间的关系。实验关系表明，对于饱和黏土来说，破坏时有效应力强度包线，以及有效应力与含水量的关系都是唯一的。土体的强度与其含水量（孔隙比）具有相对应的关系。

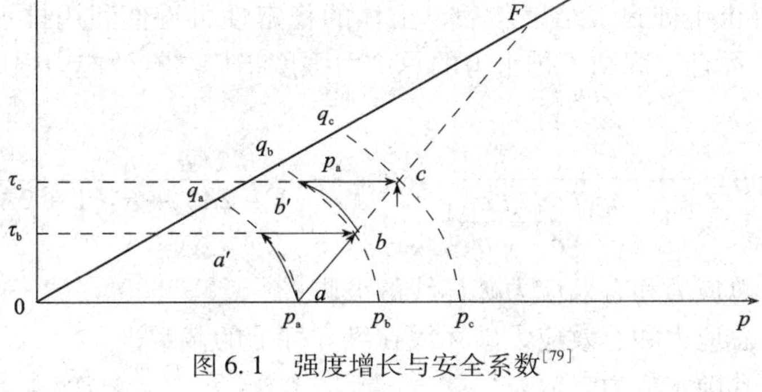

图6.1 强度增长与安全系数[79]

如果定义土体的安全系数为：

$$F = \frac{q}{\tau} \tag{6.1}$$

其中 q——土体的极限偏应力；

τ——土体中的实际剪应力。

由图6.1所示，在先处理阶段，随着填土的增加安全系数越来越小，填土过程中：

$$F_1 = \frac{q_a}{\tau_b} \tag{6.2}$$

当填土使得土体抗剪强度发挥至 K_f 线 q_a 时，土体发生破坏。实际工程中为了保证施工安全，需要安全系数大于1。如果在施工到一定阶段，进行路基的后处理，经过土体的排水固结土体强度有所提高，此时的安全系数为：

$$F_2 = \frac{q_b}{\tau_b} \tag{6.3}$$

从图6.1的几何关系可知 $F_2 > F_1$，也就是说经过无砂混凝土小桩后处理之后路基的安全系数将显著提高。

在无砂混凝土小桩施工结束之后，继续进行路基的填方施工，此时的安全系数为：

$$F_3 = \frac{q_b}{\tau_c} \tag{6.4}$$

当填土达到设计路堤高度后，随着时间的增长，后填方过程中产生的超孔隙水压力逐渐消散，最终达到的安全系数为：

$$F_4 = \frac{q_b}{\tau_c} \tag{6.5}$$

通过以上分析可知，采用无砂混凝土小桩进行后处理施工时，可以利用先填土体的自重作用，对路基部分土体进行压密，此时的排水条件不是很好，会产生部分超孔隙水压力，当达到预定的先处理高度，再进行小桩的成孔和投石施工，创造较好的排水路径，并在后期进行水泥浆的灌注，水泥浆凝固后形成竖向增强与土体共同构成复合路基。

路基快速填方时，采用的土体指标为不排水剪强度（总应力强度指标），如果排水条件较好或采用较好的排水处理措施，可采用排水剪强度指标（有效应力强度指标）进行计算，在无砂混凝土小桩施工结束之后，土体的稳定性可近似利用排水强度指标进行估算。根据有效应力原理，固结不排水剪的总应力强度指标与有效应力强度指标之间的关系如图6.2所示。

$$\tan\beta' = \frac{1}{1 - 2A\left(\dfrac{\sigma_1 - \sigma_3}{\sigma_1 + \sigma_3}\right)}\tan\beta + \frac{2(a - a')}{\sigma_1(1 - 2A) + \sigma_3(1 + 2A)} \tag{6.6}$$

式中 β，β'——总应力和有效应力破坏线的坡脚；

a，a'——总应力和有效应力破坏线在纵坐标上的截距；

A——孔隙水应力参数。

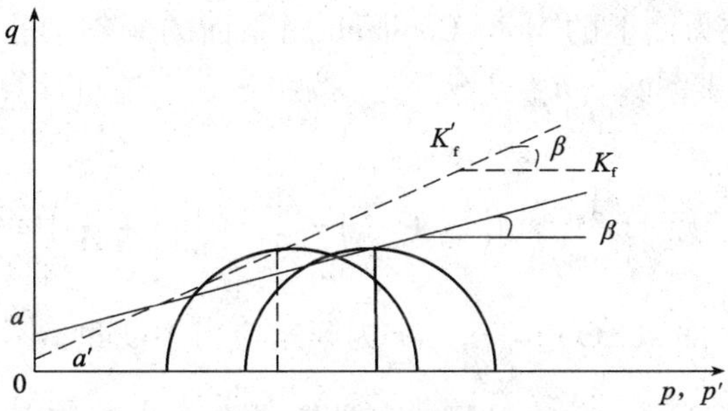

图 6.2　总应力强度与有效应力强度指标

考虑到先处理和后处理各自的优缺点，采用组合方式，以取得最大的经济和社会效益，达到减小沉降，提高安全性的目的。在路基填筑之前，根据计算，先对路基进行预处理，使得上部桩体分担部分荷载，并按照一定的比例将土体应力向深层的土体传递，使得整体上的土体应力分布更加均匀，且应力数值相对减小。通过不同路基土体的参数计算可以设计一个较为合理的先填土高度，以最大可能地利用自重来增加后处理的预压效果。后续填土时，前期超孔隙水压力已经基本消散完毕，土体的强度和密实度都有很大的提高。前处理阶段，土体得到加强，后处理阶段，土体将得到二次加强。路基先后处理组合的应力路径如图 6.3 所示。

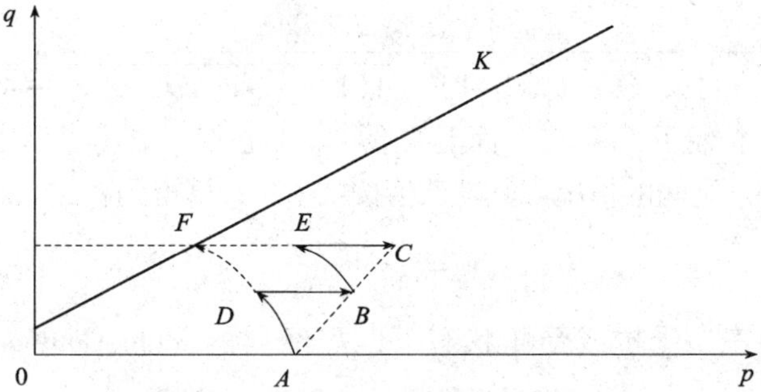

图 6.3　路基先后处理组合的应力路径

6.2　变刚度高填方路基后处理过程的数值模拟

土体的弹塑性本构模型将总体变形分为弹性变形和塑性变形两部分，假定弹性部分服从胡克定律，塑性变形部分则使用塑性理论来解决。塑性变形的计算需要基于三个方面的假定：破坏准则和屈服准则、硬化规律以及流动法则。目前各种弹塑性模型的不同之处主要出自对上述假设不同。现对后续分析中将要用到的土的本构模型进行简要的阐述如下：

1）摩尔-库伦（Mohr-Coulomb）模型：

Mohr-Coulomb 模型主要应用于单调荷载下以颗粒结构为特征的材料，如土体，与率变化无关。

弹性阶段必须是线性的和各向同性的，其屈服方程为：

$$F = R_{mc}q - p\tan\varphi - c = 0 \tag{6.7}$$

其中，φ 是 $p-q$ 应力面上的Mohr-Coulomb屈服面的倾斜角，即材料的摩擦角，$0°\leqslant\varphi\leqslant90°$，$c$ 为材料的黏聚系数，R_{mc}（Θ，φ）按照式3.2进行计算，其控制了屈服面在π平面的形状。

$$R_{mc}=\frac{1}{\sqrt{3}\cos\varphi}\sin\left(\Theta+\frac{\pi}{3}\right)+\frac{1}{3}\cos\left(\Theta+\frac{\pi}{3}\right)\tan\varphi \tag{6.8}$$

其中，Θ 为极偏角，$\cos(3\Theta)=\frac{r^3}{q^3}$，$r$ 为第三应力不变量。

在Mohr-Coulomb模型中，实质上假定由黏聚力系数来确定其硬化，黏聚系数可以是塑性应变，温度或场变量的函数，其硬化是各向同性的。

传统的Mohr-Coulomb模型中，屈服面存在夹角，如果采用相关流动法则，将会在尖角处出现塑性流动方向不是唯一的现象，导致收敛上的难度，ABAQUS中采用椭圆函数作为其形状。认为流动势 G 为应力空间子午线平面上的双曲函数，Menelrey和Willam（1995）年建议为光滑的椭圆函数：

$$G=\sqrt{(\varepsilon c|_0\tan\psi)^2+(R_{mw}q)^2}-p\tan\psi \tag{6.9}$$

其中　$c|_0$——材料的初始黏聚力；

ψ——膨胀角；

ε——子午线的偏心率，控制了 G 的形状变化。ABAQUS中默认为 $\varepsilon=0.1$。

$$R_{mw}=\frac{4(1-e^2)\cos^2\Theta+(2e-1)^2}{2(1-e^2)\cos\Theta+(2e-1)\sqrt{4(1-e^2)\cos\Theta^2+5e^2-4e}}R_{mc}\left(\frac{\pi}{3},\varphi\right) \tag{6.10}$$

R_{mw}（Θ，e，φ）控制了 G 在π平面上的形状。偏心率 e 描述了介于拉力子午线（$\Theta=0$）和压力子午线（$\Theta=0$）之间的情况。其默认值按式3.5计算得到：

$$e=\frac{3-\sin\varphi}{3+\sin\varphi} \tag{6.11}$$

ABAQUS允许在三向受拉或受压状态下匹配经典的Mohr-Coulomb模型。允许 e 在以下的范围内变化：

$$0.5<e\leqslant1.0 \tag{6.12}$$

如果直接定义 e，则ABAQUS仅仅在三向受压的情况下与经典的Mohr-Coulomb准则匹配，此时仍是非关联流动。

ABAQUS中的Mohr-Coulomb模型可以考虑屈服面大小的变化（硬化或软化），通过控制黏聚力的大小来实现。这时需要输入 c 与等效塑性应变之间的变化关系。

2）土体固结沉降分析理论

ABAQUS中提供了流体渗透/应力耦合分析类型，ABAQUS土体的力学性质通过有效应力来实现，液体的渗透采用Forchheimer渗透定律。

其有效应力公式如下：

$$\bar{\sigma}=\sigma+(\chi u_w+(1-\chi)u_a)I \tag{6.13}$$

其中　σ——总应力；

$\bar{\sigma}$——有效应力；

χ——由实验测定，ABAQUS中将其简化为饱和度。

其渗透系数 $\bar{k}$ 定义为：

$$\bar{k} = \frac{k_s}{(1 + \beta \sqrt{v_w v_w})} k \tag{6.14}$$

其中 k——饱和土渗透系数；

v_w——流体的速度；

β——反映速度对渗透系数影响的系数，当 $\beta = 0$ 时 Forchheimer 渗透定律简化为达西定律；

k_s——与饱和度有关的参数，当饱和度为 1.0 时，k_s 为 1.0，ABAQUS 中默认 $k_s = S_r^3$，反映了非饱和土渗透系数与饱和土渗透系数的区别。

使用有限元进行固结计算时，时间步长的选取很重要，涉及计算效率的问题，如果时间增量步 Δt 的选取太小，方程可能出现病态矩阵，造成计算无法收敛，如果初期选择太大则可能使得初期的计算误差较大。对于饱和与非饱和流动 Δt 的选择存在一定的差异性。

对于完全饱和流动：

$$\Delta t > \frac{\gamma_w (1 + \beta v_w)}{6Ek} \left(1 - \frac{E}{K_g}\right)^2 (\Delta l)^2 \tag{6.15}$$

其中 γ_w——流体重度；

E——杨氏模量；

k——土体的渗透系数；

v_w——流体的流速；

β——Forchheimer 流动法则的速度系数；

K_g——土体的体积模量；

Δl——典型单元尺寸。

对于非饱和流动：

$$\Delta t > \frac{\gamma_w n^0 (1 + \beta v_w)}{6k_s k} \frac{\mathrm{d}s}{\mathrm{d}u_w} (\Delta l)^2 \tag{6.16}$$

其中 k_s——饱和度-渗透系数相关关系；

$\frac{\mathrm{d}s}{\mathrm{d}u_w}$——饱和度与孔压的比率；

n^0——材料的初始孔隙率；

其他参数同前。

土体初始状态由 Geostatic 分析步来实现，通过设定初始应力和重力相平衡，不产生位移，以模拟土体的天然状态，初始应力的设置可以参考下式进行计算：

$$\frac{\mathrm{d}\,\bar{\sigma}_{zz}}{\mathrm{d}z} = \rho_d g - \gamma_w \left(S_r (1 - n^0) - \frac{\mathrm{d}S_r}{\mathrm{d}z} (z_w^0 - z) \right), z < z_1^0 \tag{6.17}$$

$$\frac{\mathrm{d}\,\bar{\sigma}_{zz}}{\mathrm{d}z} = \rho_d g, z > z_1^0 \tag{6.18}$$

其中 ρ_d——土体的干密度；

g——重力加速度；

n^0——土体的初始孔隙率；

γ_w——水的密度；

S_r——饱和度；

z_w^0——自由水面的高程；

z_1^0——干土和部分饱和土分界处的高程。

对于十分复杂情况，可以计算重力作用下模型的应力，然后将该应力作为初始应力场加到模型中进行简化处理。

6.2.1 实例模型的建立

以阿深线扶项高速公路阜新铁路桥、赵黄公路立交、驸马沟中桥北端填方路基的施工为背景，对相关参数进行调整，建立不同处理方法下的有限元分析模型，采用有限元软件ABAQUS进行计算分析。

模型参数 表6.1

土层	分层厚度（m）	湿密度（g/cm³）	干密度（g/cm³）	压缩模量（MPa）	泊松比	黏聚力 c（kPa）	内摩擦角 φ	渗透系数（m/s）
①亚黏土	6.20	2.04	1.64	5.37	0.30	35	10.4	1×10^{-9}
②亚黏土	4.80	2.05	1.65	4.90	0.35	38	20	1×10^{-9}
③砂土	3.50	1.97	1.59	7.70	0.25	3	30	1×10^{-4}
④亚黏土	8.00	2.00	1.60	9.00	0.30	40	20	1×10^{-9}
⑤亚砂土	5.00	2.10	1.71	9.50	0.25	38	23	1×10^{-6}
⑥粉砂	4.50	1.96	1.63	12.00	0.30	38	25	1×10^{-5}
⑦亚砂土	3.40	2.01	1.60	14.00	0.25	30	19	1×10^{-5}
填土	6.8	—	1.85	15.00	0.30	40	32	—
无砂混凝土小桩	—	—	2.40	25500	0.2	—	—	—
粉喷桩	—	—	2.00	200	0.25	—	—	—

如图6.4所示路基施工如下：路基施工无砂混凝土小桩之前，已进行喷粉桩处理并进行了4.8m填土，之后进行无砂混凝土小桩的施工，并完成最后2m的路堤填方。最终路堤顶部宽28m，路基边坡坡率为1：1.5，路基压实采用重型压实标准，严格按照《公路工程技术标准》JTGB 01—2003执行。粉喷桩桩长8.5m，桩径500mm，采用正方形布置，桩间距1.5m，固化剂采用42.5号普通硅酸盐水泥，水泥用量55kg/m左右。桩身水泥土强度90天龄期无侧限抗压强度不低于1.6MPa。处理路段长度为24m，无砂混凝土小桩施工时道路宽34m，无砂混凝土小桩设计桩径 $d=150$mm，桩长9m，布桩间距1.5m，采用正方形布置。

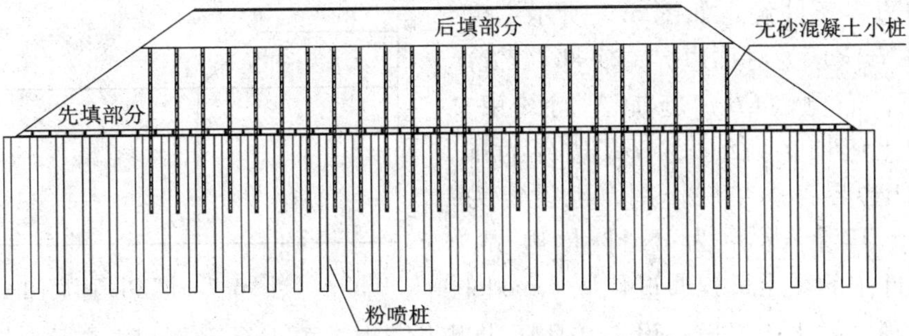

图6.4　高填方路基变刚度后处理计算模型

6.2.2　有限元模型

建立数值模型进行分析，以分析无砂混凝土小桩后处理技术在进行填方路基处理时的减小总体沉降和控制工后沉降的特点。

本模型参考赵黄公路立交桥头段路基处理形式，如图6.5所示，由对称性，建立1/2模型进行简化分析。

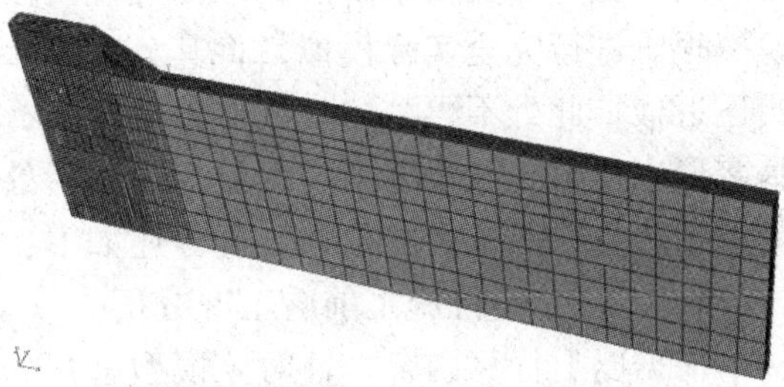

图6.5　路基变刚度处理的有限元模型

土体材料采用 Mohr-Columb 弹塑性本构模型，粉喷桩、无砂混凝土小桩材料采用弹性本构模型。除路堤填土之外，所有土体均考虑孔隙率，渗透作用，填土部分土体不考虑孔压的变化，其余土体考虑。

模型水平方向取121m，深度方向取35.4m。填方分为两个阶段，第一阶段为先处理阶段，填方按照初次进行0.3m，之后每次进行0.5m，填方高度到4.8m，每次填方持续时间为1.2月，模型先处理阶段的荷载-时间曲线如图6.6所示；第二阶段，对于进行无砂混凝土小桩后处理的情况，将进行小桩施工，将在计算中考虑排水作用，其他两种处理方式不考虑此种情况，直接进行下一步填方施工，每次填方时间持续时间为1个月，直到填方至6.8m时结束。在填土结束之后，考虑路面荷载，将在路面施加10kPa的均布荷载。

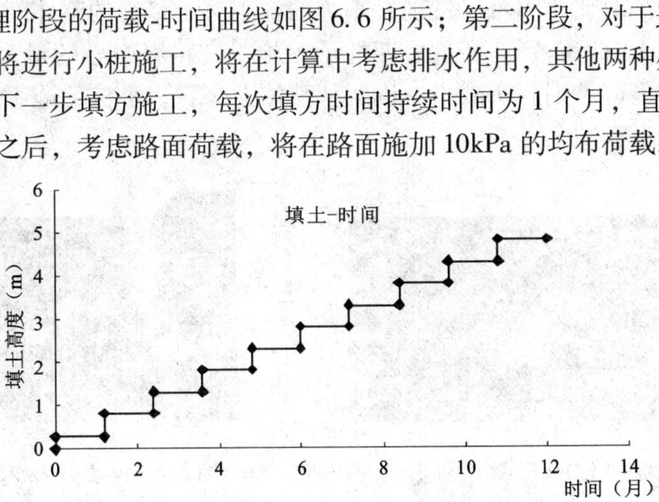

图6.6　先处理阶段填土高度-时间曲线

模型的边界条件设定如图6.7所示：模型左侧边界（*AF*）为对称边界，底部（*FB*）为固定约束，右侧（*EH*）施加*X*向约束，模型前后面上施加*Y*向约束；*DE*边界为排水边界，*CD*边界考虑垫层作用，也设定为排水边界，其余边界为不排水边界。ABAQUS软件中的填土过程通过代码＊model change来实现，排水边界通过设定0孔压边界来实现。填土至4.8m时进行小桩施工模拟分析，按照施工经验，排水时间按照3天时间来进行。

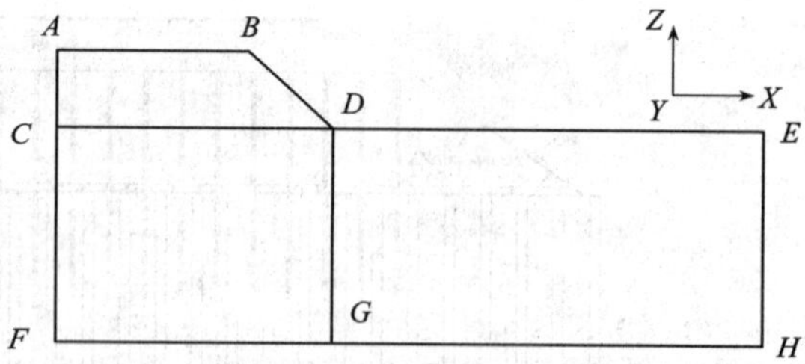

图6.7　模型断面简图

6.2.3　数值模拟计算结果分析

本节将就高填方路堤变刚度后处理施工过程中的位移、应力及超孔隙水压力以及复合地基增强体进行计算分析。

由于施工分为两个阶段，即前处理阶段和后处理阶段，考虑具体的施工方法，有限元模拟很难进行完全实际模拟，将其分为两个阶段进行分别模拟。两个模型的几何参数与前所述近似，此处不再赘述。具体分析内容，将就所关心的参数进行。前处理阶段主要为路基变形以及超孔隙水压力的发展变化，后处理阶段主要考察无砂混凝土小桩的轴向应力，桩侧摩阻力以及桩顶的位移。现分述如下：

6.2.3.1　小桩施工前后工况分析

根据以上计算内容，针对该模型进行分析，以研究不同处理方式对路堤变形的影响，为了表示上的直观，以下内容的横截面断面取路堤中心截面。

1）路堤竖向变形

图6.8为路堤填方至无砂混凝土小桩施工期的竖向变形云图，图6.9为小桩施工结束后的竖向位移云图。对比两图可以发现，小桩的施工对于路堤的整体变形影响在分布轮廓线上近似，在数值上有所差别。经过短期的小桩施工，路堤中心的最大沉降量有所增加，而路基外侧的最大隆起量则有所减小。说明从整体上来看，小桩的施工对路堤的整体稳定及加速固结沉降是有利的。

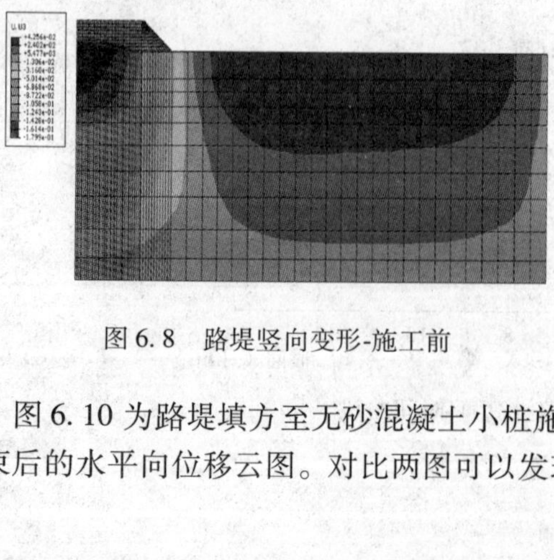
图6.8　路堤竖向变形-施工前

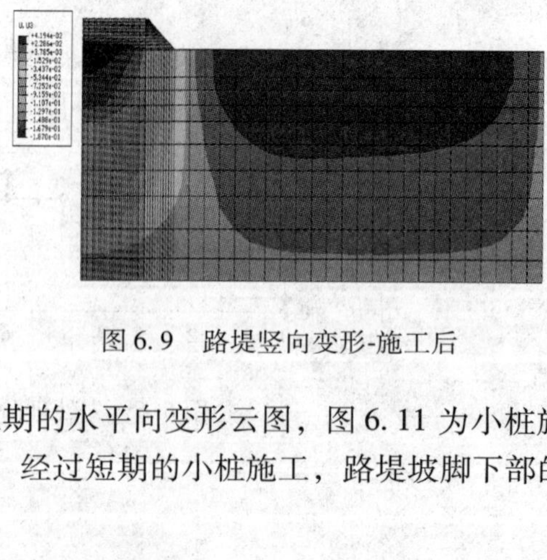
图6.9　路堤竖向变形-施工后

图6.10为路堤填方至无砂混凝土小桩施工期的水平向变形云图，图6.11为小桩施工结束后的水平向位移云图。对比两图可以发现，经过短期的小桩施工，路堤坡脚下部的最

大水平位移量有所减小，而路堤路肩的最大侧移量却有所增加。这主要是由于孔压的消散，造成路基中心区域的沉降引起的，与图6.8和图6.9所示相对应。

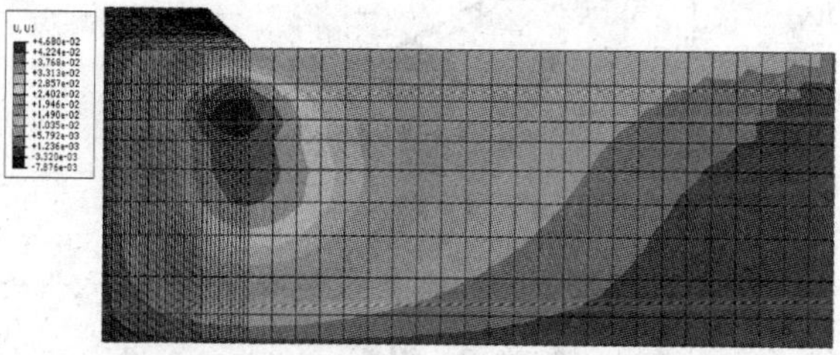

图6.10 路堤水平向变形-施工前

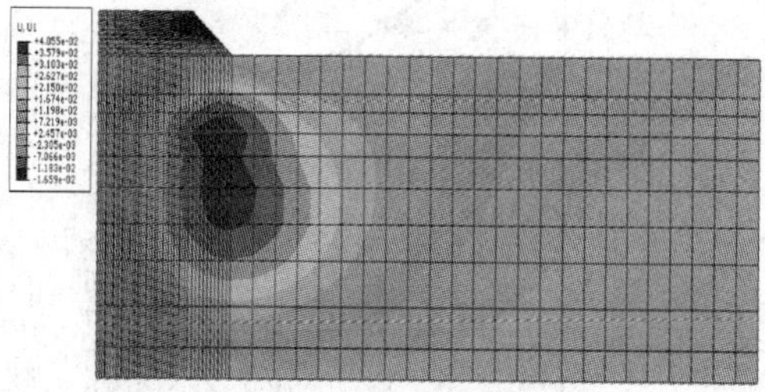

图6.11 路堤水平向变形-施工后

2）超孔隙水压力

路堤在填土过程中，会使桩间和下卧层的土体受到压缩，由于排水条件不畅，产生超静孔隙水压力，如图6.12所示。对于坡脚部位，由于其所受路堤上部荷载较小，在路堤填土过程中产生的超孔隙水压力较小。小桩成孔、投石阶段，路堤填方过程中产生的超孔隙水压力迅速消散。

3）粉喷桩受力分析

从计算结果来看，两排粉喷桩对应位置处桩体的受力变形完全一致，符合对称要求，为了分析上的方便，取单排进行分析，将粉喷桩自路基中心向外进行由小到大编号，一共16根，如图6.13所示。

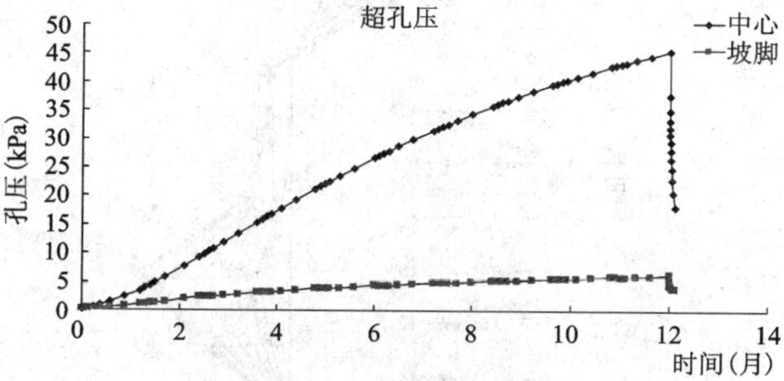

图6.12 超孔隙水压力

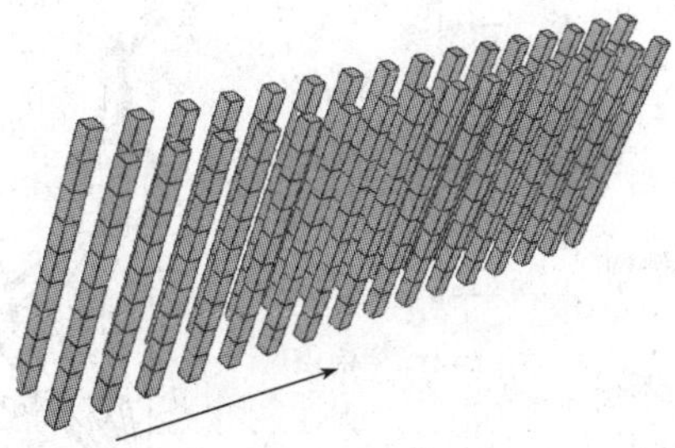

图6.13 粉喷桩布置

如图6.14（a）、图6.15（a）所示，从粉喷桩的轴向和侧向应力分布来看，桩体的应力最大值处于桩体上部1/3处，桩体的上部主要承受土体的负摩阻力，主要原因是土体和粉喷桩之间刚度相差比较大，造成土体的位移大于桩体的位移，从而对桩体产生下拉的趋势。在桩体1/3位置下部负摩阻力逐渐消失，桩体的承载力得到发挥，在桩体下部正的摩阻力也较小，主要原因是桩端部分的轴向应力已经趋于稳定，并逐渐衰减。从图6.14（b）中可以发现，在经过后处理之后，粉喷桩的轴向应力变化不大，从图6.15（b）桩体的侧摩阻力有较小的增加，变化也不是很明显。

从不同位置处桩体的应力水平发挥来看，由于上部路堤荷载的分布所致，路基中心部分的承载力发挥较大，路基边缘的桩体承载力刚刚发挥，沿桩身的应力分布变化不大。

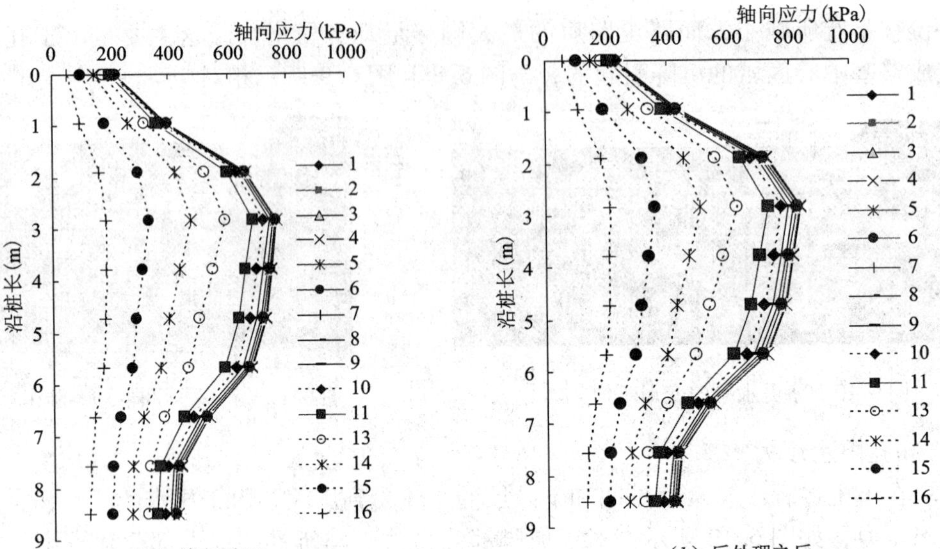

（a）填方至4.8m　　（b）后处理之后

图 6.14　粉喷桩轴向应力

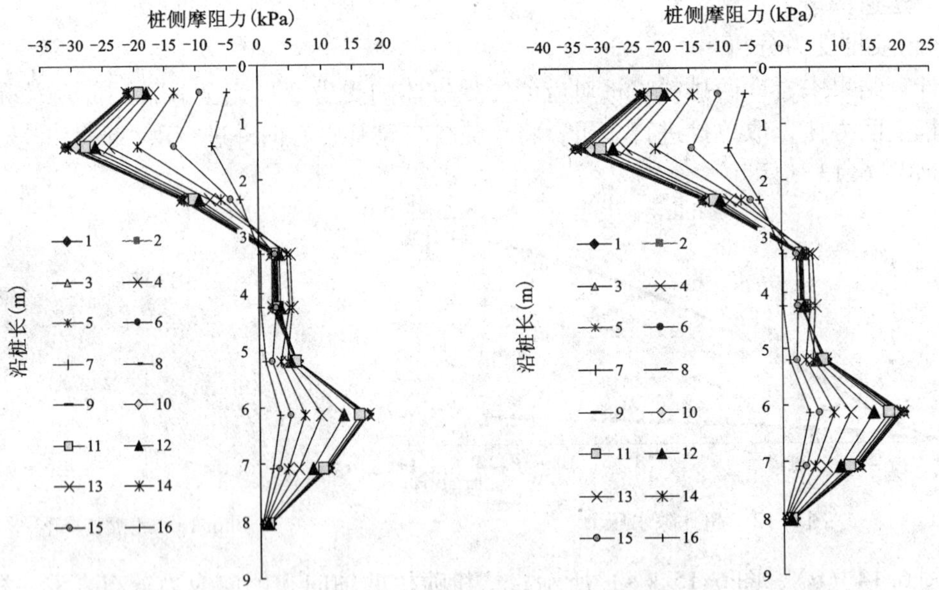

（a）填方至4.8m　　（b）后处理之后

图 6.15　粉喷桩桩侧应力

6.2.3.2　后处理阶段工况分析

进行小桩施工（持续1个月时间）结束之后，继续进行下一步的填土，按照每次0.5m共进行4次，填方至6.8m时结束。填方结束后在路堤顶面施加10kPa的路面荷载。

对于后续的分析，由于初始条件的复杂性，如初始应力、初始孔压、初始位移，造成后续分析很难与之前的分析进行完美的结合，考虑到实际工程情况，以及所研究的主要对象，后续分析将独立进行。

后续计算基于如下假定进行：无砂混凝土小桩和粉喷桩按线弹性体计算；土体符合摩

尔-库伦弹塑性本构关系；不考虑初始条件与前述模型的衔接问题；不考虑时间因素，仅仅进行力学上的模型分析。基于上述假定计算可以得到新填土部分对于路堤产生的影响，以下分析为小桩施工后，填土以及后期考虑交通荷载作用所产生的附加作用。

1）无砂混凝土小桩受力变形分析

为了分析的方便，如图6.16所示，将无砂混凝土小桩自路基中心向外进行由小到大编号，一共12根（下同）。

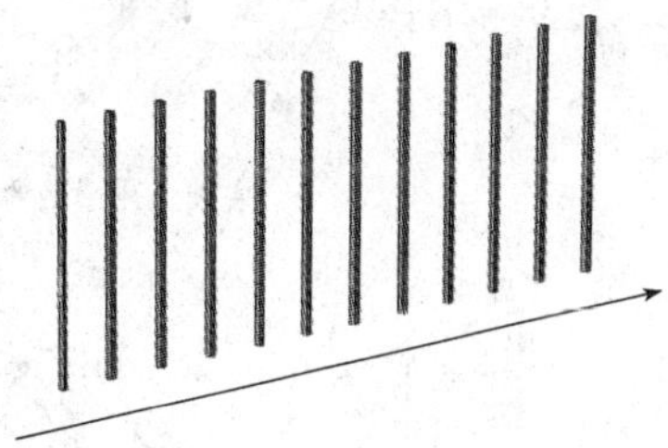

图6.16　粉喷桩布置

轴向应力图的分布，如图6.17所示，从图中可以发现，在路基中心部分桩体的应力水平及变化相差不大，而最后三排小桩的应力水平衰减迅速。

图6.18为各小桩桩侧摩阻力的分布情况，可以发现在小桩的上部出现较大范围的桩侧摩阻力，就其范围来说，从路基中心到路基边缘，其负摩阻力数值有所增大，但是其范围变化不大，其原因跟路基的整体沉降差异有关，在图6.21小桩桩顶沉降上有所显示。同样，对应于轴向应力水平，小桩的侧摩阻力在路基边缘部分的三根桩体，衰减较快。

加载结束时小桩的轴向应力分布如图6.19所示，在路基中心部分桩体的应力水平及变化相差不大，而最后三排小桩的应力水平同样衰减迅速。图6.20为各小桩在加载之后的桩侧摩阻力的分布情况，在小桩的桩侧摩阻力较图6.18在数值上有所增大，其沿桩体的变化趋势并不是很明显，小桩的侧摩阻力在路基边缘部分的三根桩体，衰减依然较快。

2）典型路堤截面位移分析

为了分析桩体的存在对路堤整体变形的影响，将选取有代表性的几条截面线进行数据分析，*AB*为路基水平面，*AE*为路堤底面，*CD*为小桩桩顶，*EF*为模型底部，*DG*为先处理坡肩至模型底部。具体如图6.22所示：

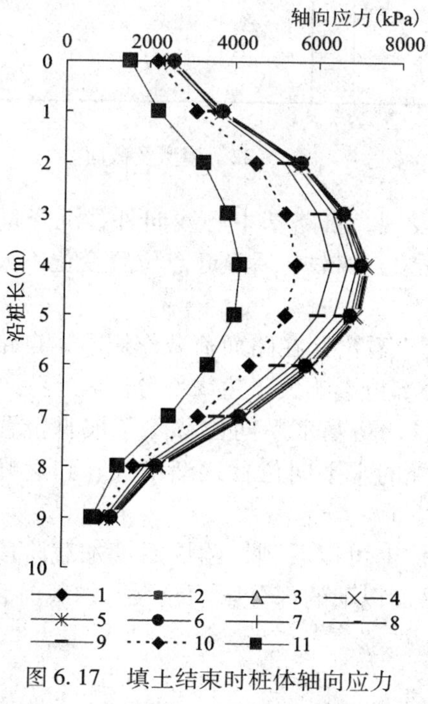

图6.17　填土结束时桩体轴向应力

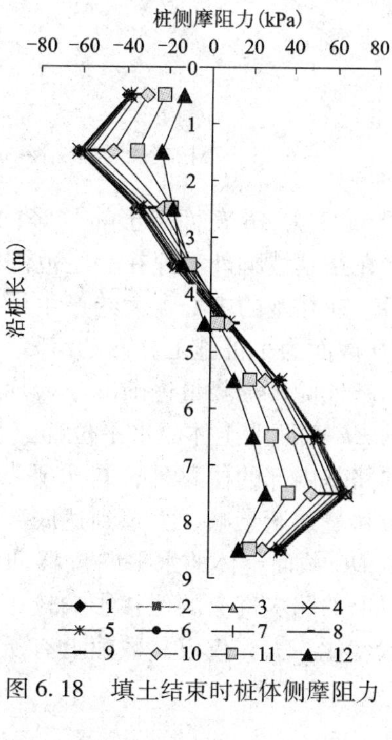

图6.18　填土结束时桩体侧摩阻力

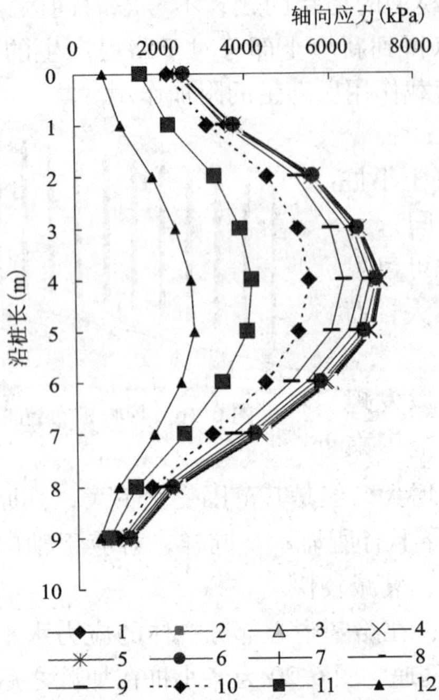

图6.19　加载之后桩体轴向应力

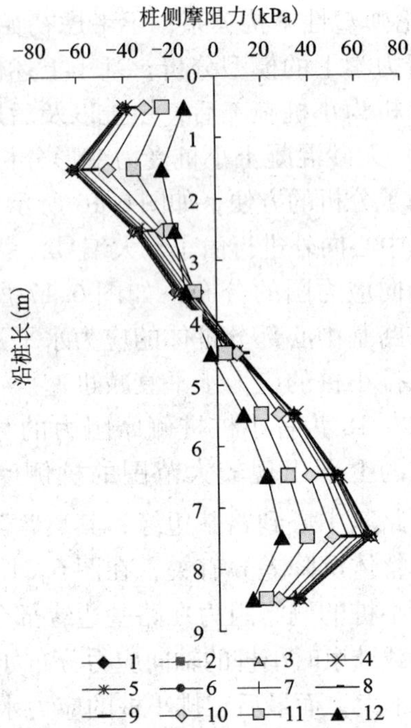

图6.20　加载之后桩体侧摩阻力

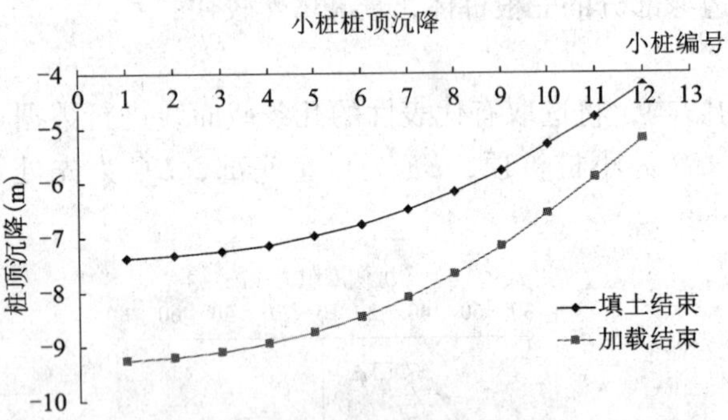

图6.21　小桩桩顶竖向位移

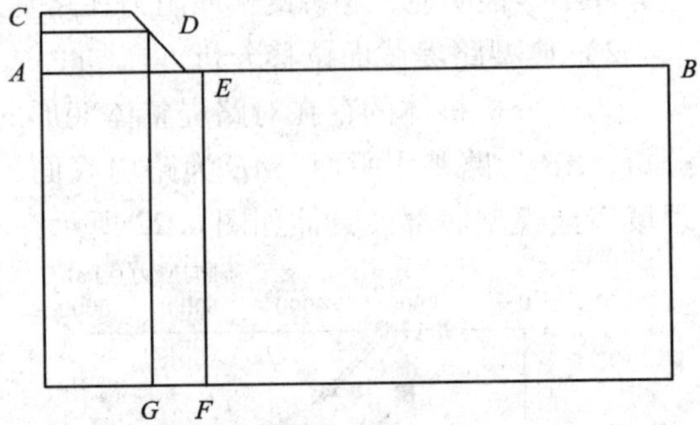

图6.22　模型及截面

图6.23为*AB*截面上土体的竖向沉降，可以发现，自路基中心线向外，沉降量迅速衰减，在路基坡脚外都存在一定范围的土体隆起现象，加载前后隆起点位置变化不大。加载之后，在路基的中心点大约产生了2cm的沉降。

*CD*截面为小桩施工界面的沉降，从图6.24可以看出，在路面荷载作用下，自路基中心向路基外侧，沉降量逐渐减小。加载对路基中心部位影响大于边缘部分。

从*EF*截面上土体的水平位移（图6.25）来看，路基水平向位移除了坡脚位置有小量的向路基内部的位移外，自水平线向下向路基外的水平向位移逐渐增大，到达峰值之后，位移量逐渐衰减，直至到达底部为0。

从*DG*截面土体的水平向位移曲线（图6.26）上可以看到，路堤后期加载阶段对水平面以上的路堤部分的位移影响较小，而对于水平面以下的部分影响较大。加载前后曲线的形状变化不大，仅仅是数值上有所增大。

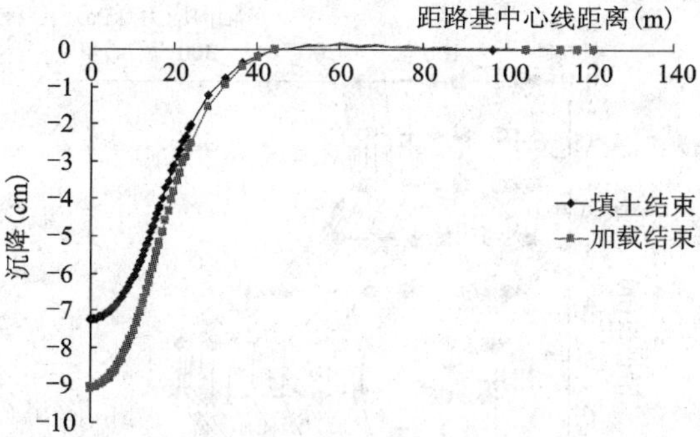

图 6.23　*AB* 截面沉降

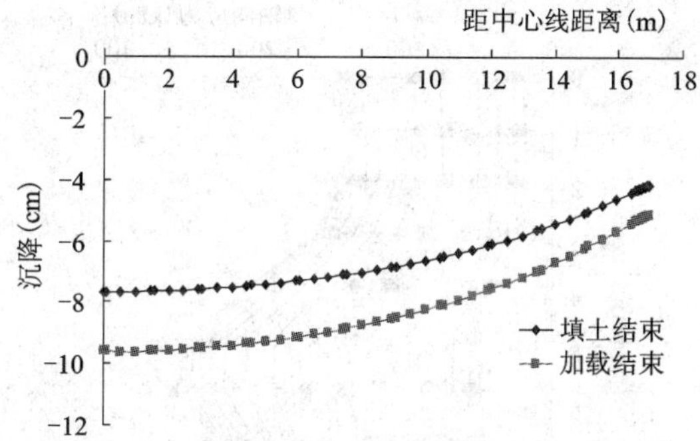

图 6.24　*CD* 截面沉降

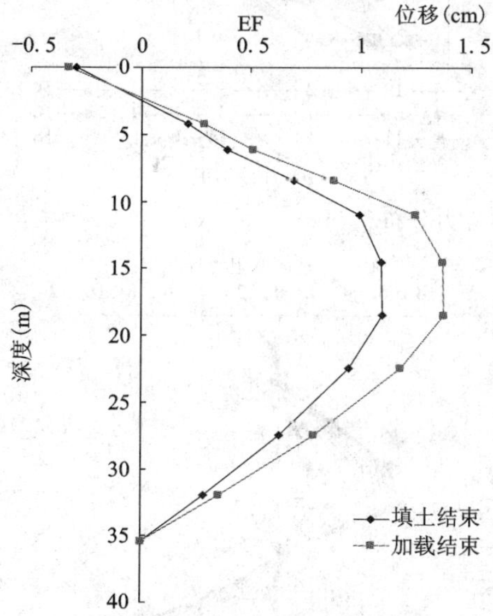

图 6.25　*EF* 截面水平向位移

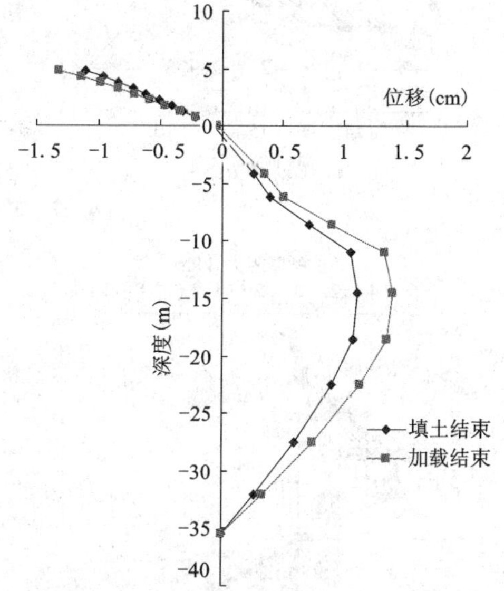

图 6.26　*DG* 截面水平向位移

3）粉喷桩受力分析

图 6.27 为粉喷桩在小桩施工后到填方施工结束之后的桩身轴向应力分布，以及从路面荷载加载结束之后的桩身轴向应力分布，从单个桩体来看，桩身轴向应力呈现先增加后减小的整体趋势，但是在桩顶部分，存在小量的桩身轴向应力的减小，且每个桩体均存在此现象。从沿桩身的轴向应力分布来看，可以发现桩体存在负的桩身侧摩阻力，具体分布如图 6.28 所示。从图 6.27（*a*）与图 6.27（*b*）的对比来看，路面的加载过程使得粉喷桩应力水平提高，但是对应力的分布趋势影响不是很大。

如前所述，粉喷桩桩身依然存在负的摩阻力，如图 6.28 所示，大约自桩顶 1.5m 位置出现，其范围约占 2/5，摩阻力平衡点约位于 5m 左右位置，下部桩侧摩阻力发展迅速，并在桩端有所衰减，但是对于第 12～16 根桩体，即位于路基边缘的桩体，其变化较为复杂，但是其应力水平相对较低。主要原因是路堤边缘部分的水平向位移为最大值所在区域，造成桩体受力上的复杂性，但是其上部路堤荷载相对较小。

图 6.29 为粉喷桩的桩顶附加沉降，从上图可以发现，桩顶沉降基本上呈现出“碟形”，且后期均布加载，在对中心桩体的影响较外围的桩体要明显。

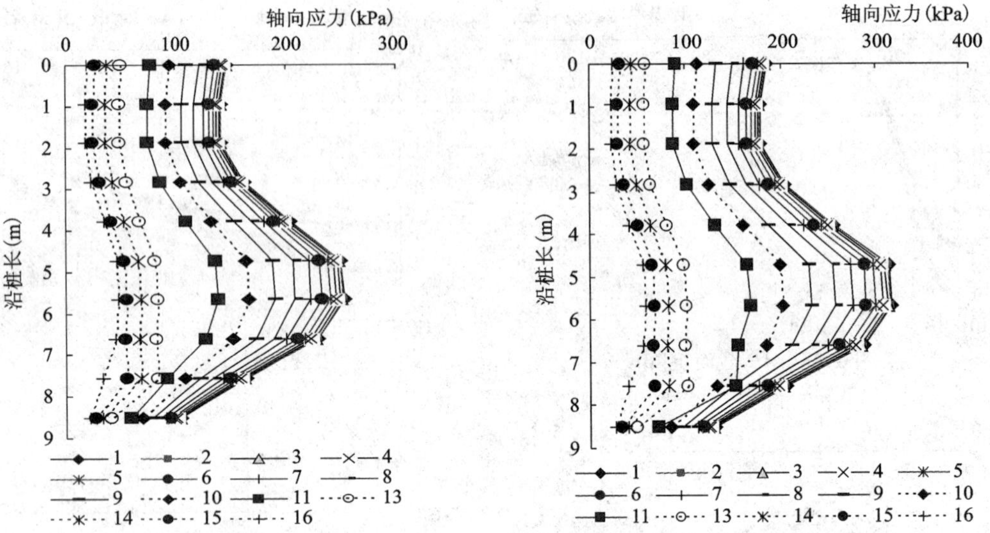

(a) 填方结束　　　(b) 加载结束

图 6.27　粉喷桩轴向应力分布

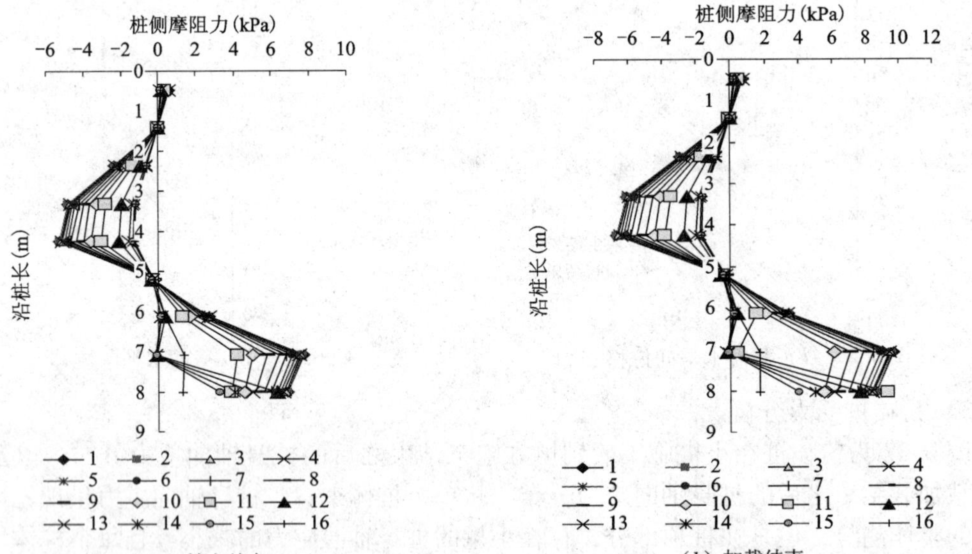

(a) 填方结束　　　(b) 加载结束

图 6.28　粉喷桩桩身侧摩阻应力分布

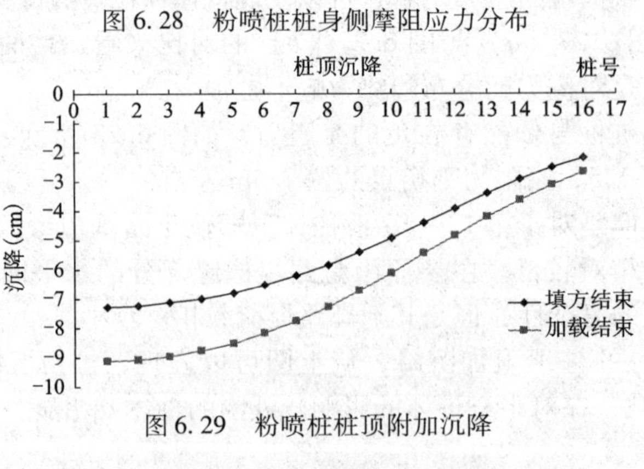

图 6.29　粉喷桩桩顶附加沉降

6.2.3.3　总体结果及分析

1）粉喷桩受力分析

基于前述分析，将结果进行叠加处理，如图6.30、图6.31，其整体的应力分布形式与前述两个阶段基本一致，仅仅是在数量上有所差别。

对比图6.30、图6.31可以发现，无砂后期的加载部分对于粉喷桩的应力水平有所影响，但是该种影响主要集中在靠近路基中心点的桩体部分。在外围部分，后期荷载的影响相对较小。

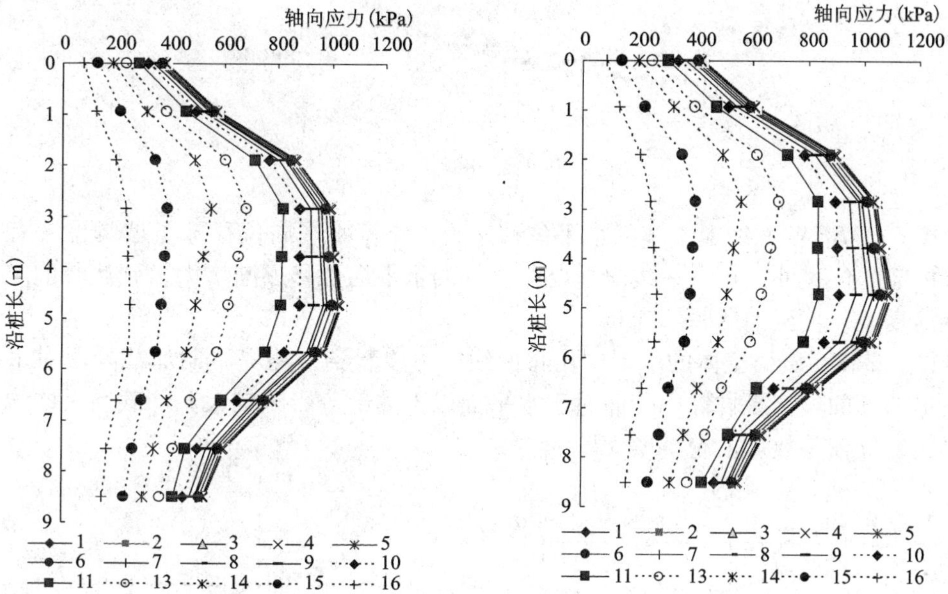

（a）填土结束　　（b）加载之后

图6.30　粉喷桩的轴向应力

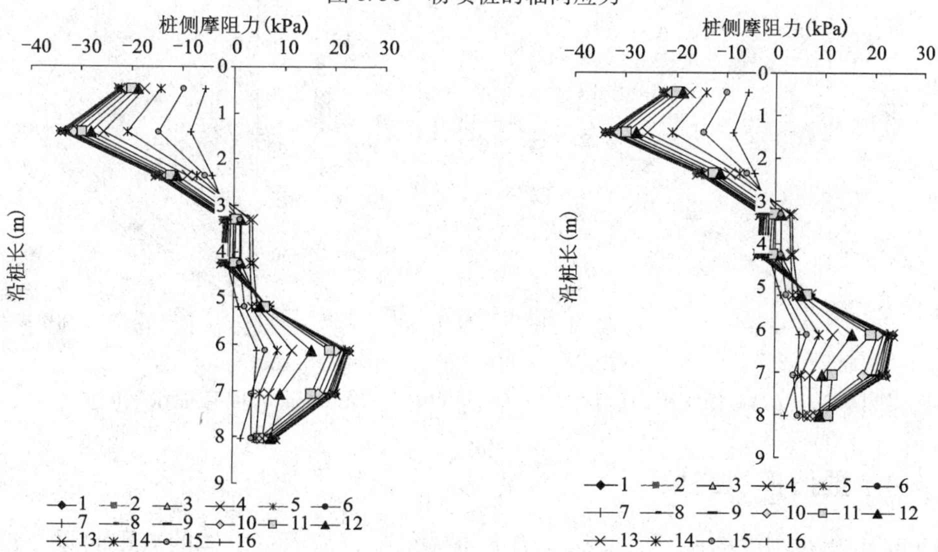

（a）填土结束　　（b）加载之后

图6.31　粉喷桩桩侧摩阻力

2）典型路堤截面位移分析

图6.32为*AE*截面上土体的竖向沉降，可以发现，自路基中心线向外，沉降量迅速衰减，从填土结束到加载结束产生大约2cm的附加沉降。

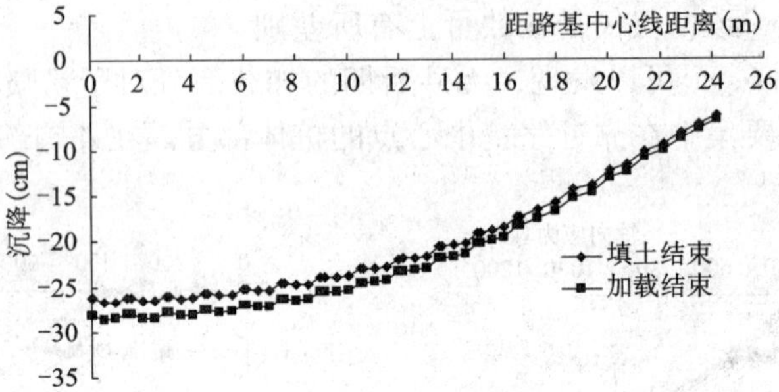

图6.32 *AE*截面沉降

从图6.33*EF*截面线上土体的水平位移来看，路基水平向位移除了坡脚位置有小量的向路基内部的位移外，自水平线向下向路基外的水平向位移逐渐增大，到达峰值之后，位移量逐渐衰减，直至到达底部为0。

从图6.34*DG*截面土体的水平向位移曲线上可以看到，路堤后期加载阶段对水平面以上的路堤部分的位移影响较小，而对于水平面以下的部分影响较大。加载前后曲线的形状变化不大，仅仅是数值上有所增大。

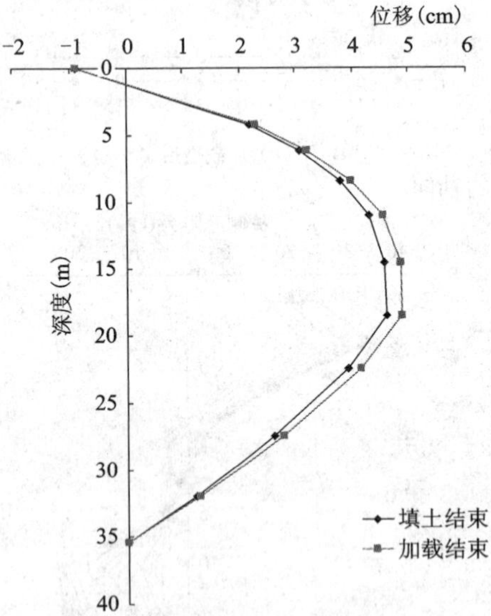

图6.33 *EF*截面水平向位移图

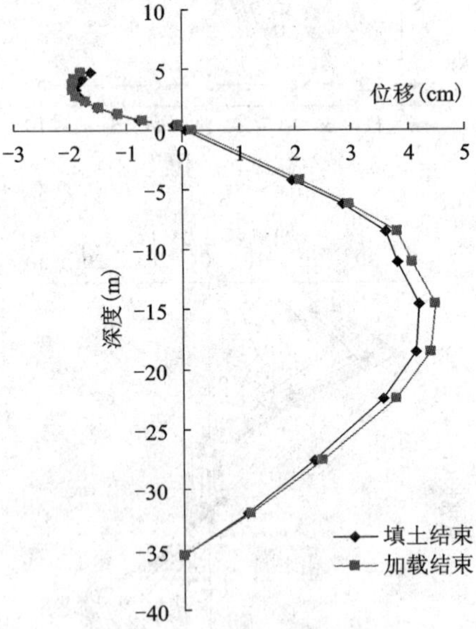

图6.34 *DG*截面水平向位移

6.2.4 数值模拟结果

由于桩土相对刚度的差距，使得应力向桩体集中，从而将土体的自重向深部转移，起到减重的作用。由于荷载向深部的传递，减小了较弱的浅层土体的荷载，而增大了深层土体的荷载，从而能充分调动深层土体的承载力发挥。路堤的变形，将更多地集中在竖向，水平向的变形将显著地减小。从而对减小路面的开裂，增加道路的使用寿命方面具有很大的优势。

通过对高填方变刚度后处理方法的数值模拟，得到如下结论：

1）变刚度后处理的无砂混凝土小桩处理阶段，可以有效地消散路基填土过程中产生的超孔隙水压力；

2）从粉喷桩的轴向和侧向应力分布来看，桩体的轴向应力最大位置处于桩体上部1/2位置，桩体的上部主要承受土体的负摩阻力，下部承受正的摩阻力；

3）在无砂混凝土小桩的上部出现较大范围的桩侧摩阻力，从路基中心到路基边缘，应力水平逐渐减小，但是其范围变化不大，在路基边缘部分，衰减较快；

4）路基水平向位移除了坡脚位置有小量的向路基内部的位移外，自水平线向下向路基外的水平向位移逐渐增大，到达峰值之后，位移量逐渐衰减，直至到达底部为0。路基地面沉降自路基中心线向外，沉降量也迅速衰减。

6.3 模型参数对比分析

本节在前述数值模拟基础上，将先后处理结合的变刚度路基设计参数进行调整，总结其变化规律，以期指导方案设计。

6.3.1 模拟试验设计

参考规范以及相关文献进行分析，调整内容包括土体参数，桩长、桩间距。主要完成以下工作：

1）对比不进行处理，仅进行前处理，进行变刚度后处理三种情况下路基的性状，研究了不同的处理方式下路基的沉降和超孔隙水压力的变化；

2）进行不同渗透系数下的路基处理，以得到变刚度高填方路基后处理方法的适用范围；

3）通过改变粉喷桩桩体压缩模量，研究先处理桩体刚度对路堤变形的影响；

4）通过改变粉喷桩及无砂混凝土小桩的桩长，研究不同的加固深度对桩体承载力的发挥和路基变形的影响；

5）通过改变不同置换率，研究不同置换率下变刚度的后处理效果和规律。

6.3.2 模拟试验结果及分析

6.3.2.1 不同处理方式差异分析

在粉喷桩桩长8.5m，土层①~②渗透系数 $K=1\times10^{-9}$m/s 条件下，进行如下对比分析：1）不进行地基处理，直接填筑；2）仅进行粉喷桩处理；3）进行变刚度后处理。

图6.35为采用不同地基处理方式时的地基沉降曲线，为了对比的方便，按照计算步进行对比，从图上可以看出，不进行地基处理的在填方过程中其沉降变形较大，且后期差异性更大。采用变刚度后处理技术的在施工前和仅进行粉喷桩处理的结果一致，说明了计算的正确性，其区别主要体现在小桩施工之后的过程中。

图6.36为使用不同的处理方式时的路基下最大孔压区域的超孔隙水压力变化情况，为了按工况进行对比，在小桩施工阶段，对不处理和仅进行粉喷桩处理的工况进行了一个月的固结计算对比，从图中可以发现，如果在天然地基上进行路基建设，其超孔隙水压的数值和增速都是最大的，粉喷桩处理和变刚度后处理情况在处理之前孔压变化基本一致，进行后处理施工过程中超孔隙水压力急剧消散，由于所选点不在小桩处理范围之内，故其超孔隙水压力没有完全消散，但其效果还是比较明显的。

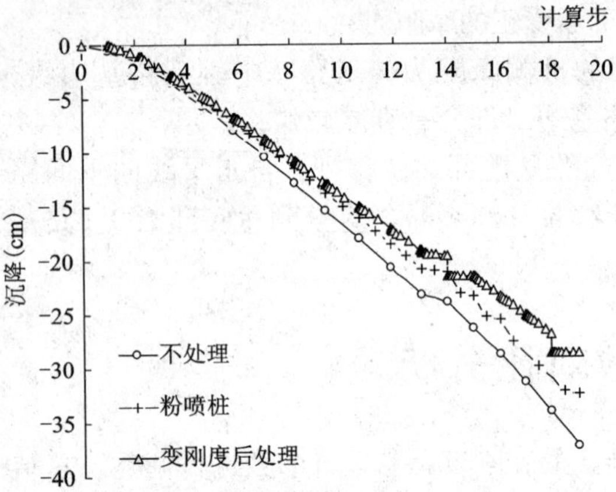

图6.35　沉降对比曲线

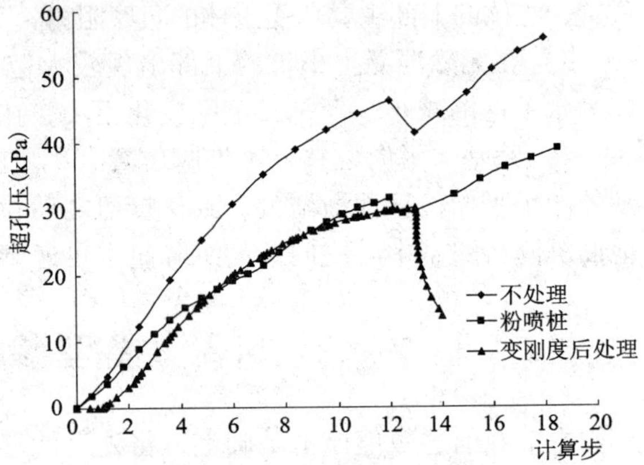

图6.36　最大孔压值变化曲线

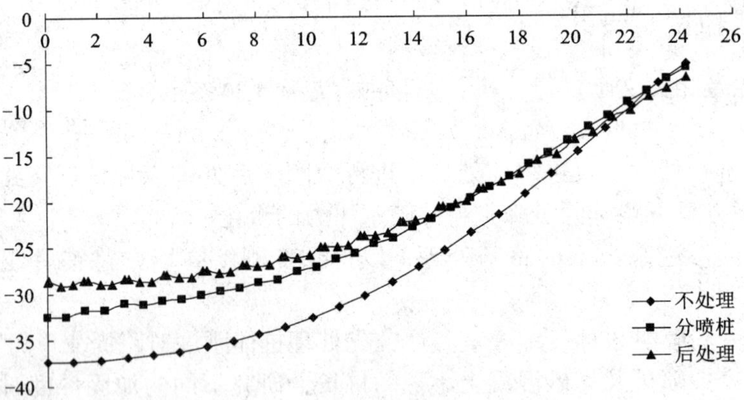

图6.37　路堤下沉降曲线

6.3.2.2　不同渗透系数下的孔压-时间规律

如图6.38所示，在桩间距分别为1.5m、2.5m，粉喷桩为8.5m，无砂混凝土小桩处理桩长为9m的情况下，取地下两层土体的渗透系数在1×10^{-5}m/s～1×10^{-9}m/s之间变换时的计算结果。从图6.38中可以发现，在渗透系数小于1×10^{-8}m/s时，土体内的超孔隙水压力在路堤填土荷载作用下，其孔压增长变大且速度加快。在该种情况下，进行地基后处理效果较好。对于渗透系数大于1×10^{-8}m/s的情况下，产生的超孔隙水压力很小，可以不进行该种地基处理形式，只要设置砂垫层即可。当桩间距从1.5m增大到2.5m时，对于渗透系数大于1×10^{-8}m/s的土体，其超孔隙水压力增加了将近5kPa，说明采用不同的先处理方式，对路基中土体的有效应力状态是有一定影响的。

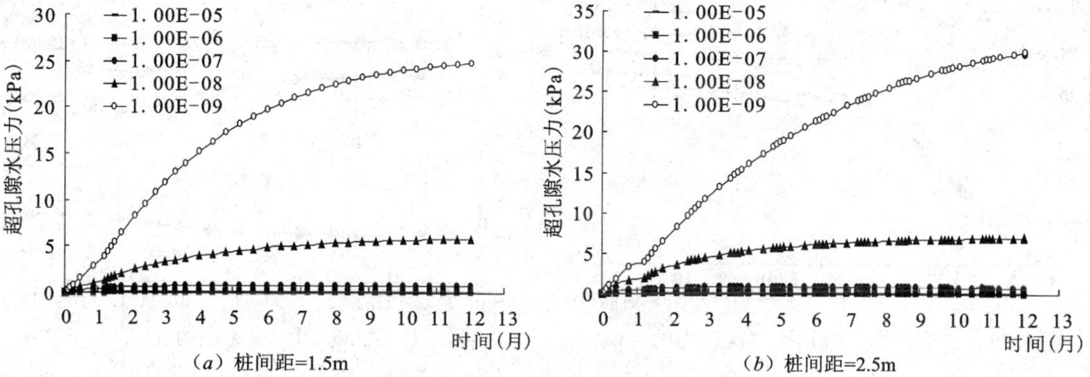

（a）桩间距=1.5m （b）桩间距=2.5m

图 6.38 孔压-时间关系曲线

6.3.2.3 粉喷桩桩体强度影响分析

在粉喷桩桩长 8.5m，无砂混凝土小桩桩长 9.0m 条件下，将粉喷桩桩体的压缩模量取为 150MPa，200MPa，250MPa 三种情况，研究不同的先处理方式对路基土体中的超孔隙水压力、桩土应力比、土体位移的影响。

1）对土体中超孔隙水压力的影响

图 6.39 为粉喷桩模量分别取为 150MPa、200MPa、250MPa 时的超孔隙水压力-时间变化曲线。从中可以发现，随着粉喷桩桩身模量的增大，超孔隙水压力有所减小，说明当粉喷桩模量增大时，桩体承担了更多的荷载，应力向桩身集中，土体的应力相对有所减小，但是对于超孔隙水压力影响并不是很大。

2）对桩土应力比的影响

图 6.40 为粉喷桩桩顶应力 σ_p 与桩间土应力 σ_s 之比，即桩土应力比：

$$n = \frac{\sigma_p}{\sigma_s} \tag{6.19}$$

由于路堤荷载下，桩体上部会产生部分负的摩阻力，故图 6.40 所示的桩土应力比仅代表最终状态 φ_{p1} 时的桩顶平面的桩土应力比，受荷载水平和位置的影响，每根桩的不同位置处的桩土应力比不是一个常数，而是在不断地变化。

从图 6.40 粉喷桩在不同的弹性模量的取值情况下的桩土应力比分布来看，当桩体模量从 150MPa、200MPa 增大到 250MPa 时，桩土应力比变化比较明显。从相同的模量情况下来看，对于靠近路基中心的桩体，其桩土应力比变化不大，在路基外侧有所变化，当桩体模量取为 150MPa 时，在路基边缘桩土应力比增大，而对于桩土模量为 200MPa 和 250MPa 时，桩土应力比呈现出整体下降的趋势，但在路肩轴线部位桩体处出现小范围的波动。路基边缘部分桩土应力比的变化源自两部分的变化，一是路基上部荷载的分布较路基中心部分发生了较大的改变，由原来的均布荷载，此处减小为三角形荷载；另外从对于路基水平向位移的计算可以发现，路基底部的最大水平向位移也发生在路基边坡的位置，造成该处土体受力变化的复杂性，从而导致了图 6.40 桩土应力比在路基边缘的变化。

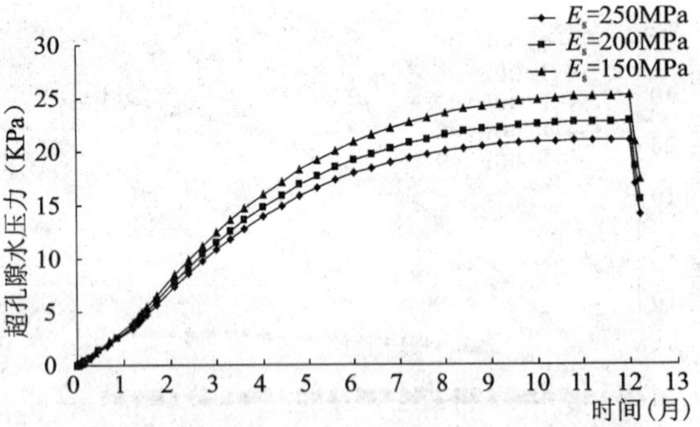

图6.39 粉喷桩模量对超孔隙水压力的影响

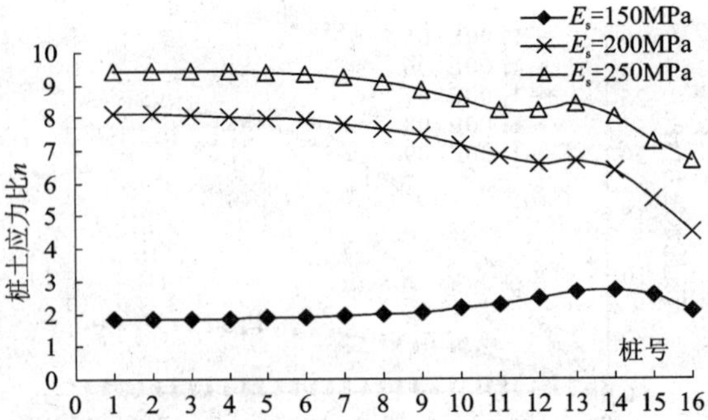

图6.40 桩土应力比

由复合的地基的置换率 m 可以换算得到桩土的荷载分担比：

$$N = \frac{mn}{1 - m} \tag{6.20}$$

3）对位移的影响

从路基中点和坡脚的沉降-时间曲线来看，桩身的强度对路基中心点和坡脚点的沉降影响很小，说明进行粉喷桩施工时，对于一定的土体来说，桩体的承载力发挥跟周围的土体有直接关系，所以，实际工程中应根据具体的工程地质条件进行水泥掺量的设计，避免造成设计上的浪费。

从图6.43和图6.44的对比中可以发现在桩顶位移和路堤部分土体位移存在一定的差异，此沉降差异将造成在粉喷桩桩顶部出现负的摩阻力，并影响路堤的整体位移和变形。

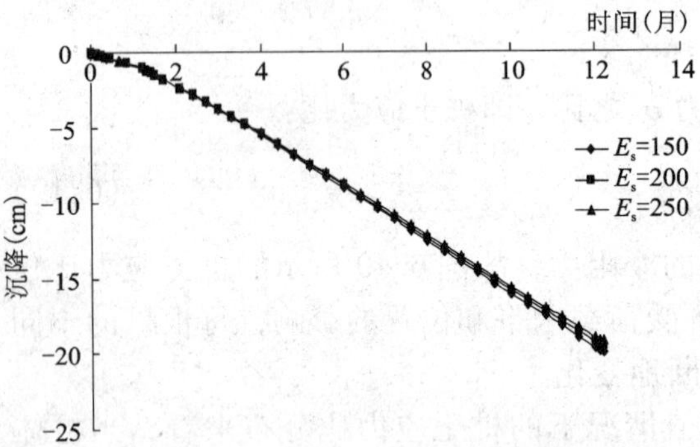

图6.41 路基中点沉降-时间曲线

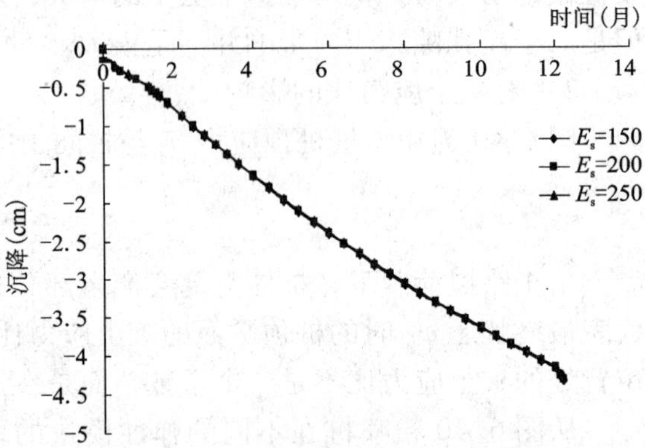

图6.42 路基坡脚沉降-时间曲线

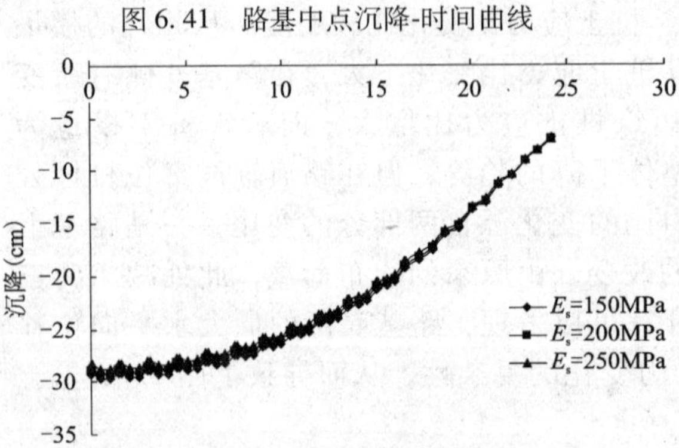

图6.43 路堤底部沉降

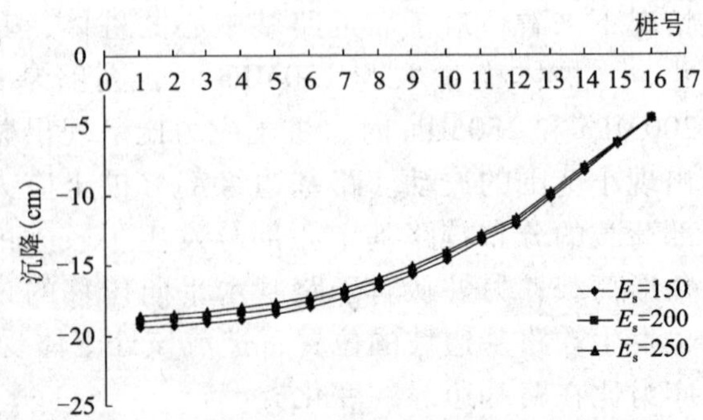

图6.44 粉喷桩桩顶沉降

6.3.2.4 粉喷桩桩长的影响

粉喷桩主要承载先期填方荷载，其桩长的不同将直接影响路堤水平面以下土体应力和位移的分布。本书根据土层的分布情况，分别按照桩长 8.5m 和桩长 11.5m 两种情况进行计算，由于工况较多，仅就最终工况进行计算分析。

1）对粉喷桩应力的影响

从图 6.45～图 6.46 中可以发现，桩长由 8.5m 增加到 11.5m 之后，粉喷桩的轴向应力分布数值上有所减小，最大值位置也有所变化。当粉喷桩桩长为 8.5m 时，轴向应力最大值大于 1000kPa，且分布范围较大。桩长为 11.5m 时，轴向应力最大值约为 800kPa，明显小于桩长为 8.5m 的情况，且仅为局部分布，范围相对较小。

从不同桩长情况下粉喷桩的桩侧摩阻力分布来看，桩顶部分的桩侧负摩阻力分布及数值比较接近，但是下部的正摩阻力分布及数值分布较大。桩长为 11.5m 时，桩侧摩阻力数值明显小于桩长为 8.5m 时。

2）对路堤位移的影响

从水平面的总沉降来看，粉喷桩桩长的增加对减小路基总体沉降量效果不是很明显，仅仅减小了大约 2cm。

从水平向的总位移来看，粉喷桩桩长的增加对减小路基总体沉降量效果也不是很明显，仅仅减小了大约 0.5cm。

3）对小桩应力的影响

从上述图示中可以发现，粉喷桩桩长的增加对与小桩轴向和侧向的应力影响非常小，轴向应力相差 10kPa 左右，而桩侧摩阻力相差不大于 1kPa。其主要原因是，小桩的桩端面位于粉喷桩桩端面以上，故粉喷桩桩长的增加对于下部土体影响较大，但是对于原有地面以下 8.5m 区域影响不是很大，并且其弹性模量相对较小，故对下部土体的约束作用对小桩端阻和侧阻的影响非常有限。

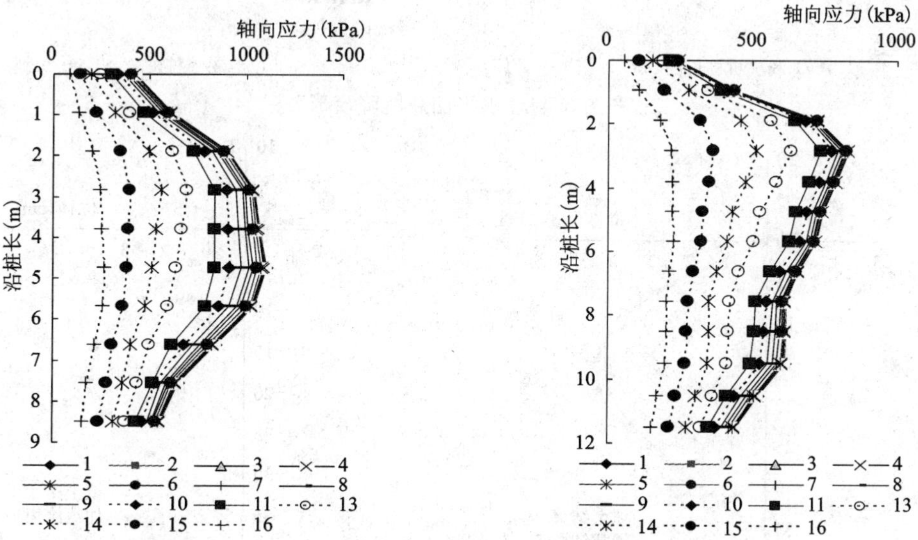

（*a*）粉喷桩桩长=8.5m （*b*）粉喷桩桩长=11.5m

图 6.45 粉喷桩轴向应力分布曲线

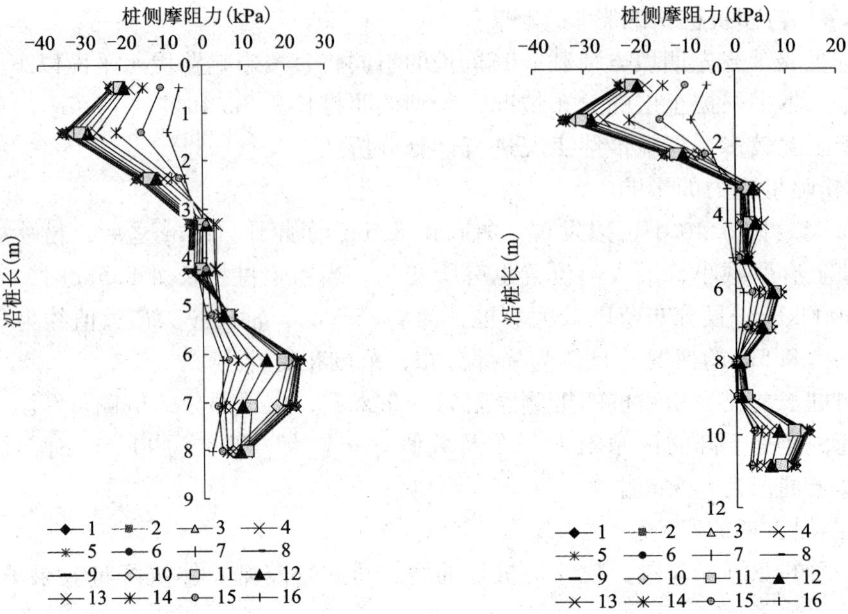

(a) 粉喷桩桩长=8.5m　　(b) 粉喷桩桩长=11.5m

图 6.46　粉喷桩桩侧摩阻力分布曲线

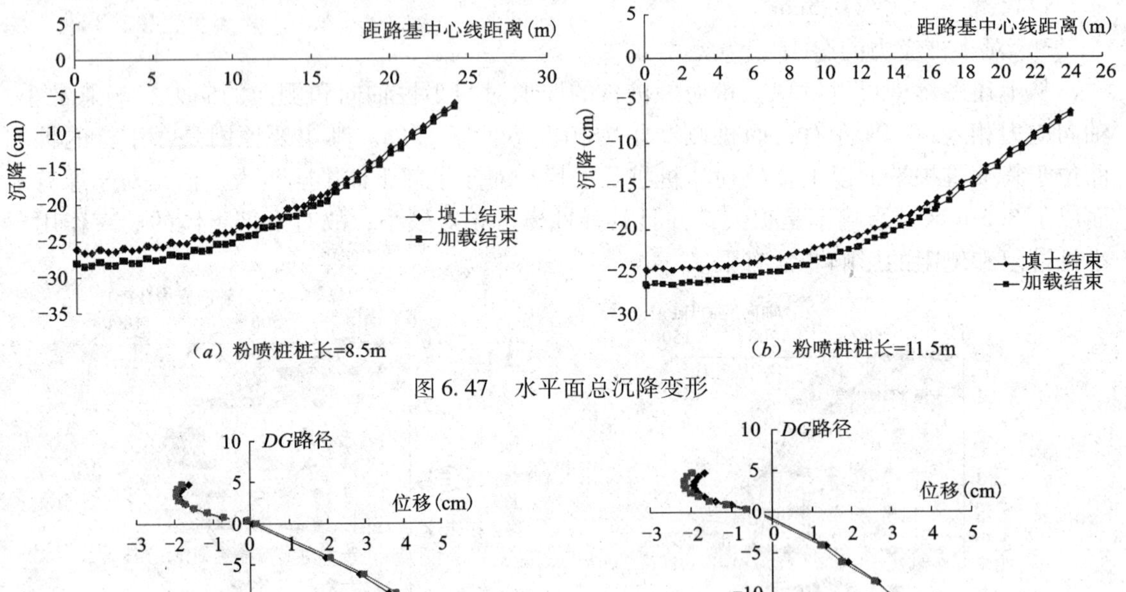

(a) 粉喷桩桩长=8.5m　　(b) 粉喷桩桩长=11.5m

图 6.47　水平面总沉降变形

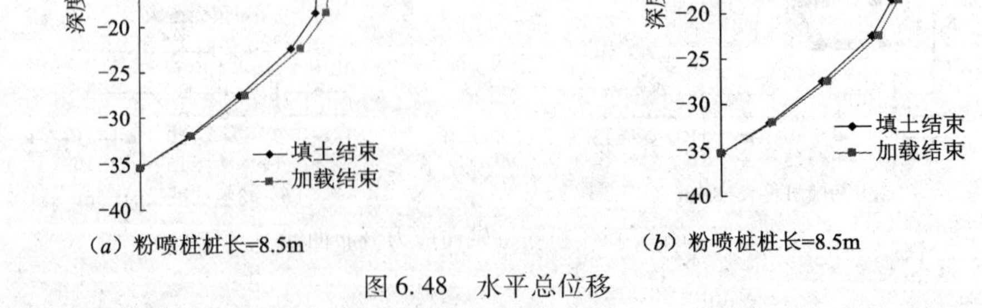

(a) 粉喷桩桩长=8.5m　　(b) 粉喷桩桩长=8.5m

图 6.48　水平总位移

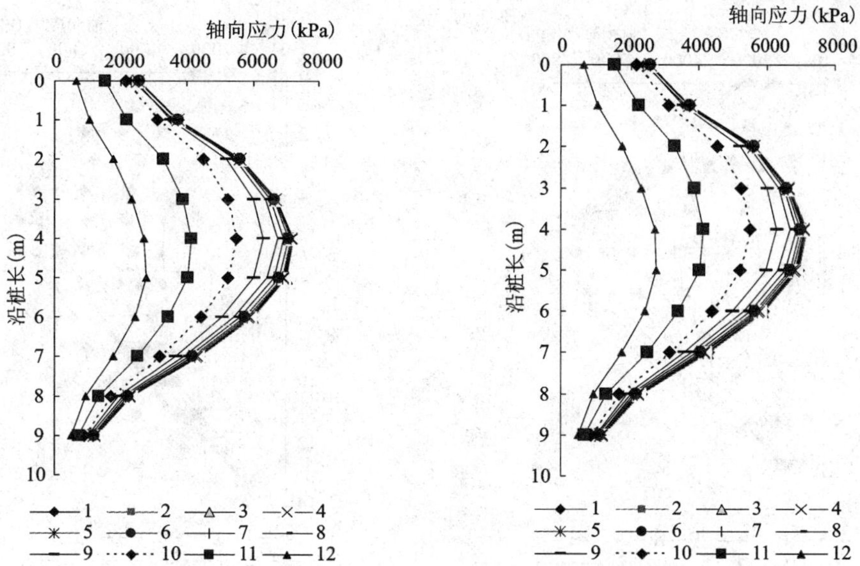

（*a*）粉喷桩桩长 =8.5m　　（*b*）粉喷桩桩长 =8.5m

图 6.49　无砂混凝土小桩轴向应力

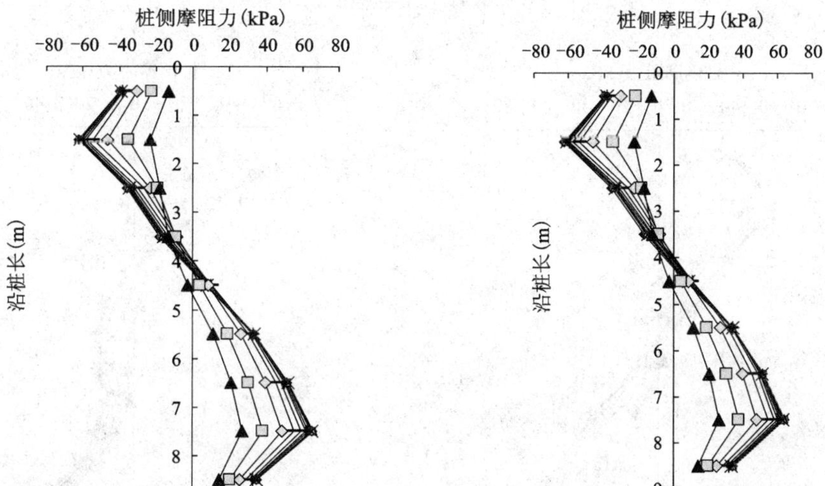

（*a*）粉喷桩桩长=8.5m　　（*b*）粉喷桩桩长=8.5m

图 6.50　无砂混凝土小桩侧向应力

6.3.2.5　小桩桩长的影响

为了考虑小桩桩长的影响，本书建立了粉喷桩桩长为 8.5m 时，小桩桩长分别为 9m 和 13.3m 时的计算模型，进行分析。

1）对小桩应力的影响

从图 6.51、图 6.52 中，可以发现小桩桩长的增加对桩体同样位置的桩侧摩阻力数值影响不大，其区别主要体现在桩长为 13.3m 时，不同桩体间轴向应力和摩阻力分布差异性明显减小。

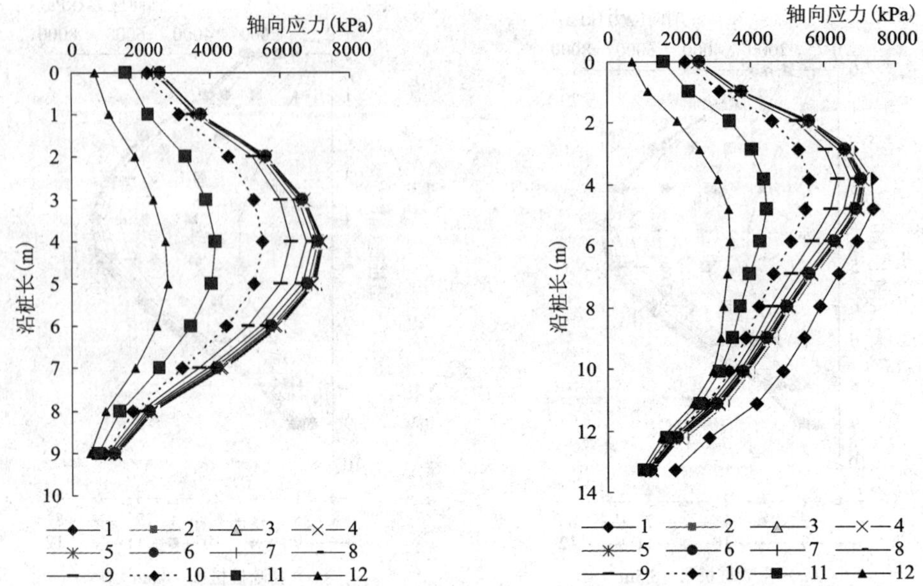

（a）无砂混凝土小桩桩长=9.0m　　（b）无砂混凝土小桩桩长=13.3m

图6.51　无砂混凝土小桩轴向应力分布曲线

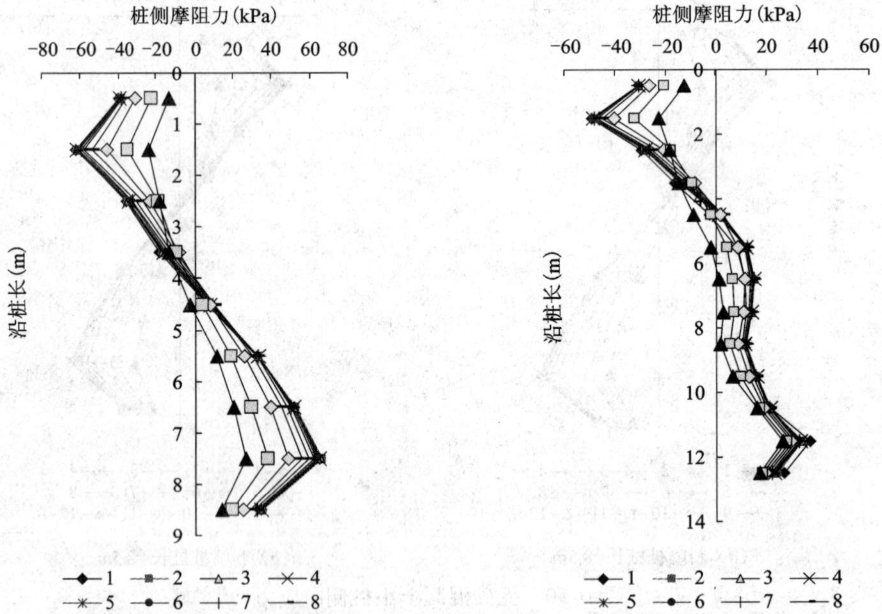

（a）无砂混凝土小桩桩长=9.0m　　（b）无砂混凝土小桩桩长=13.3m

图6.52　无砂混凝土小桩侧摩阻力分布曲线

2）对路堤位移的影响

从图6.53、图6.54中可以发现，小桩桩长的增加对于水平面的总沉降影响非常小，不论是最大沉降量还是分布范围，但是对水平向的总体位移有比较明显的影响，在路基水平面位置处，当小桩长度为11.5m时，路堤表现为向外侧的位移，最大值约为1cm，而当桩长为9.0m时几乎没有，分析其主要原因为水平面以下土体主要发生向路基外侧的位移，当小桩桩长增大之后，由于其刚度较大，影响了下部土体的侧向位移，进而牵制上部土体发生相对向路基外侧的小范围位移。通过其对位移分布的调整，下部土体位移的最大值分布较为平缓。

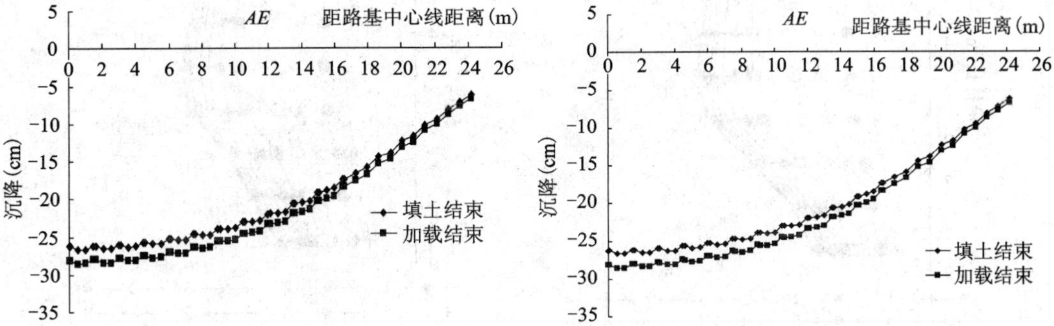

（*a*）无砂混凝土小桩桩长=9.0m （*b*）无砂混凝土小桩桩长=13.3m

图6.53 路堤沉降变形分布特征

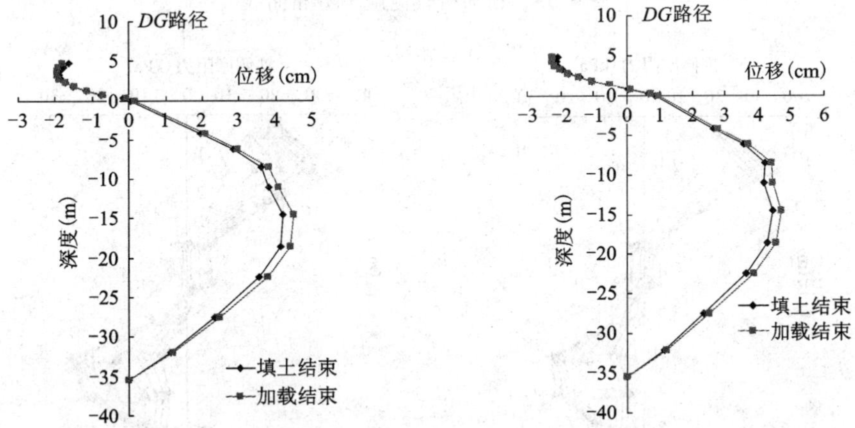

（*a*）无砂混凝土小桩桩长=9.0m （*b*）无砂混凝土小桩桩长=13.3m

图6.54 路基侧向位移分布曲线

3）对粉喷桩应力的影响

从图6.55、图6.56中可以发现，对于粉喷桩的轴向应力，当无砂混凝土小桩桩长由9.0m增加到13.3m时，桩体上部的应力稍有减小，中部应力基本维持不变，底部应力稍有增大，主要原因是桩长的增加将部分应力由上部传入底部土体，但是由于后处理填土部分荷载不是很大，且将桩体的应力集中传到桩端部分时，应力集中现象已经不太明显。

对于桩侧摩阻力的分布，在桩体的中部和下部有所影响，在桩的顶部影响不大。说明粉喷桩桩长的增加对于无砂混凝土小桩桩侧摩阻力分布的影响主要集中在增加的长度部分。

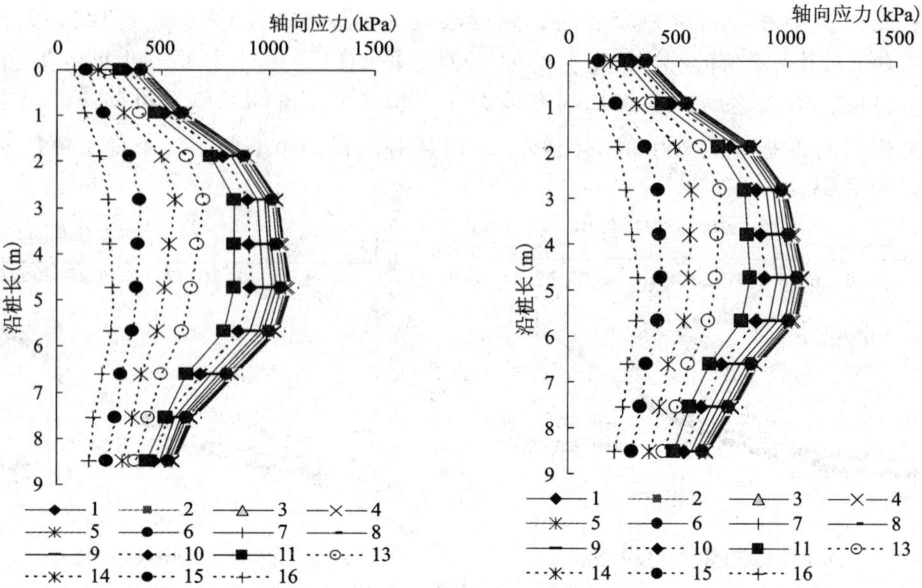

（*a*）无砂混凝土小桩桩长=9.0m　　（*b*）无砂混凝土小桩桩长=13.3m

图 6.55　粉喷桩轴向应力分布曲线

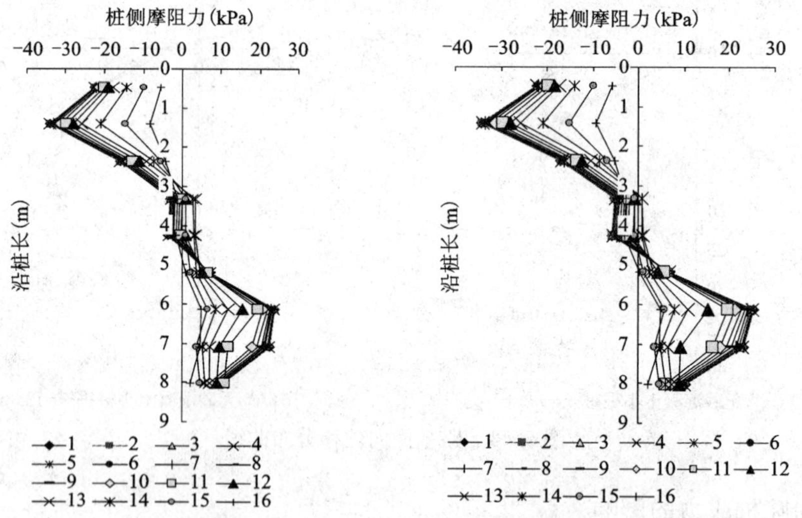

（*a*）无砂混凝土小桩桩长=9.0m　　（*b*）无砂混凝土小桩桩长=13.3m

图 6.56　粉喷桩桩侧摩阻力分布曲线

6.3.2.6　不同桩间距的影响

为了研究不同的桩间距对粉喷桩、无砂混凝土小桩以及路堤变形的影响，本节按照桩间距分别为 1.5m、2.0m、2.5m 三种情况进行了数值模拟，其参数与第 3 章模型相似。

1）对粉喷桩应力的影响

从图 6.57、图 6.58 中可以看出桩间距的增加，减小了粉喷桩轴向应力和桩侧摩阻力，且效果比较明显，桩间距从1.5m增加至2.5m时，轴向应力由大于1000kPa，增加到大于1500kPa，至变为不足800kPa，说明在设计中选择合理的桩间距将直接影响桩体应力的发挥和桩间土承载力的加强。

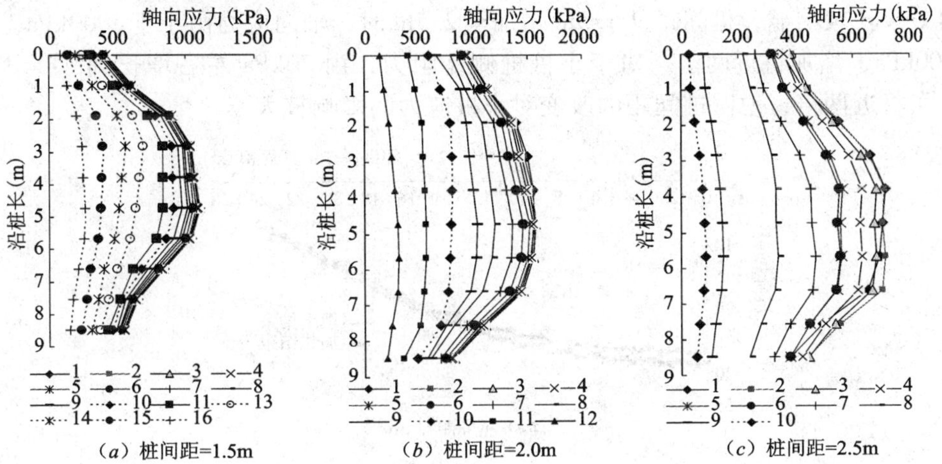

图6.57　对粉喷桩轴向应力的影响

从图6.58不同桩间距情况下的粉喷桩桩侧摩阻力发挥来看，随着桩间距的增大，桩侧摩阻力最大值逐渐减小，说明随着桩间距的增大，桩体对周围土体的约束能力逐渐下降，造成了桩周土体的强度发挥有所减小，从而影响了桩体本身的受力状态。

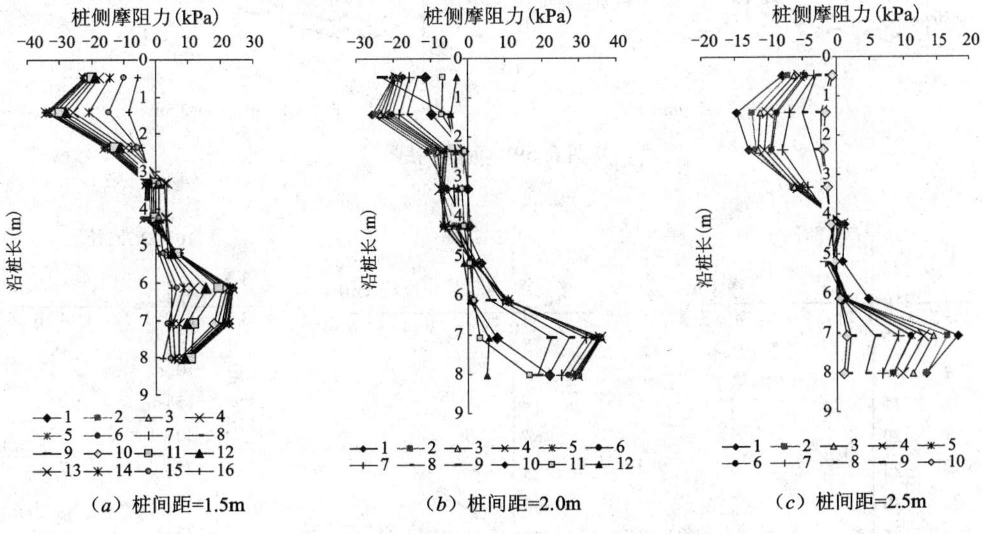

图6.58　对粉喷桩侧向应力的影响

2）对路堤位移的影响

图6.59、图6.60为桩间距变化对路堤沉降变形及水平位移的影响，从图可以发现，桩间距为2.5m时，路堤下部沉降变化更剧烈，没有桩间距为1.5m时的平缓阶段。整体上来看，桩间距为2.0m时和桩间距为2.5m时沉降差异并不是很大，但是可以明显看到

在桩体所在位置处的波动。

3）对小桩应力的影响

从图6.61、图6.62中可以看出桩间距的增加，增加了小桩的轴向应力和桩侧摩阻力，且效果比较明显，桩间距从1.5m增加至2.5m时，轴向应力由小于8000kPa，变为大于15000kPa，增加将近两倍。对于小桩桩侧摩阻力，由70kPa左右增长到140kPa左右，也增长了将近两倍，说明桩间距的改变对小桩应力的影响较大。

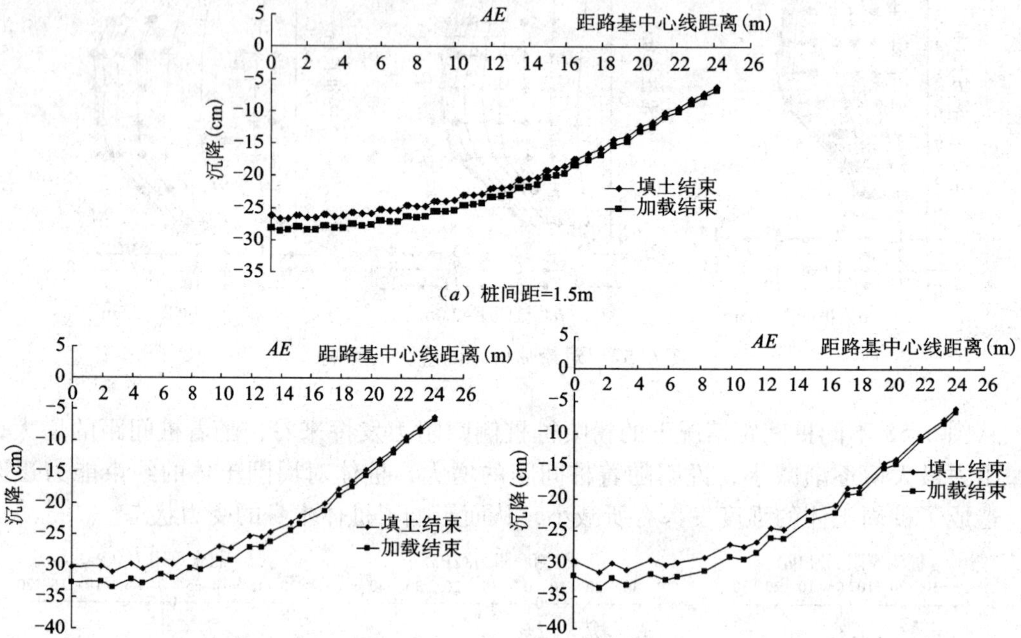

（a）桩间距=1.5m

（b）桩间距=2.0m

（c）桩间距=2.5m

图6.59　沉降曲线

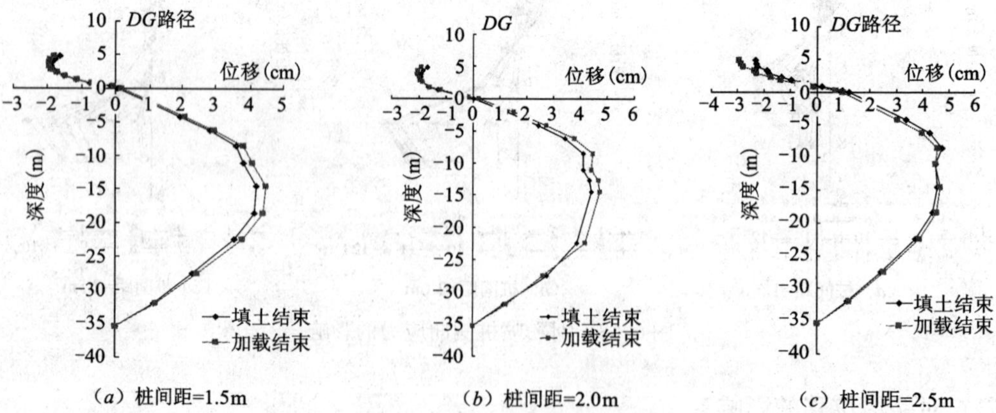

（a）桩间距=1.5m

（b）桩间距=2.0m

（c）桩间距=2.5m

图6.60　路堤水平位移

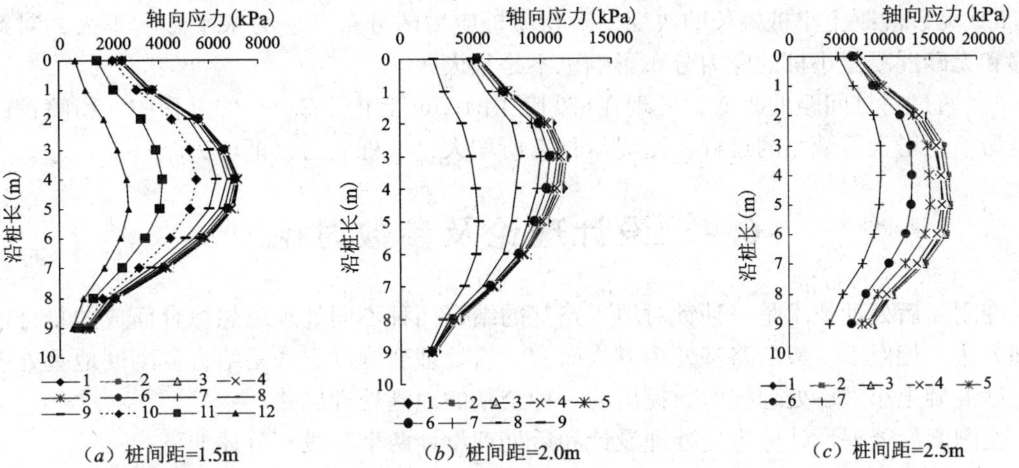

图 6.61 小桩轴向应力

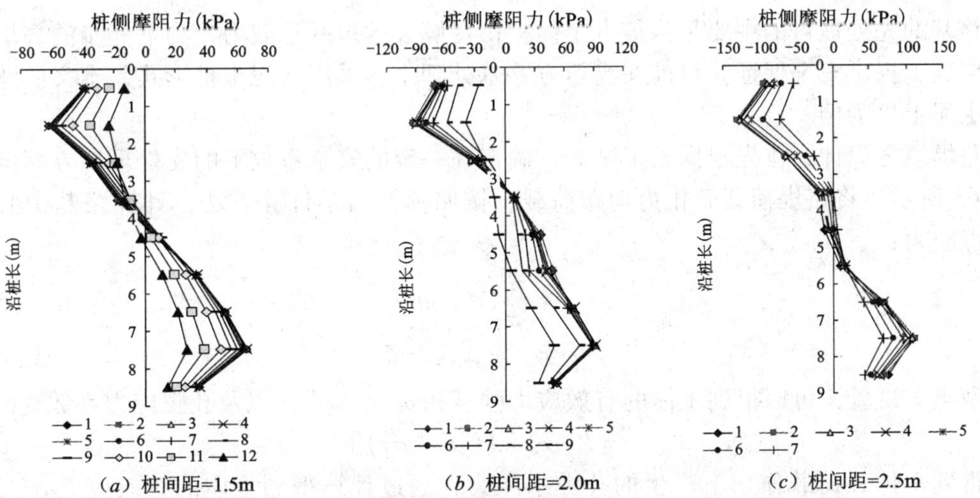

图 6.62 小桩桩侧摩阻力

6.3.3 小结

通过对不同工况下的高填方路基处理方式进行对比分析，研究了无砂混凝土小桩后处理的适用性和处理效果，以及参数改变对桩体应力和沉降变形的影响，得到如下结论：

1）采用无砂混凝土小桩后处理技术处理的路基，在路堤填土荷载作用下，超孔隙水压力增长速度较不进行路基处理和仅进行先处理的路堤小，数值也小；

2）采用无砂混凝土小桩处理渗透系数小于 1×10^{-8}m/s 的饱和软土地基时，效果比较显著；

3）通过计算粉喷桩桩体强度变化，发现粉喷桩强度的变化对桩土应力比的影响较为明显，对超孔隙水压力的变化有一定的影响，对路堤位移的影响不是很大；

4）粉喷桩桩长的改变，对粉喷桩桩体的应力分布和应力水平有一定的影响，但是对路堤的位移和无砂混凝土小桩的应力分布影响不大；

5）无砂混凝土小桩桩长的改变，对粉喷桩应力的分布和应力水平影响不大，对路堤位移和无砂混凝土小桩的应力分布影响也不是很大；

6）通过对桩间距的改变，发现在桩间距由1.5m变化至2.5m的过程中，粉喷桩的应力经历了先增大后减小的过程，路堤位移有所增大，小桩应力逐渐增大。

6.4 设计理论及参数讨论

变刚度后处理技术是一种针对填方路基的结合两种不同处理思想综合而成的复合地基处理方法。相对于一般的路基处理方式而言，后处理变刚度方法是综合变刚度地基处理以及无砂混凝土小桩后处理技术而提出的一种全新的地基处理思路。

变刚度后处理设计分为先处理设计和后处理设计两个阶段。分述如下：

6.4.1 先处理承载力计算

路基的先处理目的主要是为填方土体提供足够大的地基承载力，为下一步的高填方路基分层施工提供安全保证。目前在高填方路基处理中多采用水泥土桩形式，本文所述内容皆以水泥土桩为例。

路堤填方设计，首先根据土工试验，确定在一定的安全系数下的先处理填方高度，如图6.63所示。将路堤荷载简化为均布荷载，按照弹性力学计算方法，计算路基中心点下的一点应力：

$$\sigma_{1/3}=\frac{p}{\pi}(\theta\pm\sin\theta) \tag{6.21}$$

$$\theta=\theta_1+\theta_2 \tag{6.22}$$

由土工试验，可以得到土体的有效应力强度指标c'、φ'，以及孔隙应力系数A、B。

$$u=B[\sigma_3+A(\sigma_1-\sigma_3)] \tag{6.23}$$

得到土体在荷载作用下产生的孔隙水压力，通过计算得到土体的有效应力σ'_1、σ'_3，由土体的极限平衡理论：

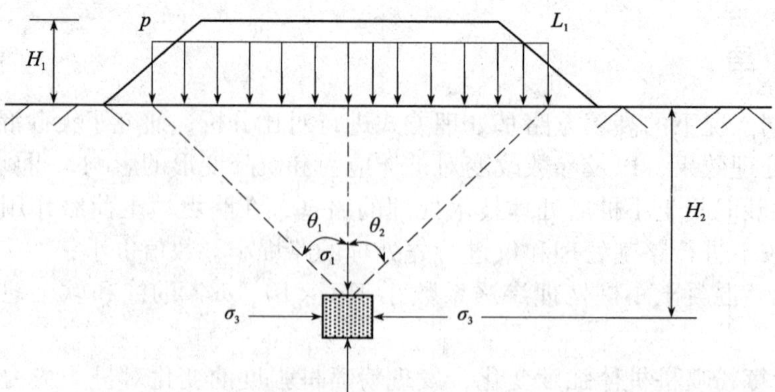

图6.63　土体应力

$$\sigma_1{}' = \sigma_3{}'\tan^2\left(\frac{\pi}{4}+\frac{\varphi'}{2}\right)+2c'\tan\left(\frac{\pi}{4}+\frac{\varphi'}{2}\right) \tag{6.24}$$

$$\sigma_3{}' = \sigma_1{}'\tan^2\left(\frac{\pi}{4}-\frac{\varphi'}{2}\right)-2c'\tan\left(\frac{\pi}{4}-\frac{\varphi'}{2}\right) \tag{6.25}$$

验算土体的安全状态，根据一定的安全系数，得到最佳的附加荷载 p，从而计算得到最佳的先填土高度 h。安全系数的取值方法如图 6.64 所示。

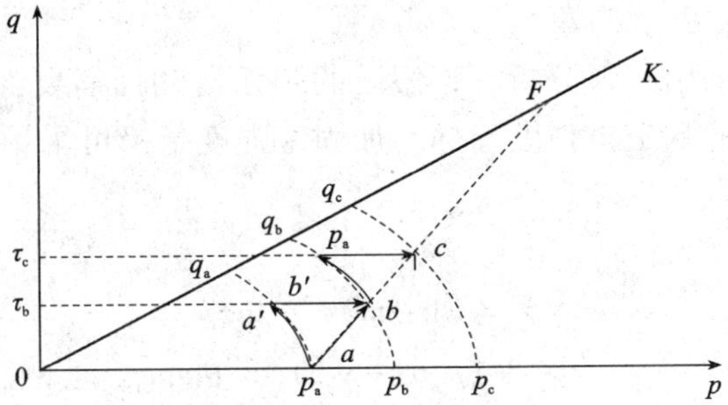

图 6.64 安全系数计算

地基的承载力验算，可以采用建筑地基上的计算方法，《建筑地基处理技术规范》JGJ 79—2012 中对于深层搅拌桩复合地基承载力特征值按照下式进行计算：

$$f_{spk} = \lambda m\frac{R_a}{A_p}+\beta(1-m)f_{sk} \tag{6.26}$$

其中 f_{spk}——复合地基承载力特征值；

λ——单桩承载力发挥系数；

R_a——单桩竖向承载力特征值；

A_p——桩体的截面积；

m——面积置换率；

f_{sk}——处理后桩间土承载力特征值；

β——桩间土承载力发挥系数。

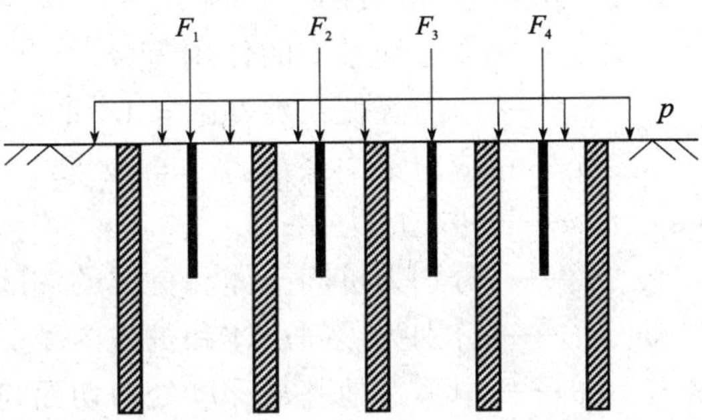

图 6.65 变刚度后处理承载力计算

后处理施工之后，路堤的承载力计算，需要考虑土体的强度增长，以及小桩的作用，参考长短桩的承载力公式，可以将无砂混凝土小桩位于路面以下的部分按照长短桩的形式来计算：

$$p_{cf} = k_{11}\lambda_{11}m_1p_{p1f}+k_{12}\lambda_{12}m_2p_{p2f}+\beta(1-m_1-m_2)p_{sf} \tag{6.27}$$

其中 p_{p1f}、p_{p2f}——分别为水泥土桩和无砂混凝土小桩的极限承载力；

p_{sf}——天然地基极限承载力；

k_{11}，k_{12}——分别为水泥土桩和无砂混凝土小桩的极限承载力发挥的修正系数；

λ_{11}，λ_{12}——分别为水泥土桩和无砂混凝土小桩的极限强度发挥度；

β——桩间土极限强度发挥系数；

m_1，m_2——分别为水泥土桩和无砂混凝土小桩的面积置换率。

考虑到无砂混凝土小桩位于路堤部分的桩体主要承担负的摩阻力，故应力将向无砂混凝土小桩集中，如果简化为上图，在小桩桩顶相当于受到一个集中力的作用，在实际计算时 λ_{12} 需要通过现场试验及工程经验确定。

6.4.2 整体稳定性验算

6.4.2.1 先处理稳定性分析

先处理稳定性分析主要考虑先处理对稳定性的加强作用，按复合地基稳定性验算方法计算，验算时荷载只考虑路堤自重。

整体稳定性验算可采用圆弧分析法，假设的圆弧滑动面需要经过加固区和未加固区。未加固区土体采用天然地基土体强度指标。加固区强度指标可采用复合土体综合强度，也可采用复合土体的综合强度指标。

复合土体的综合强度为：

$$\tau_c = (1 - m)\tau_s + m\tau_p \tag{6.28}$$

$$\tau_s = c_s + (\mu_s p_c + \gamma_s z)\cos^2\theta\tan\varphi_s \tag{6.29}$$

$$\tau_p = c_p + (\mu_p p_c + \gamma_p z)\cos^2\theta\tan\varphi_p \tag{6.30}$$

其中 τ_c——复合土体的综合强度；

τ_s——地基土体的抗剪强度；

τ_p——桩体的抗剪强度；

m——复合地基的面积置换率；

c_s——桩间土的黏聚力；

c_p——桩体的黏聚力；

p_c——复合地基上的作用荷载；

μ_s——应力降低系数，$\mu_s = 1/[1 + (n - 1)m]$；

μ_p——应力集中系数，$\mu_p = n/[1 + (n - 1)m]$；

n——桩土应力比；

γ_s, γ_p——分别为桩间土体和桩体的重度；

φ_s, φ_p——分别为桩间土体和桩体内摩擦角；

θ——滑弧在地基某深度处剪切面与水平面的夹角。

假设地基土的滑动面呈圆弧形，在滑动面上，总切应力记为 T，总抗剪应力为 S，沿圆弧滑动面发生滑动破坏的安全系数为：

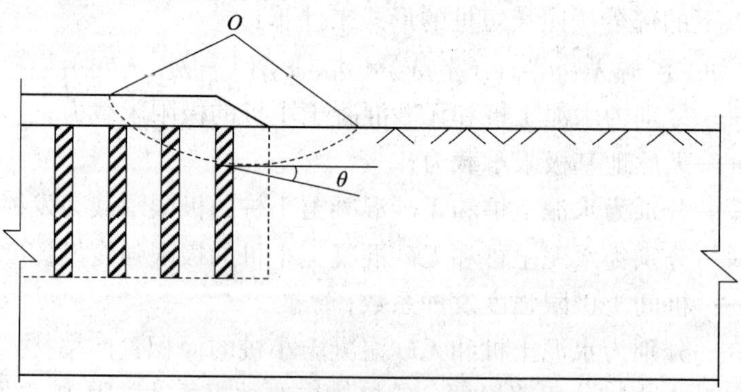

图6.66 先处理阶段路堤稳定性分析-圆弧滑动法

$$K = \frac{S}{T} \tag{6.31}$$

复合土体的综合强度指标为：

$$c_c = (1 - m)c_s + mc_p \tag{6.32}$$

$$\tan\varphi_c = (1 - m)\tan\varphi_s + m\tan\varphi_p \tag{6.33}$$

其中　c_c——复合土体的综合黏聚力；

φ_c——复合土体的综合黏摩擦角；

φ_s——桩间土的内摩擦角；

φ_p——桩体的内摩擦角。

$$F = \frac{R\sum(c_c l + N\tan\varphi_c)}{Wx} \tag{6.34}$$

其中　R——圆弧半径；

x——土体重心到圆弧圆心的距离。

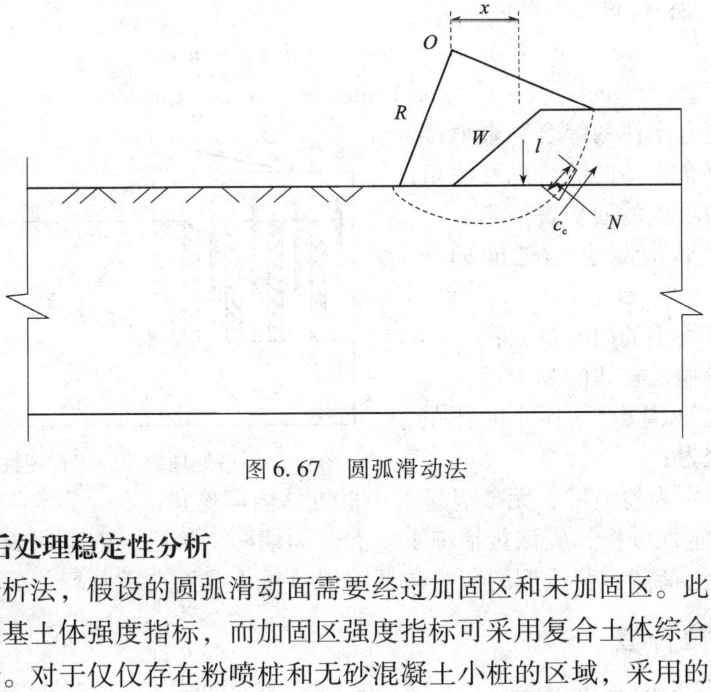

图 6.67　圆弧滑动法

6.4.2.2　后处理稳定性分析

采用圆弧分析法，假设的圆弧滑动面需要经过加固区和未加固区。此时未加固区土体依然采用天然地基土体强度指标，而加固区强度指标可采用复合土体综合强度，需要分为三部分进行讨论。对于仅仅存在粉喷桩和无砂混凝土小桩的区域，采用的强度指标计算公式与先处理阶段相同，只是在取值时分别按照粉喷桩和无砂混凝土小桩两个区域进行分析。对于无砂混凝土小桩和粉喷桩的共同作用区域，则需要按下式进行计算分析。

复合土体的综合强度为：

$$\tau_c = (1 - m_1 - m_2)\tau_s + m_1\tau_{p1} + m_2\tau_{p2} \tag{6.35}$$

其中　m_1——粉喷桩的面积置换率；

m_2——无砂混凝土小桩的面积置换率；

τ_{p1}——粉喷桩桩体的抗剪强度；

τ_{p2}——无砂混凝土小桩桩体的抗剪强度。

此时：
$$\tau_s = c_s + (\mu_s p_c + \gamma_s z)\cos^2\theta\tan\varphi_s \tag{6.36}$$
$$\tau_{p1} = c_{p1} + (\mu_{p1} p_c + \gamma_{p1} z)\cos^2\tan\varphi_{p1} \tag{6.37}$$
$$\tau_{p2} = c_{p2} + (\mu_{p2} p_c + \gamma_{p2} z)\cos^2\tan\varphi_{p2} \tag{6.38}$$

c_{p1}——粉喷桩桩体的黏聚力；

c_{p2}——无砂混凝土小桩桩体的黏聚力；

μ_s——应力降低系数，$\mu_s = 1/[1+(n_1-1)m_1+(n_2-1)m_2]$；

μ_{p1}——粉喷桩应力集中系数，$\mu_{p1} = n_1/[1+(n_1-1)m_1+(n_2-1)m_2]$；

μ_{p2}——无砂混凝土小桩应力集中系数，$\mu_{p2} = n_2/[1+(n_1-1)m_1+(n_2-1)m_2]$；

n_1——粉喷桩桩土应力比；

n_2——无砂混凝土小桩桩土应力比；

γ_{p1}, γ_{p2}——分别为粉喷桩、无砂混凝土小桩桩间土体的重度；

$\varphi_{p1}, \varphi_{p2}$——分别为粉喷桩、无砂混凝土小桩桩体内摩擦角；

其他符号同前。

复合土体的综合强度指标为：
$$c_c = (1-m_1-m_2)c_s + m_1 c_{p1} + m_2 c_{p2} \tag{6.39}$$
$$\tan\varphi_c = (1-m_1-m_2)\tan\varphi_s + m_1\tan\varphi_{p1} + m_2\tan\varphi_{p2} \tag{6.40}$$

其中　c_c——复合土体的综合黏聚力；

φ_c——复合土体的综合黏摩擦角；

m_1——粉喷桩的面积置换率；

m_2——无砂混凝土小桩的面积置换率；

φ_s——桩间土的内摩擦角；

c_{p1}——粉喷桩桩体的黏聚力；

c_{p2}——无砂混凝土小桩桩体的黏聚力；

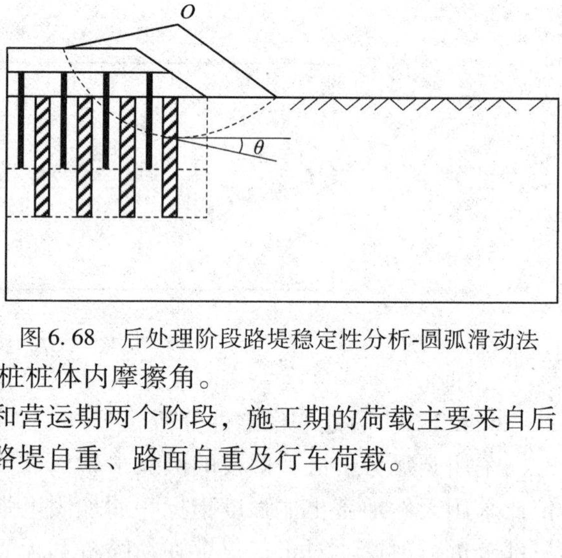

图6.68　后处理阶段路堤稳定性分析-圆弧滑动法

φ_{p1}、φ_{p2}——分别为粉喷桩、无砂混凝土小桩桩体内摩擦角。

后处理的稳定性分析，应该包括施工期和营运期两个阶段，施工期的荷载主要来自后处理之后的总填土荷载，营运期的荷载包括路堤自重、路面自重及行车荷载。

6.4.3　沉降计算

沉降计算是路基计算中很重要的一项，参照复合地基沉降计算方法，采用复合模量法进行计算。可以将路堤分为不同的区域按照复合模量法进行计算。

采用复合压缩模量 E_{cs} 来计算加固区土层压缩量：
$$s_1 = \sum_1^n \frac{\Delta p_i}{E_{csi}} H_i \tag{6.41}$$

其中　Δp_i——第 i 层复合土上附加应力增量；

H_i——第 i 层复合土层的厚度。

竖向增强体复合地基复合土压缩模量 E_{cs1} 通常采用面积加权平均法计算：
$$E_{cs1} = m_1 E_{ps1} + (1-m_1)E_{ss1} \tag{6.42}$$

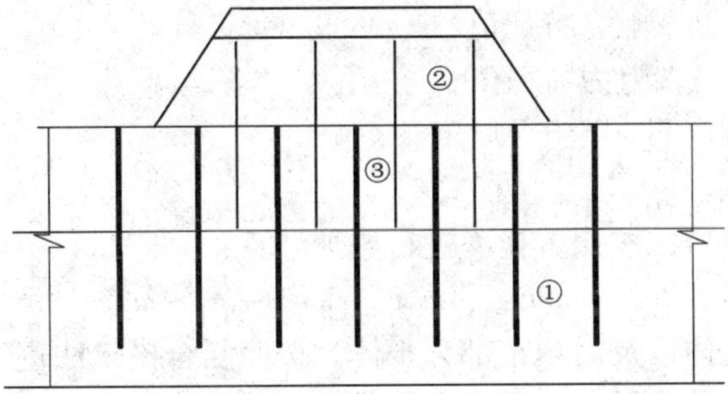

图 6.69　复合模量法分层

其中　E_{ps1}——桩体压缩模量；

E_{ss1}——桩间土压缩模量；

m_1——复合地基面积置换率。

$$m = \frac{A_p}{A} \tag{6.43}$$

其中　A_p——桩体面积；

A——对应的加固区面积。

对于无砂混凝土小桩处理的地基，其复合模量按当量模量《建筑地基处理技术规范》JGJ 79—2012 计算：

$$E_{cs2} = \zeta E_s \tag{6.44}$$

$$\zeta = \frac{f_{spk}}{f_{ak}} \tag{6.45}$$

其中　f_{ak}——基础底面下天然地基承载力特征值（kPa）；

f_{spk}——基础底面下复合地基承载力特征值（kPa）。

f_{spk}的计算参考《投石压浆无砂混凝土小桩加固复合地基技术规程》，其竖向承载力按下式计算：

$$f_{spk} = m\frac{\xi R_a}{A_p} + \beta_1\beta_2(1-m)f_{sk} \tag{6.46}$$

其中　f_{spk}——复合地基承载力特征值（kPa）；

f_{sk}——处理后桩间土地基承载力特征值（kPa）；

m——面积置换率；

ξ——桩承载力发挥系数；

β_1——考虑桩土作用与压浆加固作用的桩间土承载力增强系数（一般取 1.1~1.2）；

β_2——桩间土承载力折减系数，可取为β_2=0.8~1.0。

$$R_a = \alpha_0 u_p \sum_{i=1}^{n} l_{pi} q_{si} + \alpha A_p q_p \tag{6.47}$$

式中　α_0——桩侧阻力的增大系数，一般取 1.1~1.3；

α——桩端阻力发挥系数，一般取 1.0~1.2；

u_p——桩的周长；

q_{si}——第 i 层土侧摩阻力特征值；

q_p——第 i 层土桩端阻力特征值；

l_{pi}——桩长范围内第 i 层土层厚度；

A_p——桩端面积。

对两者共同作用区域，按照置换率进行叠加计算：

$$E_{cs3} = m_1 E_{cs1} + m_2 E_{cs2} + (1 - m_1 - m_2) E_s \tag{6.48}$$

对于加固区下部土体以及后填土部分土体，按照复合模量法进行计算。

由加固区下部土体沉降量 s_2，后填土部分的沉降 s_3，得到总沉降：

$$s = s_1 + s_2 + s_3 \tag{6.49}$$

6.4.4　小结

针对高填方路基变刚度后处理的几个关键参数计算进行分析，得到了变刚度后处理设计的一般思路。根据弹性力学半空间体均布荷载下的附加应力计算公式，结合斯开普敦公式得到附加应力产生的超孔隙水压力，根据土工试验得到的有效强度指标，结合土体极限平衡状态公式和安全系数，验算附加应力的取值是否合理，从而确定先填土高度。

在原有复合地基整体稳定性和沉降计算的基础上，结合变刚度后处理技术这一特殊工艺，通过引用地基处理加固区的复合强度指标和复合土体的综合强度指标，对其整体稳定性进行了计算探讨。

通过对变刚度后处理这一地基形式的研究，就其沉降计算进行了探讨，并在现有复合地基沉降计算公式的基础上，得到了变刚度无砂混凝土小桩后处理的沉降计算简化公式。

6.5　本章小结

本章通过总结目前国内外常用的高填方路基的处理形式，针对变刚度后处理这一特殊地基处理形式进行了分析，得到如下结论：

1）与不进行无砂混凝土小桩后处理的路基相比，后处理过程可有效地加速消散路基在填土部分产生的超孔隙水压力，加速土体固结，增强土体的强度，提高路堤的安全系数；

2）无砂混凝土小桩的存在，可显著减小路堤在后期填筑过程中的水平向位移，增强路堤土体的整体性；

3）通过对变刚度无砂混凝土小桩后处理技术机理的研究分析，结合现有的复合地基承载力、稳定性、沉降计算公式，探讨了变刚度无砂混凝土小桩后处理技术的相关计算公式；

4）工程实际的监测表明，采用无砂混凝土小桩进行后处理的路基整体沉降满足规范要求，进行固结排水作用的路段，其工后整体沉降明显小于不进行处理的路段。

第7章　后处理加宽路基变形性状的数值模拟分析

高速公路路堤加宽按照拼接形式不同可以分为直接式拼接和分离式拼接两种形式，按照加宽位置不同可以分为单侧加宽和双侧对称加宽两种形式。本章分析研究高速公路路堤双侧对称直接式拼接加宽后处理的情况。

7.1　基本假定和模型建立

7.1.1　基本假定

1）路堤填土和地基土体均采用摩尔-库仑本构模型；

2）后处理加固区域内土体采用弹性本构模型；

3）原有路堤和拓宽路堤的交界面在变形过程中不产生相对滑移和脱离；

4）原有路堤下地基土体未进行地基处理，原有路堤和地基在加宽前已达到稳定状态。

7.1.2　模型建立

原有双向四车道高速公路路堤顶面宽度为28.0m，在原有高速公路两侧分别进行加宽，每侧加宽宽度为8.0m，高速公路由原来双向四车道变为双向8车道。基于对称性原则，计算模型取结构的一半，这样原有路堤顶面宽为14.0m，拓宽部分路堤顶面宽度为8.0m，路堤填土高度为7.0m。原有路堤和拓宽路堤边坡坡度均为1：1.5，地基计算深度取为自然地面下30.0m，计算宽度取自路基中轴线向外50.0m。如图7.1所示。物理模型的边界为：路基中轴线为孔隙水零通量边界，x轴方向零位移边界；路基顶面为自由边界；路基底部为隔水边界，x轴方向零位移边界，y轴方向零位移边界；路基模型外侧为隔水边界，x轴方向零位移边界。

本问题分析模型及网格划分如图7.2～图7.6所示。模型土体采用摩尔—库仑材料，复合地基区域采用弹性材料，土体所用参数见表7.1所示。

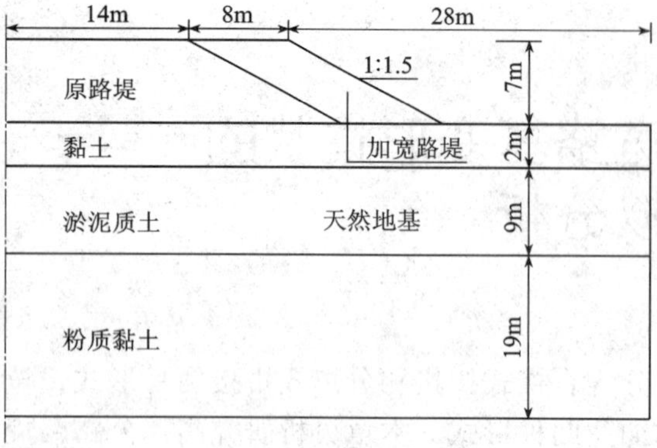

图 7.1　路基加宽几何模型

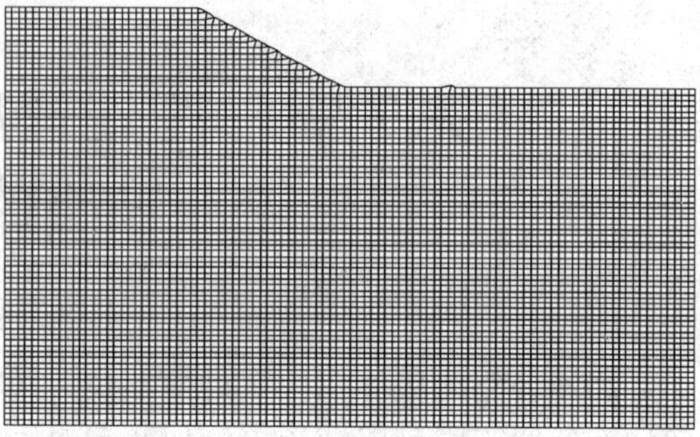

图 7.2　原有路基的模型网格

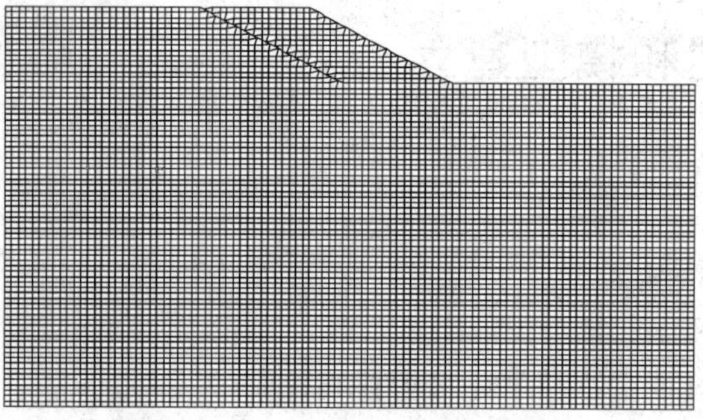

图 7.3　加宽后路基的模型网格

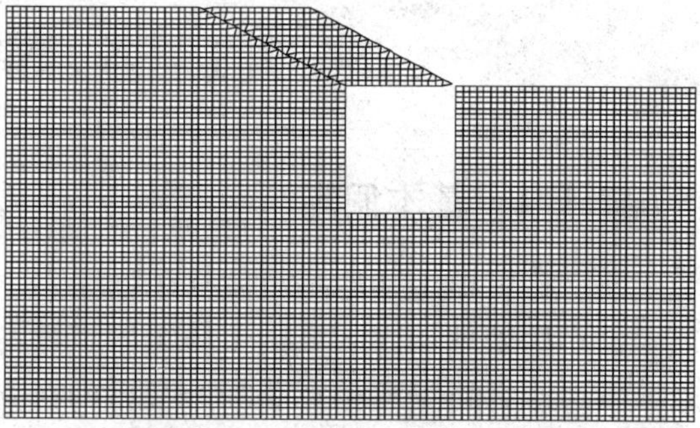

图 7.4　加宽先处理区域及模型网格

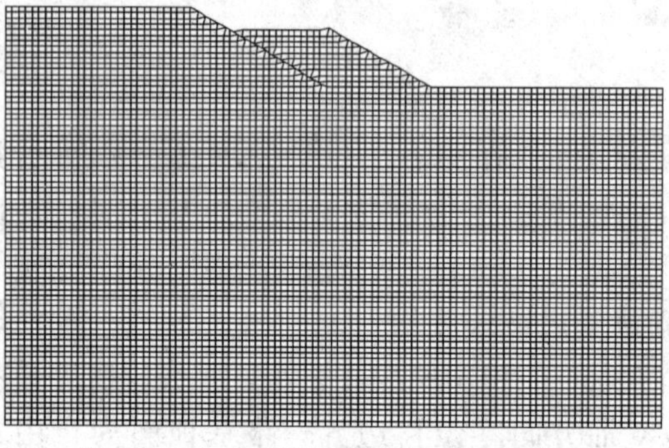

图 7.5　加宽后处理先填方模型网格

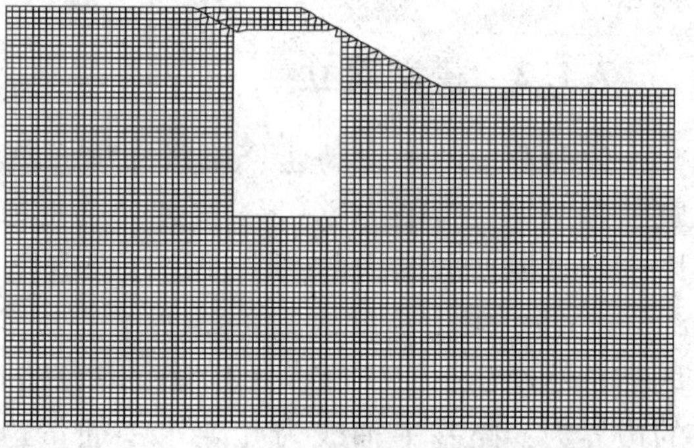

图 7.6　加宽后处理区域及模型网格

分析模型土体参数　　**表 7.1**

土层	干密度 (kg/m³)	弹性模量 (Pa)	剪切模量 (Pa)	内摩擦角 (°)	黏聚力 (Pa)	孔隙率	渗透系数 (m/s)
路基填土	2000	1.67e7	5.6e6	25	30000		
黏土	1700	2.5e6	1.875e6	14	20000	0.3	
淤泥质土	1066	1e6	0.6e6	12.6	6800	0.622	1e-10
粉质黏土	1700	3e6	2.5e6	18	25000	0.3	
复合地基区域	2000	3.3e7	2.0e7				

7.2 后处理加宽路基的变形性状对比分析

本节研究原有路堤下地基不进行处理，采用分层碾压施工达到稳定状态以后，再在其两侧进行对称加宽施工，加宽填方采用分层碾压，分三种情况对变形性状进行对比分析：第一种是不进行任何地基处理情况下对路基变形性状的分析；第二种是采用砂井对地基进行先处理，后施工加宽填方时对路基变形性状的分析；第三种是采用后处理技术，后处理先填土高度取5m时对路基变形性状的分析。

数值模拟过程中原有老路堤变形达到稳定后，消除各网格点的变形，再进行加宽填土部分的施工，取老路路堤的堤顶中心点和边坡坡肩点作为参照对比分析三种情况下加宽填土对老路路堤变形性状的影响。

7.2.1 加宽路基变形性状

原有高填方路堤两侧同时进行加宽而不作地基处理，加宽填土采用分层碾压施工方法，每层填方高度为1m，达到稳定后进行下一级填土施工。

1）当填土达到5m高度时，整个路堤和地基中竖向位移场云图如图7.7所示，向下的最大竖向位移发生在加宽部分路堤外缘及边坡坡肩的位置，最大竖向位移值为43mm，竖向位移梯度变化最大的位置位于加宽路堤边缘坡肩的正下方，此区域是加宽路堤填土荷载最大值作用位置。在距加宽路堤坡脚约5m以外，地表面有微量隆起，隆起量最大值12mm。加宽部分填土荷载在老路路堤顶面引起的最大沉降差为12mm，老路路堤的中线附近区域有微量隆起，隆起量最大值为9mm，老路路堤顶面边坡坡肩位置向下沉降量最大，最大沉降量为3mm。

整个路堤和地基中水平位移场云图如图7.8所示。图中在老路路堤边坡下方地基中存在一个较大区域，该区域地基土体的水平位移是朝向老路路基中线方向的，最大值为9mm，最大值区域位于填土荷载顶面与老路路堤边坡相交点下方，自然地面下5m附近；在加宽路堤坡脚下方7m附近区域发生最大正的水平位移，最大水平位移为8mm，该区域周围向外地基土体都发生向外侧挤出。地基土体中负的水平位移区域和正的水平位移区域以加宽填土坡肩位置下方对应点位为分界线。加宽部分填土荷载在老路路堤上引起的最大水平位移为8mm，位于老路路堤边坡坡顶位置。

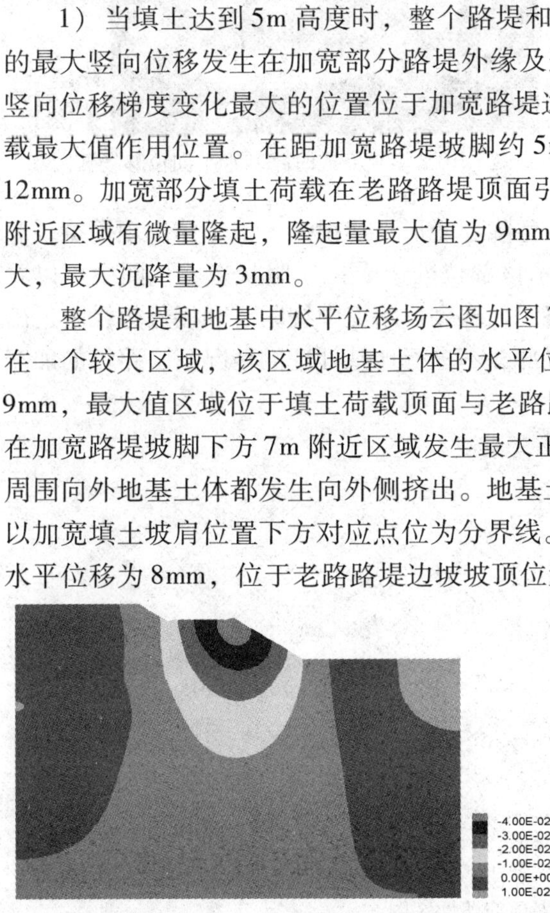

图7.7 填土高度5m时路基竖向位移场云图

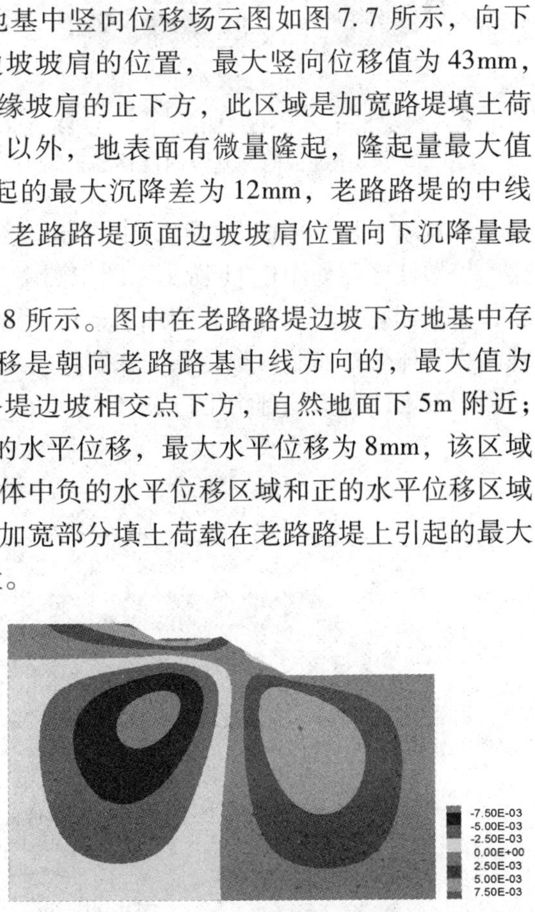

图7.8 填土高度5m时路基水平向位移场云图

2）当填土达到设计高度时，整个路堤和地基中竖向位移场云图如图7.9所示，向下的最大竖向位移仍然在加宽部分路堤顶部边缘的位置，最大竖向位移值为93mm，竖向位移梯度变化最大的位置位于加宽路堤边缘（最大竖向位移对应位置）的正下方，此区域是加宽路堤填土荷载最大值作用位置。在距加宽路堤坡脚以外，地表面开始有隆起，隆起量最大值119mm。加宽部分填土荷载在老路路堤顶面引起的最大沉降差为31mm。

整个路堤和地基中水平位移场云图如图7.10所示。与加载初期和5m填方时一样，在老路路堤边坡下方地基中仍存在一个区域，该区域地基土体的水平位移是朝向老路路基中线方向的，但是随着加载完成以后时间延长，整个土体的水平位移逐渐向背离老路路基中线方向发展，且水平位移值逐渐增大，最大值为102mm，位于淤泥质土层与下卧粉质黏土层交界处，比填方5m时最大值增大，最大值区域位于填土坡脚下方，自然地面下11m附近；与填方5m时相比，最大值区域向背离老路堤中心线方向移动且范围扩大。

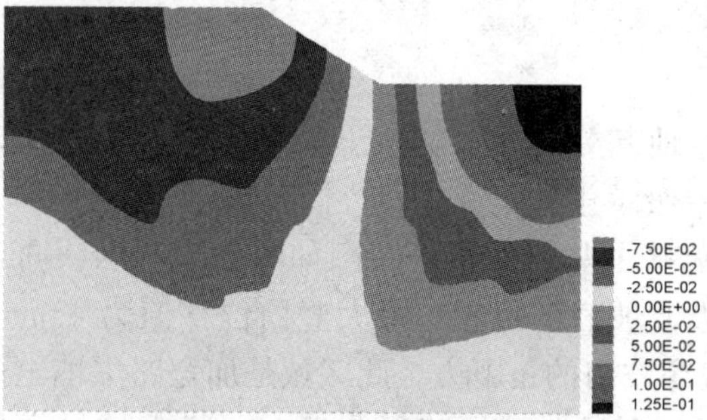

图7.9　填土完成时路基竖向位移场云图

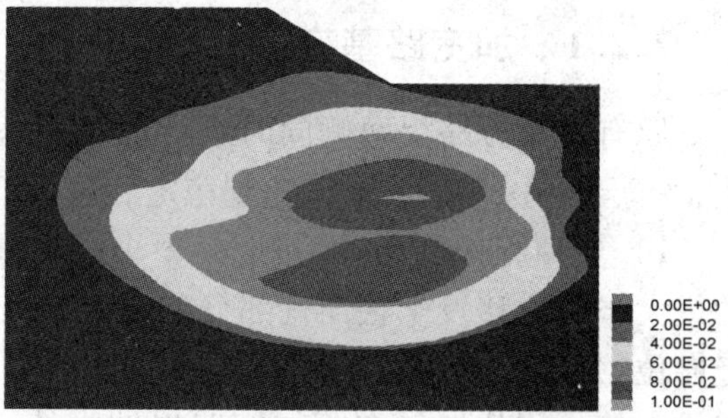

图7.10　填土完成时路基水平向位移场云图

加宽填土加载初期老路路堤中心部位将产生隆起变形，使得该区域土体出现受拉，老路路堤塑性区图如图7.11所示，图中圆圈表示该部位处于受拉屈服状态。从图中可以看出，由于加宽路堤填方荷载的作用，在老路路堤顶部靠近路堤中线附近和接近边缘附近出现路堤土体受拉屈服区域，表明在新加宽路堤部分不进行地基处理的情况下，路堤的加宽将会引起老路路堤顶部产生拉裂。

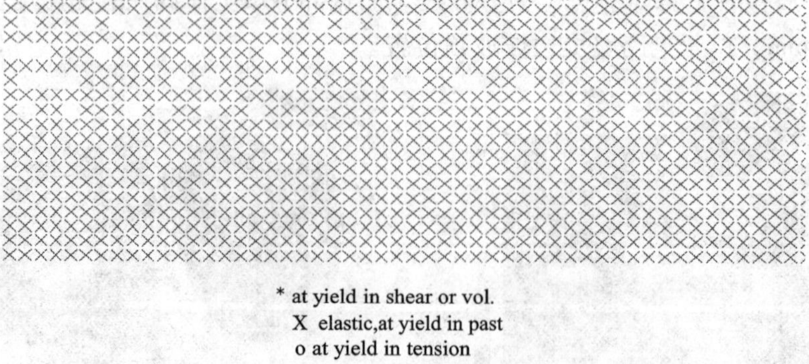

图7.11　老路路堤顶部塑性区图

加宽填土荷载作用下路堤及地基土体的位移矢量图如图7.12所示，从图可以看出地基土体有发生整体滑移的趋势，随着加宽填土荷载的增加，土体中产生的附加应力及超孔隙水压力从上向下逐渐传递和发展，老路路堤发生整体下沉，地基土体将产生滑动破坏。

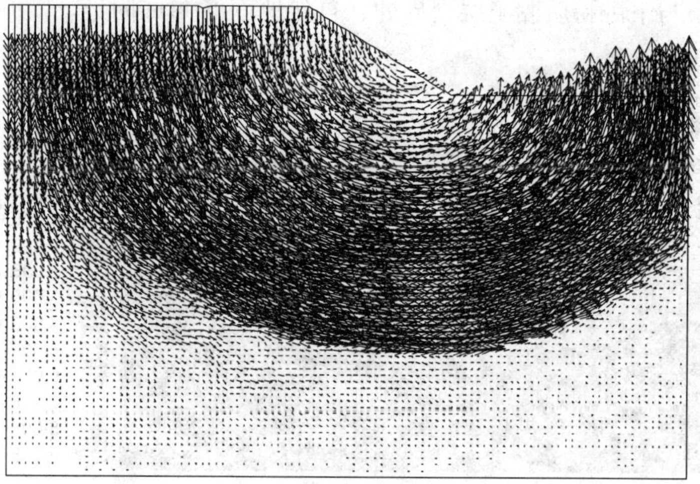

图7.12　地基土体位移矢量图

7.2.2　先处理加宽路基变形性状

采用砂井排水固结法对地基进行先处理，砂井间距为2.0m，直径为350mm，处理深度为11.5m，加宽填土分层施工至设计标高。

当填土达到设计高度时，整个路堤和地基中竖向位移场云图如图7.13所示，向下的最大竖向位移在加宽部分路堤顶部边缘的位置，最大竖向位移值为93mm，竖向位移梯度变化最大的位置位于加宽路堤与老路堤连接部位的下方，此区域是加宽路堤填土荷载较大值作用位置。在加宽路堤坡脚以外，地表面开始有隆起；隆起量最大值90mm；加宽部分填土荷载在老路路堤顶面引起的最大沉降差为35mm。

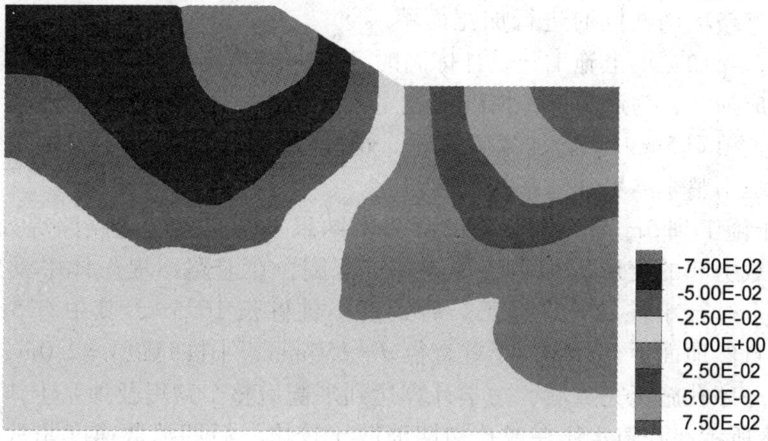

图7.13　路基竖向位移场云图

整个路堤和地基中水平位移场云图如图7.14所示。随着加载完成以后时间延长，整个地基土体的水平位移是向外的，即土体的水平位移逐渐向背离老路路基中线方向发展，且水平位移值逐渐增大，最大值约为94mm，位于砂井底部所在位置，水平位移较大值区域位于淤泥质土层与下卧粉质黏土层交界处，自然地面下11m附近。

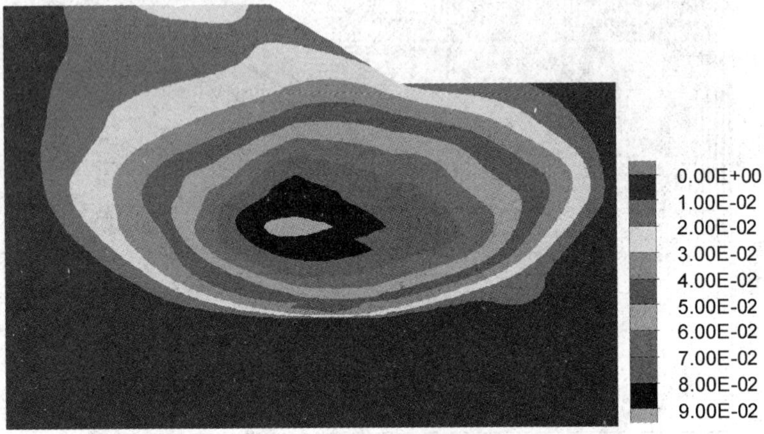

图7.14 路基水平向位移场云图

加宽填土荷载作用下路堤及地基土体的位移矢量图如图7.15所示，从图可以看出地基土体有发生整体滑移的趋势。由于砂井的存在，加快了土体变形的发展速度，随着加宽填土荷载的增加以及荷载在土体中产生的附加应力及超孔隙水压力在土体中从上向下逐渐传递和发展，地基土体也将会产生滑动破坏。

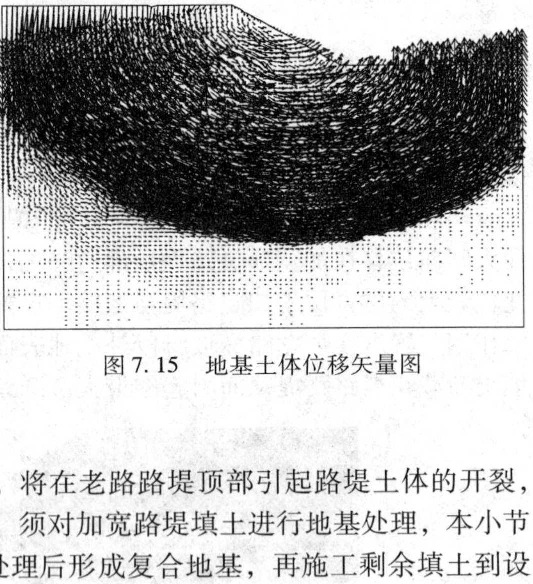

图7.15 地基土体位移矢量图

7.2.3 后处理加宽路基变形性状

原有高填方路堤两侧同时进行加宽而不作地基处理时，当加宽填土施工到设计标高时，将在老路路堤顶部引起路堤土体的开裂，对老路路面造成损坏，为避免这种情况的发生，须对加宽路堤填土进行地基处理，本小节研究当加宽填土填到5m时进行加宽后处理，处理后形成复合地基，再施工剩余填土到设计标高这一过程中整个路堤和地基的变形情况。

1）当填土施工到5m高度时，从前面分析结果可知，此时老路路堤处在稳定状态，由加宽填土荷载引起的变形均远小于规范规定范围，在老路路堤土体中没出现受拉屈服区，在此基础上进行小桩后处理施工。后处理小桩桩长16.5m，其中有5m位于填土层内，桩端位于自然地面下11.5m，小桩直径$d=150$mm，小桩间距$s=2.0$m，正方形布桩。

当小桩第一序孔施工完成后，力学计算达到平衡后整个路堤及地基土体的孔隙水压力云图如图7.16所示，孔隙水压在成孔初期消散比较快，后期消散速度非常缓慢，经过很长时间之后才达到图示孔隙水压状况，这样就需占用较长工期。

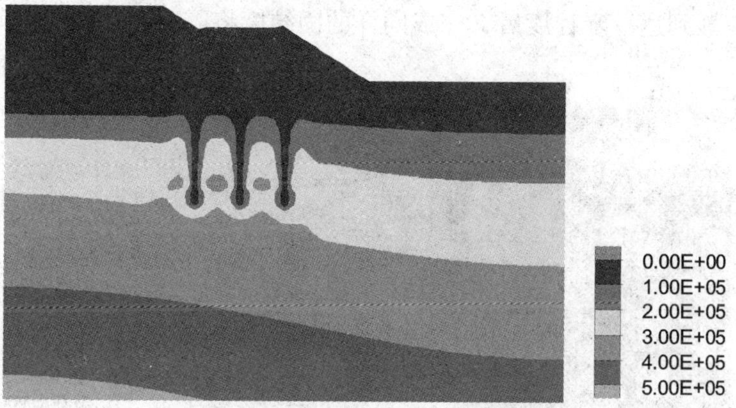

图 7.16 孔隙水压力云图

整个路堤和地基中竖向位移场云图如图 7.17 所示，小桩第一序孔施工后整个路堤和地基中竖向位移场和没有施工前相比，向下的最大竖向位移发生的位置及最大竖向位移值基本一致，竖向位移梯度变化最大的位置仍位于加宽路堤边缘坡肩的下方，但此区域范围向周围扩大，在桩底处变缓。加宽路堤坡脚以外以及老路路堤的中线附近区域的隆起有微量减小，老路路堤顶面的最大沉降差为 14mm ，和处理前相比增加了 2.7mm，虽然很微小，但说明小桩施工后，由于排水固结作用引起了老路路堤的附加沉降，且沉降在老路边缘处更大一些。

图 7.17 路基竖向位移场云图

整个路堤和地基中水平位移场云图如图 7.18 所示。和处理前相比，小桩施工对地基水平位移的影响相对于竖向位移要大一些，地基中正、负最大水平位移都有较显著的减小，水平位移由两侧向加宽路基下方位置回弹，地基中负的水平位移区域扩大，正负水平位移分界线向路基外侧移动。

2）当小桩第二序孔施工完成后，整个路堤及地基土体的孔隙水压力云图如图 7.19 所示，分别为计算 100 时步、300 时步、800 时步、计算达到平衡（1825 时步）后相对应的孔隙水压力云图。孔隙水压的消散也是在成孔初期消散速度比较快，后期消散速度逐渐变慢，由于第二序孔的施工缩短了孔隙水消散路径，孔隙水的消散相比第一序孔要快得多，但是孔隙水的消散到达一定程度后，完成同样的固结度将需要经过更长时间，工程中将占用很长工期。

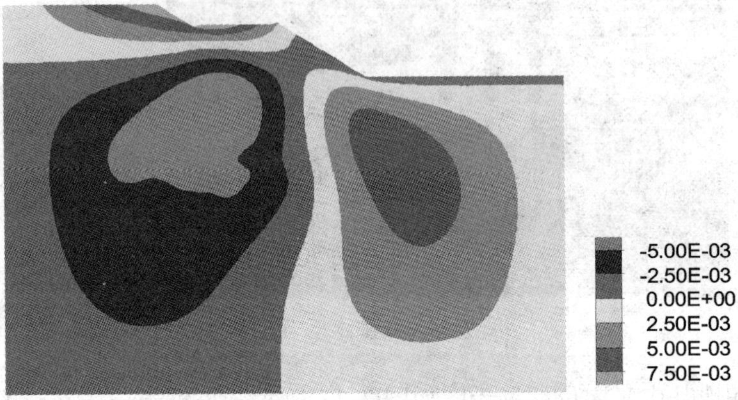

图7.18 路基水平向位移场云图

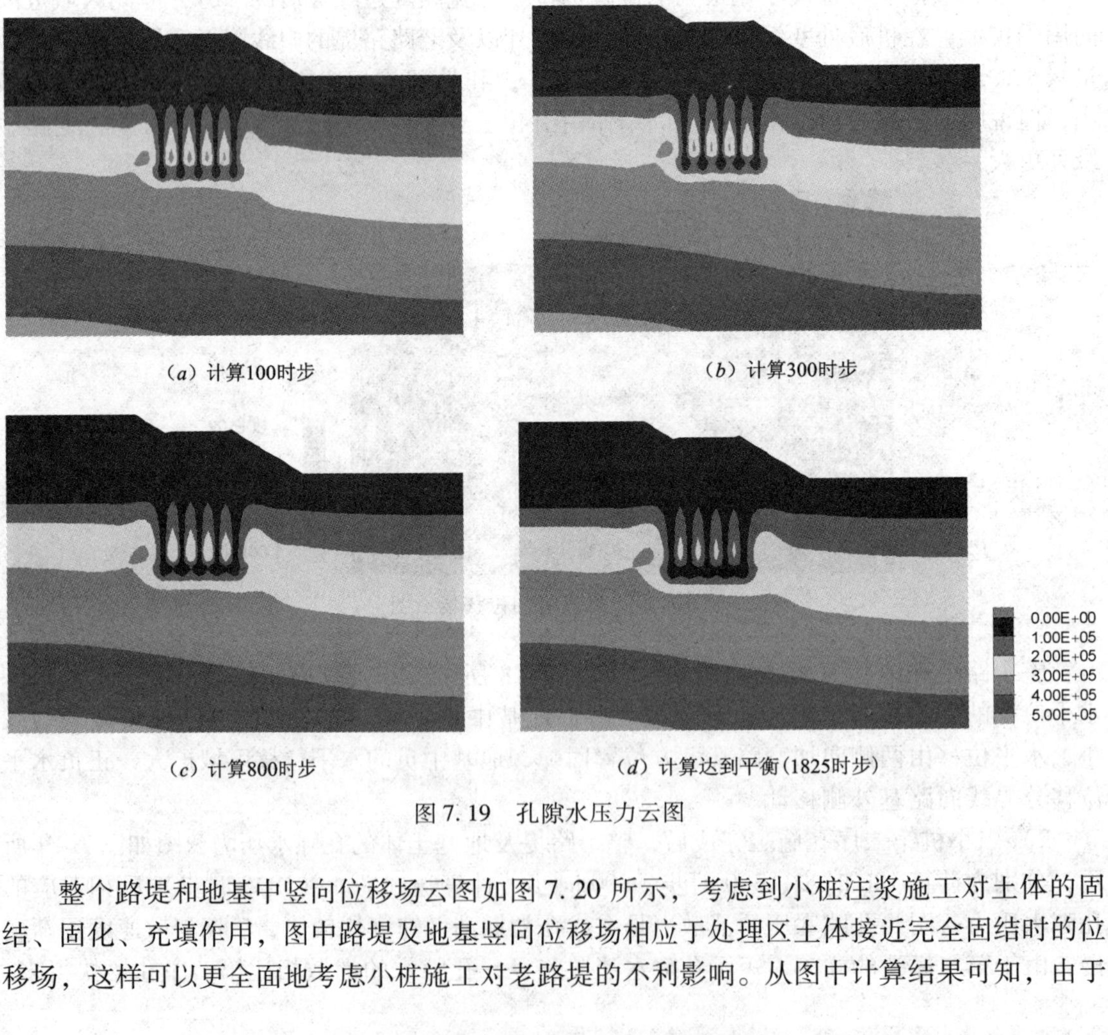

图7.19 孔隙水压力云图

整个路堤和地基中竖向位移场云图如图7.20所示，考虑到小桩注浆施工对土体的固结、固化、充填作用，图中路堤及地基竖向位移场相应于处理区土体接近完全固结时的位移场，这样可以更全面地考虑小桩施工对老路堤的不利影响。从图中计算结果可知，由于小桩施工引起的老路堤向下附加沉降在老路堤顶面中线处为12mm，边坡坡肩处为18mm，沉降差为6mm，累加上填土施工期的变形，老路堤顶面中线处为3mm，边坡坡肩处为21mm，沉降差为18mm。小桩施工引起加宽路堤上最大竖向位移位置的附加沉降为19mm，累加上填土施工期的变形量，该位置竖向位移为61mm。

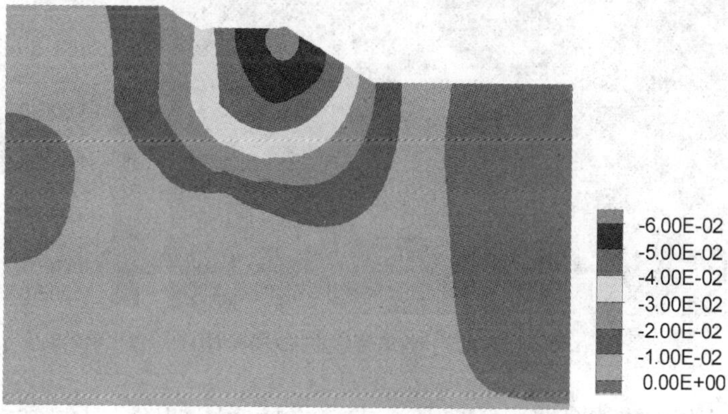

图7.20 路基竖向位移场云图

整个路堤和地基中水平位移场云图如图7.21所示。图中水平位移和竖向位移一样考虑了小桩注浆对处理区土体的影响，从图中计算结果可知，地基中负的水平位移值进一步减小，区域范围进一步扩大；正的水平位移值也在减小，填土施工引起的挤出效应进一步降低；老路路堤上部土体产生正的水平位移，最大值位于老路边坡坡肩处，位移值为12mm，和填土施工期相比略有增大。

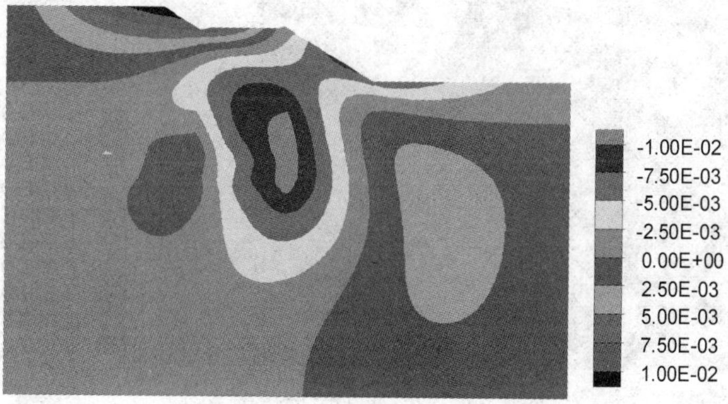

图7.21 路基水平向位移场云图

3）加宽路堤在5m填土高度处进行后处理形成复合地基，剩余填土施工引起的整个路堤和地基土体竖向位移云图如图7.22所示，发生最大竖向位移的位置在加宽路堤顶面中间部位，最大值为17mm，竖向位移梯度变化最大的位置位于加宽路堤下方15.0m附近，和处理前相比下移较大，这是因为后处理形成的复合地基将后期填土荷载传递到复合地基下的持力层，在持力层土体形成应力集中区域，引起较大的竖向变形。后期填土荷载经复合地基传递到深层土体后，其在老路路堤上引起的竖向变形就非常小，而且较均匀（从4mm到12mm），更重要的是后处理改变了土体中应力传递路径，使应力状态发生较大变化，使得加宽填土荷载在老路路堤中引起的拉应力区域在后处理完成后不再出现。

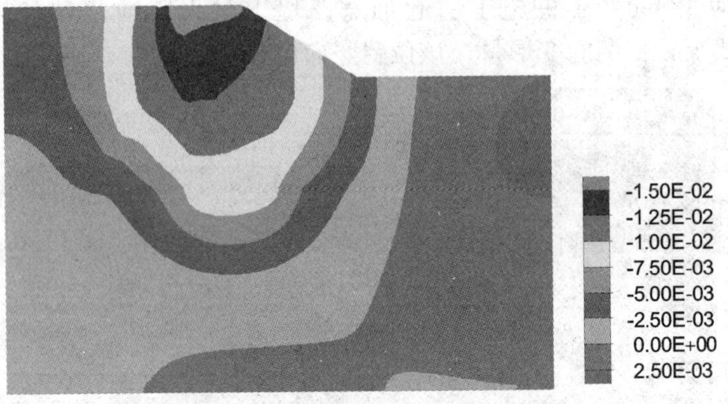

图7.22　路基竖向位移场云图

后期填土荷载引起的整个路堤和地基水平位移场云图如图7.23所示，由于后处理形成的复合地基的存在改变了荷载传递的路径，在地基土体中朝向老路路基中线方向的水平位移区域大大减小，数值接近于零，这样就大大消除了由于软土层侧移引起的老路堤的隆起以及由此在路堤土体中产生的拉应力；地基土体中的正的水平位移最大值为3mm，位于老路坡肩位置的下方。

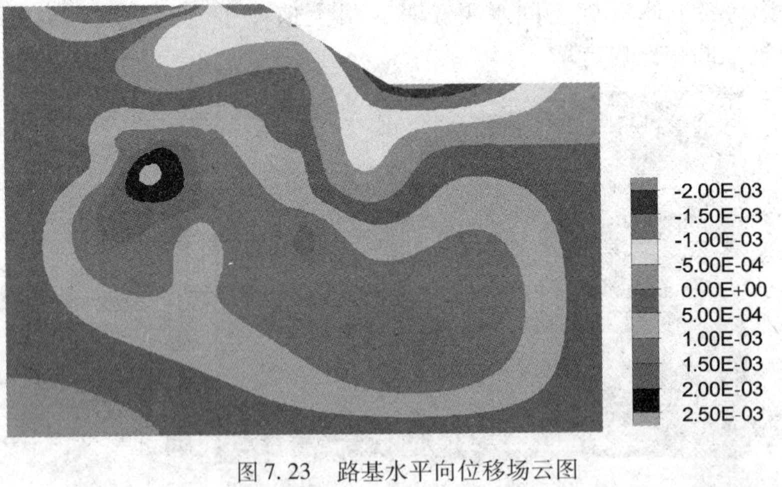

图7.23　路基水平向位移场云图

加宽填土荷载作用下路堤及地基土体的位移矢量图如图7.24所示，从图可以看出，地基土体位移有向后处理区域下部发展的趋势。后处理施工完成后，先填土荷载引起的土体位移在后处理施工期间基本完成，加宽后期填土荷载的作用基本由后处理形成的小桩复合地基来承担并逐渐向下传递，其对老路路堤的影响较弱，地基土体处于较稳定状态。

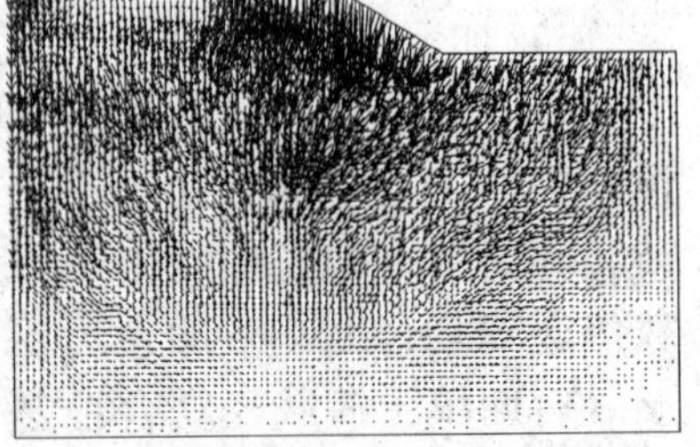

图7.24　地基土体位移矢量图

7.2.4 小结

（1）原有高填方路堤两侧同时进行加宽而不作地基处理，加宽填土采用分层碾压进行施工，每层填方高度为1m，达到稳定后进行下一级填土施工。从数值模拟结果可知，由于地基中存在9.0m厚的淤泥质软土层，随着填土荷载的逐步施加，地基中正、负水平位移逐渐增大，最大值区域都位于软土层中；竖向位移梯度变化最大部分也位于软土层中，加宽填土荷载施加完成初期，由于在老路路堤顶部中间区域产生隆起，而在边缘区域产生向下沉降，在老路路堤顶部靠近路堤中线附近和接近边缘附近出现土体受拉屈服区域，表明在新加宽路堤部分不进行地基处理的情况下，路堤的加宽在初期将会引起老路路堤顶部产生拉裂；随着加宽填土荷载的增加以及荷载在土体中产生的附加应力及超孔隙水压力在土体中从上向下逐渐传递和发展，路堤的加宽在后期将会引起地基土体产生滑动破坏趋势。

（2）当采用砂井地基对淤泥质土层进行处理后，再分层施加加宽填土荷载，从数值模拟结果看，由于砂井的存在，促进了土体的排水固结，加快了土体的变形速度，但土体的变形量没有发生本质变化，也没有能够有效提高地基土体的承载力，在加宽填土荷载作用下，地基土体仍将会产生滑动破坏趋势。

（3）小桩后处理成孔施工对地基变形影响，从数值分析结果可知，小桩采用间隔施工，小桩第一序孔的施工对土体固结的影响只是在成孔初期比较大，小桩第二序孔的施工对土体固结的影响和第一序孔规律基本一致，这是因为先期填土荷载在土体中积聚的超孔隙水压力在成孔时得到瞬间释放，后期由于孔隙水压降低，消散速度逐渐降低，所以仅仅依靠成孔施工来完成土体的固结将花费很长的时间，这在高速公路加宽工程中是不允许的，所以成孔后期加速土体固结还要依靠间隔注浆这一道工序，一方面注浆施工时注浆压力对土体的挤压增加了孔隙水压梯度，促进了孔隙水的消散；另一方面浆液对土体的劈裂充填、固化及胶结作用，使土体固结充分完成，同时也改善了土体土性指标，提高了土体强度。

（4）从数值模拟过程中土体变形的发展变化可知，后处理施工改变了土体的变形性状，没有处理前，老路路堤中有较大区域的竖向变形是隆起的，后处理施工期间该区域变形有隆起变成了下降，且最终值变成了负值，这样不仅减小了老路路堤的沉降差，而且大大减小了老路路堤中拉应力，避免土体因受拉屈服而破坏。

（5）后期填土荷载施工时，由于后处理形成复合地基的存在，发生最大竖向位移的位置以及竖向位移梯度变化最大的位置，都出现了不同于处理前的变化规律，使得后期填土荷载在老路路堤上引起的竖向变形大大减小。

7.3 本章小结

在原有高填方路基两侧对称加宽路基时，新老路基沉降变形处于不同的阶段，导致连接处常由于新填方路基的沉降变形而发生路面开裂。后处理技术在高填方路基扩宽工程中的应用，大大缓解了新老路基之后差异沉降问题。本章采用有限元方法数值模拟分析了新填方扩宽路基在后处理施工过程中的变形发展规律，得到研究结论如：

（1）从数值模拟过程中土体变形的发展变化可知，后处理施工改变了土体的变形性状，扩宽路基填方施工后会引起老路路堤中有较大区域的隆起竖向变形，后处理施工期间该区域变形由隆起变成了下沉，大大减小了老路路堤的沉降差，以及老路路堤中的拉应力，避免了土体发生受拉开裂的危险。

（2）后期填土荷载施工时，由于后处理形成复合地基的存在，发生最大竖向位移的位置以及竖向位移梯度变化最大的位置，都出现了不同的变化规律，后期填土荷载在老路路堤上引起的竖向变形就大大减小。

（3）无砂混凝土小桩后处理技术在加宽工程中的应用表明，小桩后处理技术不仅能够增强新老路基之间的结合，而且能够协调新老路基之间的变形，大大减小工后沉降变形。

第 8 章　高填方路基后处理技术的工程应用

8.1　高填方路基后处理技术在黄土地区的应用

8.1.1　黄土地区高填方路基处理的技术路线

8.1.1.1　黄土地区高填方路基变形特征

黄土地区高填方路堤变形主要有以下几种类型：

1）沉陷变形

沉陷可分为整体沉陷和局部沉陷。整体沉陷主要发生在地下水位上升和山体滑移等地段，受自然环境的影响因素较大。局部沉陷是施工质量不均匀，或边界条件不一致造成的，目前由于施工质量的提高，使路基整体沉降量控制在数厘米范围内，工后沉降量大大减小，按路基高度的百分数预留沉降量的做法已改变。但在填挖方接触地段，沉降量在纵断面上是路堤两头凹、中间高，路堤的不均匀沉降正引起人们的重视。

2）坍塌

坍塌是路堤边坡的一种浅层坍落现象，往往与桥面积水浸泡路基，或坝式路堤蓄水后造成坡脚软化而使上部坍落。坍塌严重者会波及路面，影响公路行车。由于土桥堤坡较陡，坍塌较易发生。为避免路基坍塌，在选择好结构形式，严格控制施工质量的同时，应结合地形做好工程的排水工作。目前在黄土地区进行工程建设，需充分考虑地下水位的上升问题，结合地区的远景规划和水利工程建设，消除或部分消除黄土的湿陷性。

3）滑坡

滑坡是填土路堤沿一定的软弱层（滑动面）局部或整体失稳的工程现象，这是填土路堤危害最严重的一种破坏形式。滑坡可分为三种类型：沿填方土体内某软弱面滑动，主要是施工质量控制不严造成的；远路堤基底滑动，主要是地质勘探不全面且地下水位或地质条件发生变化造成的；切割基底滑动，地下有软弱土层，主要是未进行地基处理和路堤稳定性分析等原因造成的。

4）冲蚀

冲蚀是大气降水冲刷坡面造成的，形态上表现为冲成沟槽，或形成片蚀。当坡面有软弱带或植物根系时，以发展成陷穴或落水洞，危及路堤稳定性。在湿陷性黄土地区，大气降水往往偏少，多集中在 7～9 月份，一般占全年降水的 60%～80%，并且以暴雨为主，对黄土路堤边坡的冲蚀较明显。

8.1.1.2 黄土高填方路基处理方法

以处理黄土的湿陷性为目的的地基处理方法，主要包括垫层法、强夯法、灰土桩（土桩）挤密法、柱锤冲扩桩法、CFG 桩法等。这些方法已在各种工程建设中广泛应用，有成熟的设计和施工经验。

1）垫层法

垫层法是我国历史最悠久的传统地基加固方法，一般适用于浅层地基处理。

垫层法存在的主要问题包括：灰土的质量（石灰未完全熟化就投入使用）；在一些碾压设备无法达到的死角，形成垫层压实度存在差异；地基处理宽度达不到规范要求，或为求节约费用，地基应整片处理而采用了局部处理等。

2）强夯法

强夯法是各种湿陷性黄土地基处理方法中最为经济的一种方法，特别适用于分层性较好的大孔性和多孔性湿陷性黄土地基的处理。

强夯法处理湿陷性黄土地基处理首先应根据工程实际情况在有代表性的场地上选择一个或数个实验区，进行试夯或试验性施工以获取设计数据，以指导整个场地的施工。夯击能量、夯点布置、夯击遍数等参数均因场地而异，土的含水率、孔隙比对湿陷性黄土地基的强夯有效加固深度有重要影响，特别是任意黄土的含水率（量）对应着相应的最佳夯击能量。因此必须进行夯击试验，确定各项参数，并对地基进行增湿或减湿措施，已达到最佳的地基加固效果。

3）灰土桩（土桩）挤密法

灰土桩（土桩）挤密法属于一种柔性桩复合地基，它通过夯实的桩身和挤密的桩间土达到提高地基强度、同时消除黄土湿陷性的目的。由于设计时已按增大干密度的要求计算得出能满足消除湿陷性的挤密孔间距，所以，按设计的孔距进行施工能达到消除黄土湿陷性的目的。

灰土桩（土桩）成孔后的夯填工作是工程质量的关键，在工程设计参数确定后，灰土桩（土桩）挤密法的质量管理点是桩孔夯填。

4）柱锤冲扩桩法

柱锤冲扩桩法与灰土桩（土桩）挤密法的加固机理基本相同。根据工程土质情况，可采用如下方法成孔：

（1）冲击成孔：将柱锤提升一定高度，自动脱钩下落冲击土层，如此反复直到接近设计成孔深度时，在孔内填少量粗骨料继续冲击，孔底被夯实后将拌和好的填料分层填入桩孔夯实。

（2）填料冲击成孔：成孔时出现缩颈或坍孔时，可分次填入粗骨料继续冲击，将粗骨料挤入孔壁和孔底。当接近设计成孔深度时，在孔底被夯实后将拌和好的填料分层填入桩孔夯实。

（3）复打成孔：当坍孔较为严重时，可反复冲击到设计深度，然后分次填入粗骨料和生石灰块，待孔内生石灰吸水膨胀、桩间土性质得到改善后在进行二次复打成孔。

（4）套管成孔：当采用上述方法难以成孔时，可采用柱锤边冲孔边将套管压入土中，直至桩底设计标高。

对柱锤冲扩桩法的质量控制要结合灰土桩（土桩）挤密法和强夯法的特点，采用现场试验的方法确定柱锤重量、柱锤长度、柱垂落距、分层填料量、夯击次数等技术参数，以指导大面积施工，采用现场载荷试验确定地基承载力。

5）CFG 桩法

CFG 桩法全称为水泥粉煤灰碎石桩法，属于一种刚性桩复合地基。在黄土地区，CFG 桩施工采用振动沉管桩机施工，既能用挤土成孔使桩间土受挤密而消除湿陷性，又由于桩身有较高强度而获得较高的复合地基承载力，因此，CFG 桩法在湿陷性黄土地区极有应用前景。

其他还有一些可以用于湿陷性黄土地区的地基处理方法，如：石灰桩法、单液硅化法、碱液法等，其基本的思路在于通过挤密、振密和灌入固化物使湿陷性黄土的物理、化学和力学性质得到改善，从而消除其湿陷性，达到改良土质、消除工程隐患、提高地基承载力的目的。

8.1.1.3 黄土地区桥头跳车原因分析

在湿陷性黄土地区修建高等级公路，路堤与桥梁相衔接处仍然会产生跳车现象。湿陷性黄土地区桥头跳车除结构差异、地基固结、交通荷载及设计和施工等方面的原因外，还与湿陷性黄土自身的工程性质有关：

1）地下水位上升问题

由于水利工程建设、季节性降雨量增加、城市污水渗入地下及农业水利灌溉等原因导致地下水位上升，引起高填方路基湿陷变形，从而导致桥头跳车。因此，通过湿陷性黄土地区的高等级公路建设必须适当考虑地下水位上升问题，结合当地水利工程远景规划及其他客观条件，分析地下水位上升的可能性，综合对湿陷性黄土地基进行处理。

2）地表水浸入问题

在湿陷性黄土地区，大气降水多集中在 7 ~ 9 月份，一般占全年降水的 60% ~ 80%，并且以暴雨为主。由于黄土的垂直节理分布，雨水直接渗入湿陷性黄土中，对于湿陷敏感性较强的黄土，其抗剪强度大大降低，导致黄土高填方路基的稳定系数减小，填方边坡稳定安全系数减小，变形增加引起桥头跳车。

季节性暴雨导致河水水位上升，桥头路基含水量增加，湿陷变形量增大，轻则引起桥头跳车，严重则可引起路基失稳。

3）多孔性土震陷问题

粉粒是湿陷性黄土的主要组成部分，约占总重的 60% 以上。粉粒主要靠盐类胶结在一起提供地基承载力，若振动加速度产生的加速度力大于黄土颗粒的重力、胶结力等之和，则反向加速度力可导致黄土震陷，引起桥头变形增加。

桥头跳车是公路工程建设的一个通病。随着西部地区的经济发展，黄土地区高等级公路建设越来越多，引起桥头跳车的原因复杂多样，应结合具体情况进行处理。

8.1.2 基于变形控制的桥头跳车处理技术研究

8.1.2.1 高等级公路不均匀沉降控制指标的研究

高等级公路的工后沉降指标包括容许工后沉降量和容许工后沉降差。

容许工后沉降量指在路面设计使用年限内路堤中心容许发生的最大沉降量。大小与公路等级、工程位置、工程投资、工期等有密切关系，其是衡量整个工程设计和施工质量的重要指标。

我国现行规范对软土路基工后沉降量的容许值定为30cm，对其他类型土路堤的工后沉降值没有明确要求，但路堤处理总的基本原则是：处理稳妥、不留隐患、经济可行，以达到完善设计和指导施工的目的。

高等级公路容许工后沉降差可分为路堤与通道、桥涵构筑物衔接处的容许工后沉降差和路堤填、挖方衔接处或路堤填方高度不一的工后沉降差。为满足使用功能要求，高等级公路纵坡、横坡、表面平整度的变化不应超过公路等级规定的技术标准。否则，公路纵向坡度的变化会使原设计的纵断面凸凹不平，公路曲线不顺畅，影响汽车行驶质量，降低服务效率。

路堤与通道、桥涵构筑物衔接处的容许工后沉降差导致桥头跳车，引发车辆及桥梁病害。我国现行规范规定：软土地区高等级公路路堤与通道、桥涵构筑物衔接处的工后沉降差容许值为10cm。

总之，高等级公路工程通过地区的工程地质条件复杂多样，对于路基变形指标的要求也不尽相同，在应用中要结合具体的工程地质情况，本着因地制宜、经济实用的原则，在满足高等级公路使用功能的基础上组织工程设计和施工。

8.1.2.2　按变形控制理论处理桥头不均匀沉降

任何工程设计都要同时满足地基承载力和变形许可值的要求。按变形控制理论就是以变形许可值作为设计的首要条件，其基本思路是先按沉降控制要求进行设计，然后验算地基承载力是否满足要求。软土地基中复合地基理论比较适合按沉降设计进行控制，对一个具体工程，可按不同的加固深度计算复合地基置换率与复合地基沉降的关系，通过技术经济比较取得最佳设计方案。

在用复合地基理论对湿陷性黄土地区桥头路基进行处理时，以黄土的湿陷起始应力作为变形控制条件在理论上是较易为人所接受的，但仍然存在以下问题：

（1）以黄土的湿陷起始应力作为变形控制条件进行工业与民用建筑的设计是可接受的，但若用于交通工程高填方路基的处理加固中的变形控制问题还有待探讨。黄土受水浸湿后开始产生湿陷时的相应压力称为湿陷起始压力 p_{sh}，实用上常取一定含水量情况下，相应于在判定黄土湿陷性时湿陷系数的界限值（如0.015）所对应的应力。以黄土的湿陷起始应力作为变形控制条件时黄土湿陷后的变形值 Δ_1 为：

$$\Delta_1 = \sum_{i=1}^{n} \frac{\delta_{si}h_{0i} + h_{0i} - h_{pi}}{h_{0i}} H_i = \sum_{i=1}^{n}\left(1 + \delta_{si} - \frac{h_{pi}}{h_{0i}}\right) H_i \tag{8.1}$$

式中　H_i——表示第 i 层土厚度。

所以，黄土的变形值不仅与湿陷起始压力定义下的湿陷系数有关，还与正常含水量时湿陷性黄土的变形系数密切相关。因此，在对于桥头跳车问题进行处理时，不能简单地以黄土湿陷起始应力作为变形控制条件。

（2）我国规范在借鉴工业与民用建筑基底10m以内土的自重应力与附加应力之和接近200kPa，而10m以下土的附加应力很小，主要是上覆土的自重应力等特点来确定黄土的湿陷系数，这是一种经验性的湿陷系数。同时，有试验表明我国大量湿陷性黄土湿陷系数的峰值的对应压力也多在200kPa左右。

在保加利亚、波兰等国家都采用浸水压力为300kPa，并规定当$\delta_s \geq 0.02$时，应定为湿陷性黄土；当$\delta_s < 0.02$时，应定为非湿陷性黄土。

各国对黄土湿陷性的定义并非建立在建筑基底真实压力的基础上，这主要是由于在地质初探阶段，地基实际压力的大小还不清楚，加上基建过程中修改设计在所难免，若按地基实际压力作为浸水压力，则勘探工作会大大增加，有时可能会不太现实。当然，这种勘查设计过程可能会留下一定的安全隐患，在实际工程中对湿陷变形计算也是一种影响。

（3）一般情况下，道路地基的湿陷变形不太可能是整个路基宽度范围内全部浸水，极可能是局部浸水湿陷。在局部浸水湿陷的过程中，黄土也并非达到规范确定黄土湿陷性的饱和状态（$S_r \geq 85\%$）才开始湿陷，而是达到黄土的湿陷起始含水量后地基开始变形加剧。黄土局部湿陷变形量与按规范计算出来的变形值相差很远。

综合考虑高等级公路地区的全年降雨量及未来数年内由于水利工程等原因导致地下水位上升的概率值，推断黄土路基局部或全部湿陷的可能性，结合公路工程的结构特点、重要性程度及黄土在不同含水量情况下的湿陷变形规律，通过概率理论或模糊矩阵等数学方法估算本地区黄土地基湿陷变形的可能值。

利用复合地基理论处理黄土湿陷性和按变形控制理论进行工程设计时，要将黄土的固结变形与黄土湿陷起始应力定义下的湿陷变形结合起来考虑进行变形控制和地基加固处理。

8.1.3 无砂混凝土小桩后处理湿陷性黄土高填方路基

8.1.3.1 处理机理

无砂混凝土小桩后处理法通过碎石桩体使黄土提前固结，并在成孔和注浆过程中预湿、预压湿陷性黄土，使黄土的剩余湿陷量减小，湿陷起始应力增加。但是，从项目可行性研究、地质勘探到工程设计和施工，建筑工程和道路工程有很多不同之处。以建筑工程黄土地基工程经验为基础的黄土规范并不全部适用于路基工程，而应根据路基工程的一些特点进行调整：

1）地质勘探和室内试验

地质勘探时采用的原状黄土试样在实验室内采用如图8.1、图8.2的多线法进行试验，获得黄土试样$\delta - p$变形曲线，其中：

（1）在$0 \sim \delta$轴线的左侧表示黄土试样的自重应力：从左（A点：自重应力为零）向右（0点：自重应力为上覆土层与试样具有相同含水量时的重量）增长；在$0 \sim \delta$轴线的右侧从0到p表示黄土试样的附加应力，在实验室内逐步施加。

$$\delta = \frac{\Delta h}{h} \tag{8.2}$$

式中 h——黄土试样的高度；

Δh——黄土试样的变形量。

（2）w_0黄土天然含水量，w_{saat}黄土饱和含水量。w_1、w_2根据无砂混凝土小桩的成孔特点和注浆量，结合土体天然含水量计算所得的湿陷性黄土层平均含水量。

（3）图8.1与图8.2分别表示自重湿陷性黄土试样和非自重湿陷性黄土试样应力应变关系。二者区别在于：w_{sat}曲线的第一个转折点在0～δ轴线的左侧或是右侧。

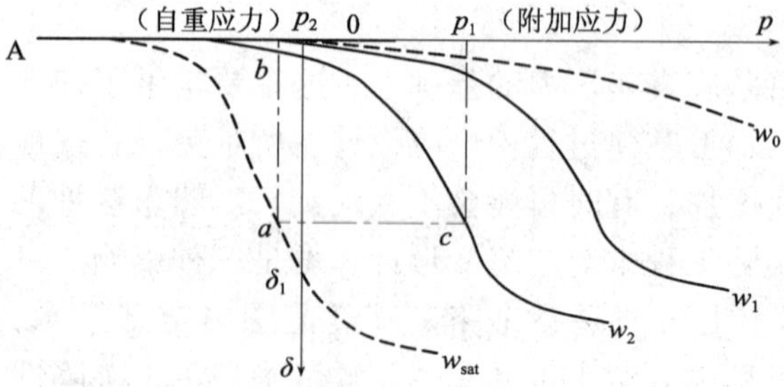

图8.1　自重湿陷性黄土试样应力应变关系

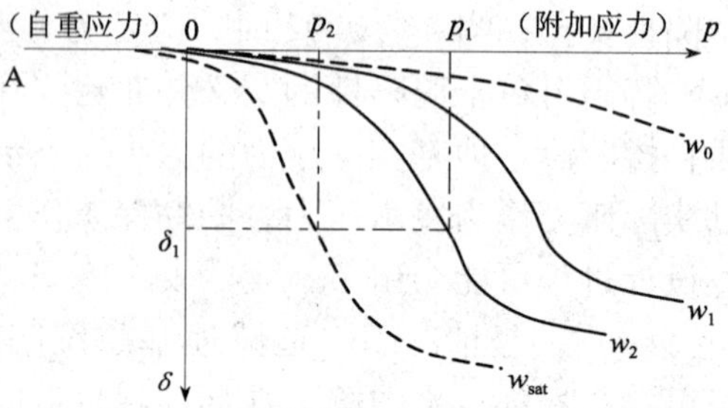

图8.2　非自重湿陷性黄土试样应力应变关系

2）考虑后处理法在施工工序上的优势

无砂混凝土小桩后处理法是在填土荷载完成后，对高填方路基进行加固处理。在已知外荷载大小及形状的情况下，通过成孔和注浆过程预湿、预压湿陷性黄土地基使黄土部分湿陷变形提前。则黄土在二次浸水湿陷时，湿陷起始应力增加，湿陷量减小。

由式（8.1）及式（8.2）可知，一定压力下有：

$$\delta=\frac{\Delta h}{h_0}=1+\delta'_{sh}-\frac{h_p}{h_0}=1-\frac{h_p}{h_0}+\frac{w-w_{sh}}{w_{sat}-w_{sh}}(\delta_{sh}-0.015)+0.015 \tag{8.3}$$

所以，在$w\in[w_{sh},\ w_{sat}]$时，δ、w呈线性关系。

利用半无限空间体上的Boussinesq解，均布矩形荷载p_0（路基填土荷载）作用下路基中心任意深度z的附加应力为：

$$\sigma_{zi}=4K_{ci}p_0 \tag{8.4}$$

式中　K_c——角点应力系数。

根据所计算的附加应力σ_z（对应于图8.1或图8.2的p_1）结合实验室内黄土试样的湿陷性试验（对应于图8.1或图8.2的c点）可得出附加应力对应的变形系数δ_1，则可计算出某一含水量时黄土的施工预湿变形量：

$$\Delta_1=\beta_1\sum_{i=1}^{n}\delta_{1i}H_i \tag{8.5}$$

式中　β_1——黄土湿陷侧向挤出变形修正系数；

δ_{1i}——第i层土样的变形系数；

H_i——第i层土的厚度；

n——计算厚度内的土层数。

3）反演分析

从图8.1或图8.2可得变形系数δ_1所对应的黄土试样在饱和状态时的附加应力值，将各个试样的附加应力值p_{2i}进行对比分析：

$$p_{0i}=\frac{p_{2i}}{4K_{ci}} \tag{8.6}$$

取其中的最小值 $p_s = \min_{i=1}^{n}(p_{0i})$（一般是上层黄土的许可附加应力值最小）作为复合地基工程设计时黄土附加应力的允许值。

复合地基承载力：

$$p_{sp} = p_s(1-m) + p_p m \tag{8.7}$$

对于自重湿陷性黄土（图 8.1），可将黄土的附加应力值按负数代入式（8.7）。

8.1.3.2 预湿后的湿陷变形计算

湿陷性黄土预湿后，通过复合地基工程设计，从理论上消除了湿陷性，其可能最大变形量可按黄土在饱和状态下的变形进行计算，正常情况下的变形估算可按复合地基理论进行分析。

8.1.4 高填方路基后处理技术在湿陷性黄土地区的应用

8.1.4.1 工程概况

本工程为郑州至少林寺高速公路第 6 标段张家门少林寺一侧桥台。

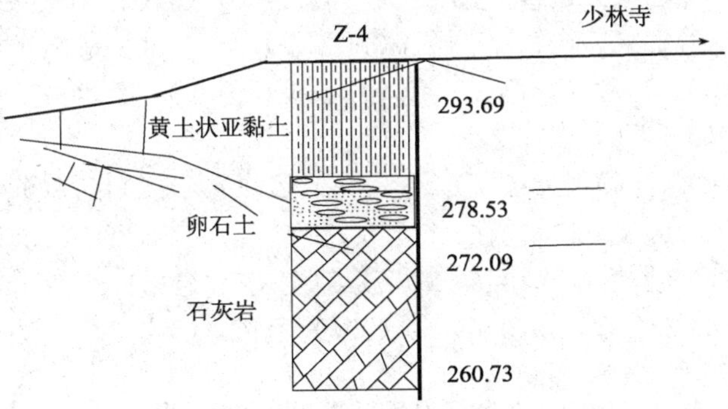

图 8.3 第 6 标段张家门大桥桥位工程地质纵断面图

该桥位于豫 62 线东侧一“V”形沟上，沟深约 12m，沟两岸均为农田，地形平坦开阔，沟心基岩大多裸露。路线以 30m 板梁桥跨越该沟，桥中心最高约 25m。本区地震基本烈度 6 度，土壤最大冻结深度 0.2m。

根据钻探揭示，工点处地层主要为第四系上更新统地层及寒武系地层；黄土状亚黏土分布于表层，约 3~17m，灰黄色、棕红色，土质不均，含铁锰质斑点及少量卵石，孔隙发育，具Ⅱ级自重湿陷性。湿陷厚度约 3~17m，硬塑，Ⅱ级普通土。卵石土成层状分布于黄土状亚黏土下部，厚约 4~6.5m，卵石成分以石英砂岩、灰岩为主，次圆状，土质充填，中密，潮湿，Ⅱ级普通土。石灰岩层成层状构造，灰、深灰色，岩体层理发育，节理裂隙较发育，充填方解石细脉，沿裂隙面及层面可见有溶蚀现象，岩体层强风化-弱风化，强风化层厚约 1.5~2m，Ⅳ级软石，弱风化层为Ⅴ级次坚石。桥址处两岸表层覆盖第四系地层，沟心基岩虽多裸露，但由于石灰岩中岩溶现象发育，故工程地质条件较差。桥位处纵向地质剖面如图 8.3 所示。

8.1.4.2 高填方路基处理设计与施工

1）无砂混凝土小桩的设计

根据地质报告，张家门大桥少台路基处理无砂混凝土小桩设计桩径 $d=150$mm，设计桩长23m，处理路段长度为20m，道路宽28m，布桩方案为1.50m×1.50m方形布置，设计布桩数为266根，设计总延长米为5791.3m。

张家门大桥少台路基处理桩位布置见图8.4。

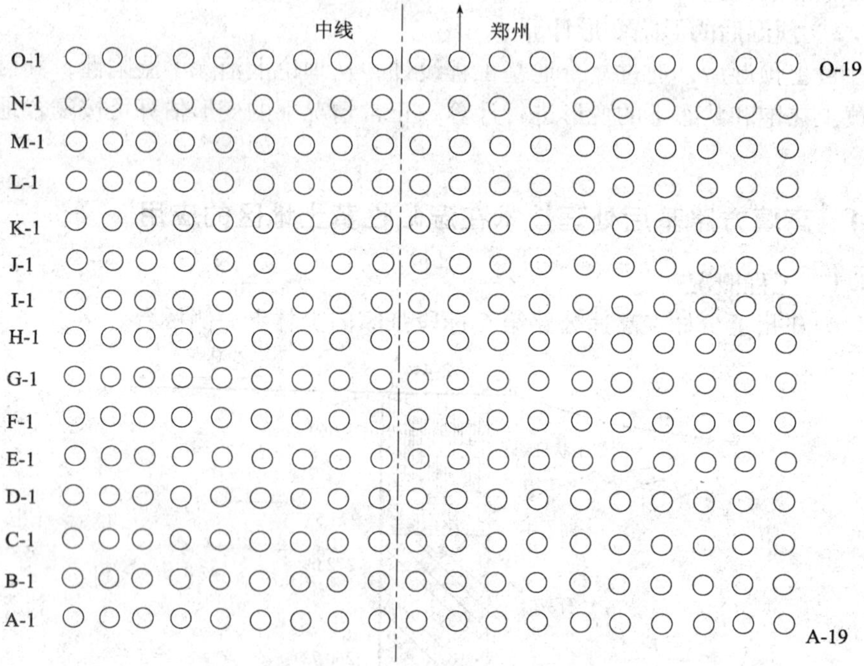

图8.4　张家门大桥少林寺桥台小桩平面图

1. 共布桩147根；布桩形式为1.5m×1.5m的方形布置。

2. 桩位编号：排号按前进方向从A到O排序；列号以前进方向从左向右排序，排在前，列在后表示桩位。

2）无砂混凝土小桩的施工

（1）施工工艺

施工工艺过程为：测设桩位→机械成孔→测验孔径和孔深→放置注浆管→填石并振实→封孔→低压注浆→二次注浆→人工补浆→成桩。

小桩直径为150mm，注浆钢管采用直径为25mm壁厚2mm的钢管，从桩顶标高向下2.5m设出浆口，出浆口间距200～250mm，出浆口直径6mm，垂直交叉布置。石料粒径0.5～1.0cm，水泥采用325R普通水泥，水灰比0.8：1.0。每米石料用量为0.018m³，每米水泥用量为20～30kg，第一次注浆压力为0.3～0.6MPa，浆液注满后采用干硬性细石混凝土封桩头（桩头高度为0.5m，封桩头混凝土中适量掺入速凝剂），待1～2小时后注第二次浆，压力为0.6～0.9MPa，待一小时后再进行第三次压浆，注浆压力不小于1MPa，然后进行人工补浆，直至浆液饱满。

（2）主要技术经济参数

① 成孔：待桩位布置好后，移动钻机就位，由钻机前面的指挥者指挥钻机手使钻头尖对准桩位，然后再调整钻杆的垂直度、钻机的平整度，要求成孔后桩的垂直偏差不大于

1%，桩位偏差不大于4%，且不大于50mm。垂直度用水平尺来控制。采用汽车钻水冲成孔，并做好排水、排土工作，不准有积水、泥浆等不利于地基的现象。钻孔时应符合下列规定：

Ⅰ. 钻杆应保持垂直稳固，位置正确，防止因钻杆晃动引起扩大孔径；

Ⅱ. 成孔的钻头保证在成孔后符合设计要求孔径 $d = 150$mm；

Ⅲ. 钻进过程中，应随时清理孔口积土；

Ⅳ. 成孔达到深度后，用清水冲孔内的泥浆，待孔口冲出的水为清水，即碎石填入后碎石上不含泥为止，孔口予以保护，不准有泥土掉入，确保桩长达到设计要求，并做好记录；

Ⅴ. 挖出的土应及时运离孔口，不得堆放在孔口四周1m范围内。

② 注浆管制作：注浆管用 $\phi25$ 钢管，由下往上布满出浆口，出浆口口径为6mm，间距为20～25cm，垂直交叉布置，上部2.5m不设出浆口。注浆管对接时，需可靠焊接。

③ 投料：投料工作应安排在成孔后，立即下注浆管，并投料。投料所需的碎石粒径应控制在5～10mm，且级配良好，现场安排专门记录员根据实际的桩长分别确定每根桩的碎石用量，并确保投石量。填料人员应注意，倾倒石料时，避免石料倒在填料斗的外面，尽量减少浪费，并且不能使桩的四周所堆积的淤泥掉入孔内。

④ 注浆封孔：注浆采用压浆机压入，分次进行，所需水泥采用325R普通水泥，水泥浆水灰比为0.8∶1.0。严格控制水灰比，水泥搅拌应连续进行。控制好水泥及水的添加量，第一次注浆采用低压注浆，压力范围为0.3～0.6MPa，完成后进行封孔，1～2小时后进行二次注浆，注浆压力不小于0.6MPa，再待1小时进行第三次注浆，压力仍保持在1MPa以上，然后根据情况进行现场人工补浆，直至浆液饱满。桩头厚度应不小于50cm，材料采用干硬细石混凝土，可掺入适量速凝剂。

（3）施工概况

张家门大桥少台路基处理，设备于2003年2月26日进场。实际施工中，靠近桥台三排桩施工桩长9m，其余施工桩长均为23m，封口深度为1.0m；碎石粒径严格控制在0.5cm～1.0cm。采用工程钻机的成孔时间约为5小时左右，采用汽车钻机的成孔时间一般为2～4小时，钻孔过程中下遇石块时成孔时间会适当延长。实际施工总桩数为285根，工程桩总延长米为5791.3m，桩径 $d = 150$mm。

路堤监测孔8个，每个观测孔23m，计322延米。在施工成孔、成桩过程中，采用机械设备成孔，每台日成孔约达15根。

8.1.4.3 检测结果分析

从现场施工开始至2004年7月30日，连续对采用无砂混凝土小桩处理的桥梁的少台和未作处理的郑台分别进行对照性现场实测，研究处理和未处理路基的变形规律，现场监测点位布置图如图8.5所示。

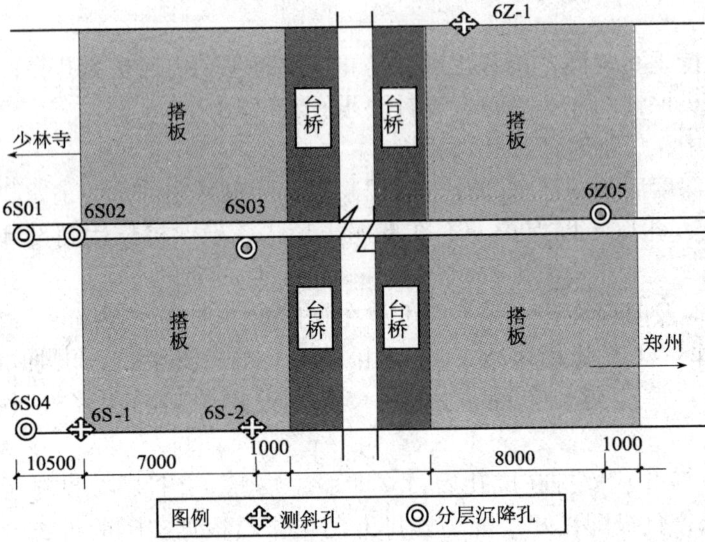

图 8.5　6 标变形测量点位布置示意图

1. 分层沉降监测

（1）原始值

填土完成后，在填土上成孔，安装沉降标，以实现“后处理”条件下的变形监测。沉降标的原始数据见表 8.1。

6 标沉降标原始数据　　**表 8.1**

孔位	沉降标编号	深度（m）	孔位	沉降标编号	深度（m）
6S01	1	5.629	6Z04	1	5.047
	2	11.213		2	11.062
	3	17.341		3	17.161
	4	23.200		4	23.370
6S02	1	3.551	S05	1	2.785
	2	9.142		2	6.905
	3	15.085		3	10.747
	4	20.734		4	14.795
6S03	1	7.144			
	2	12.155			
	3	18.196			
	4	24.095			

（2）分层沉降监测结果

2003 年 5 月 21 日，分层沉降监测原始孔位共有 5 个（见表 8.1）；至 2004 年 7 月 28

日，5个孔位中尚有4个完好，另外1个孔位被毁坏。各孔位不同深度的沉降标变形如图8.6～图8.9所示。

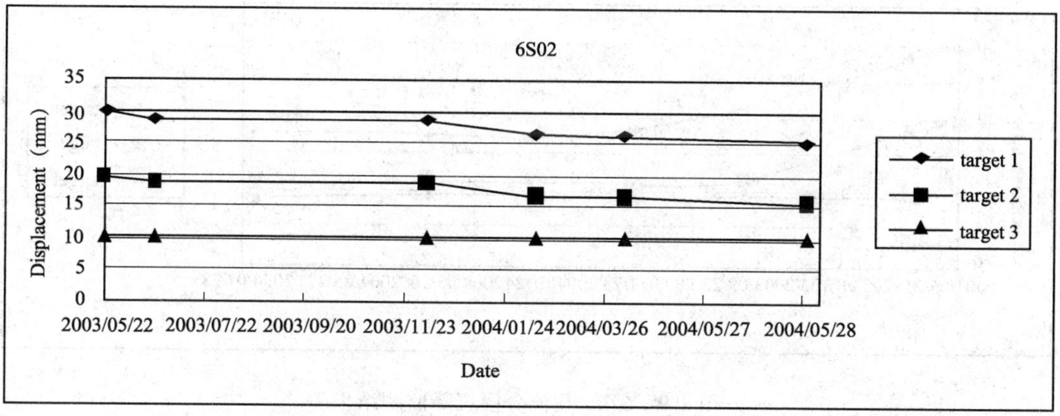

图8.6 6S02孔位分层沉降监测结果

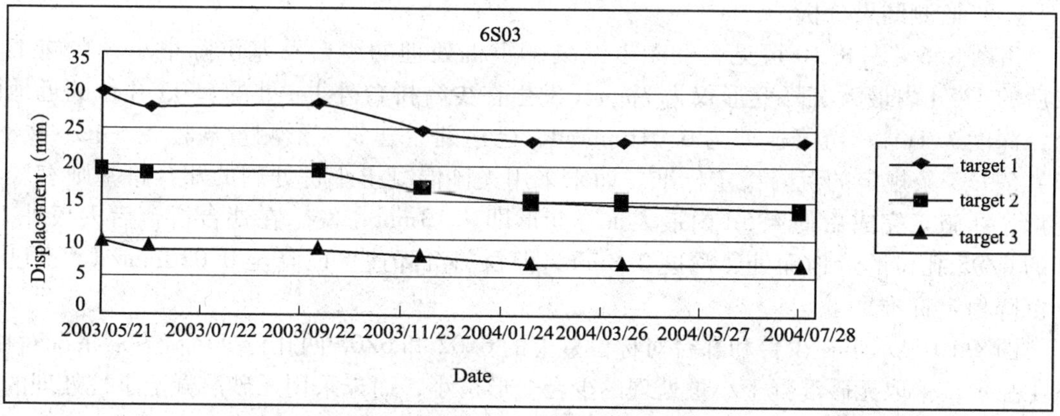

图8.7 6S03孔位分层沉降监测结果

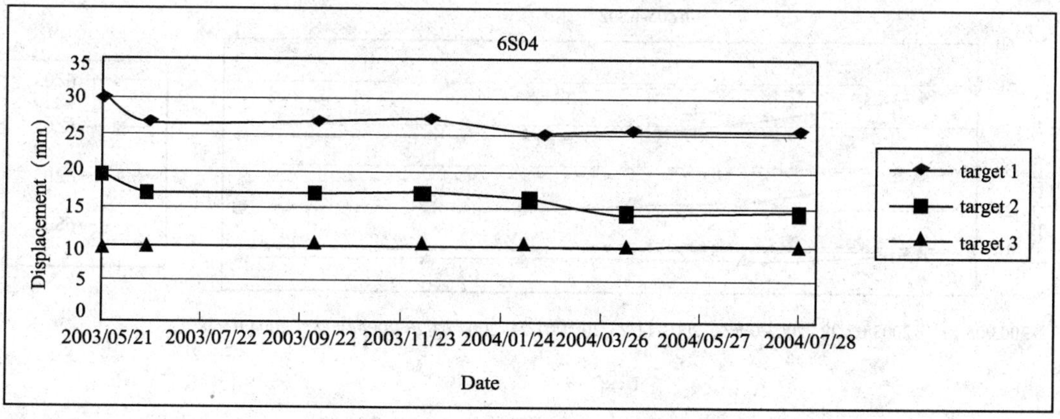

图8.8 6S04孔位分层沉降监测结果

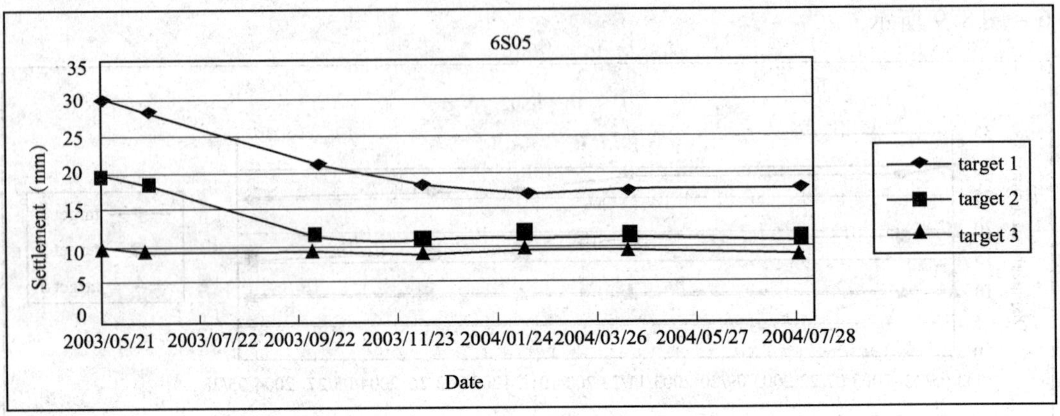

图 8.9　6Z05 孔位分层沉降监测结果

（3）监测结果分析

由图 8.6 ~ 图 8.10 可见，经无砂混凝土小桩处理的少台路基沉降很小，在施工完成后的435d 内最大沉降变形仅为7mm（发生在少台桥台外1m 处的6S03 孔位的近地面处，深度7.1m）；沉降速率为0.016mm/d，已达到《建筑变形测量规程》（JGJ/T 8—97）5.1.5 条规定的沉降稳定标准。而未采用无砂混凝土小桩处理的郑台路基则有较大变形，在施工完成后的435d 内最大沉降变形即达13mm（发生在郑台桥台后大板外1m 处的6Z05 孔位的近地面处，深度2.8m），但目前沉降速率已降至0.030mm/d，也已达到沉降稳定标准。

图 8.10 显示了在少台和郑台对称位置上的6S02 和6Z05 两孔位处沉降发展情况对比：图中显示，采取无砂混凝土小桩处理的少台变形极小，而未采用无砂混凝土小桩处理的郑台路基变形显著，是前者4 倍以上。

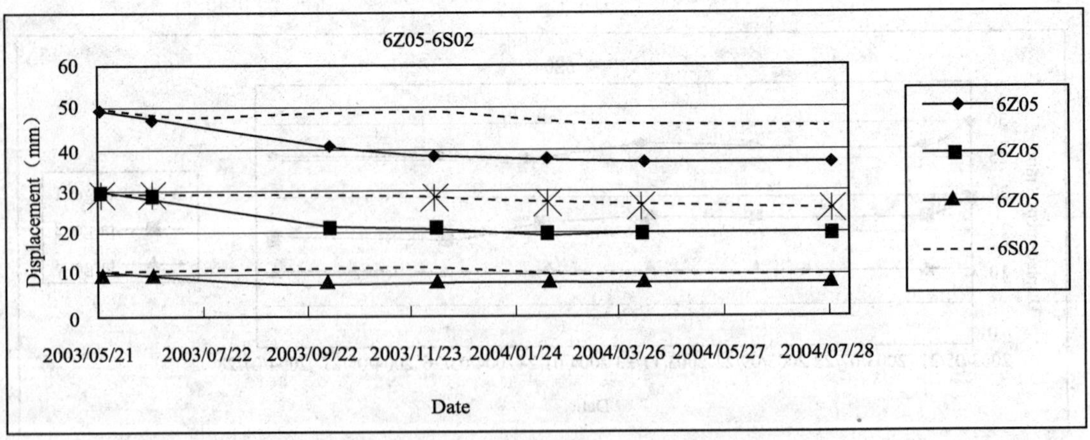

图 8.10　少台-郑台对称位置分层沉降监测结果对比

（图中将同一孔位内各沉降标竖向间距全部按 20mm 绘制）

在分析整个路基沉降变化过程，对于经无砂混凝土小桩处理的少台路基，具有如下特征（如图8.7、图8.9、图8.10所示）：①初始变形量大且迅速，约占总体沉降变形量的30%～60%，之后变形趋于稳定；②2003年底至2004年初，又一次出现较大变形，之后趋于稳定。分析原因如下：在路基沉降变形监测初期，正处于无砂混凝土小桩施工阶段，则在注浆成桩过程中，水泥浆液对黄土路基产生增湿作用，同时在上覆填土压力作用下，黄土路基出现增湿沉降，而黄土增湿变形量具有突变性，故而路基初始变形量大且迅速，黄土路基增湿变形后，土体含水量增加，同时水泥水化使土体结构性能得到改善，压缩模量增大，这使得在2003年7月至2007年年底，经过一个雨季，路基未出现过大变形，这也说明黄土路基预先增湿，能显著降低二次浸水变形。2003年底，此路开始通车，交通荷载增加了路基上覆压力，使得路基再次出现沉降变形，由于无砂混凝土小桩加固土体，分担荷载作用，路基未出现过大沉降。通过上述分析，也进一步验证了无砂混凝土小桩加固黄土路基机理和沉降变形计算结果。

对于未加固路基（郑台）整个变形监测结果（图8.10），从监测初期至2004年3月，路基变形不断增加，且整体沉降量较大，这说明黄土路基未经过预先增湿变形，在填土完成后，每一次降雨，均对路基产生增湿作用，使得路基变形出现渐变式发展，同时土体受力性能未得到改善，路基出现较大变形。虽然黄土路基最终变形趋于稳定，但渐变式变形使其整体稳定性减弱，变形均匀性变差，这不仅影响路面施工，导致工期延长，还严重影响高速公路桥头跳车差异沉降的控制。

2. 路基水平位移监测

路基水平位移测斜管埋深见表8.2。

测斜管原始埋深　　**表8.2**

测斜管编号	深度（m）	测斜管编号	深度（m）
少台		郑台	
6S-1	23.0	6Z-1	13.0
6S-2	21.0		

路基水平位移监测中的符号规定是：垂直于高速公路的方向（A向），当面向桥梁时，向右为正，向左为负；平行于高速公路的方向（B向），指向桥梁为正，背离桥梁为负。现场测量中，测量A+方向时导向轮高端指向正向；测量A-方向时，导向轮高端指向负向；B方向亦然。

（1）路基水平位移监测

路基水平位移监测结果如图8.11～图8.16所示。

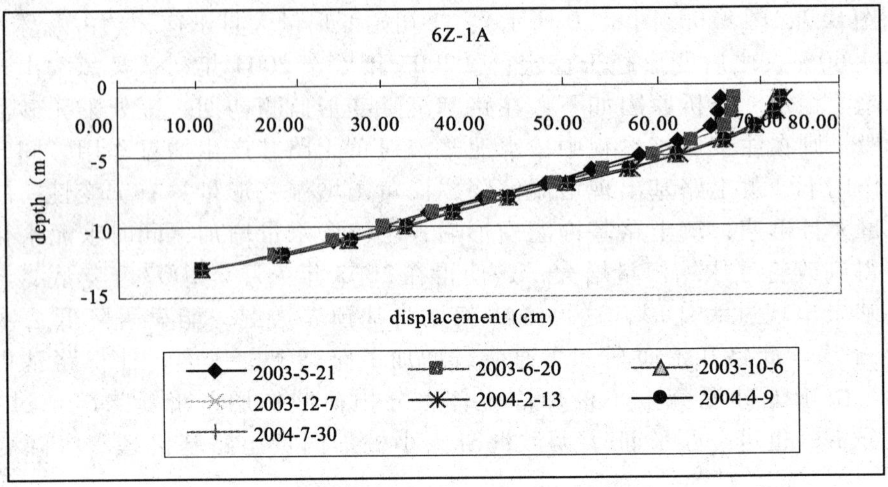

图 8.11　6Z-1 测斜孔 A 向水平位移监测结果

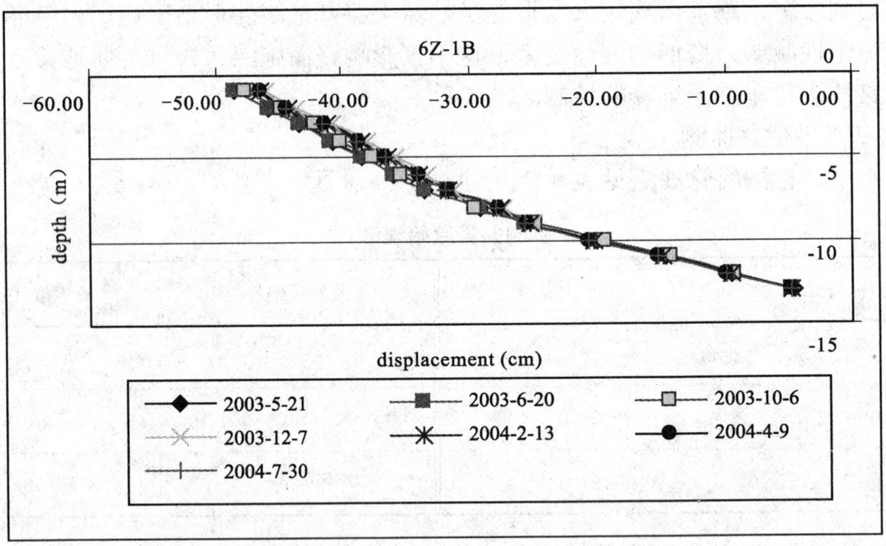

图 8.12　6Z-1 测斜孔 B 向水平位移监测结果

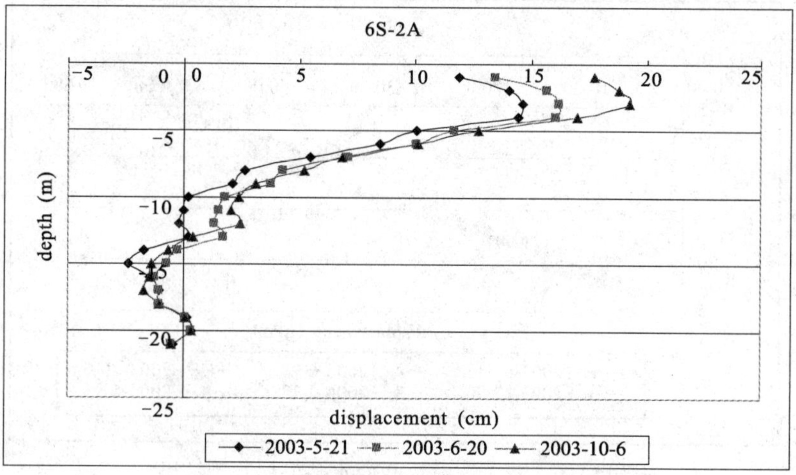

图 8.13 6S-2 测斜孔 A 向水平位移监测结果

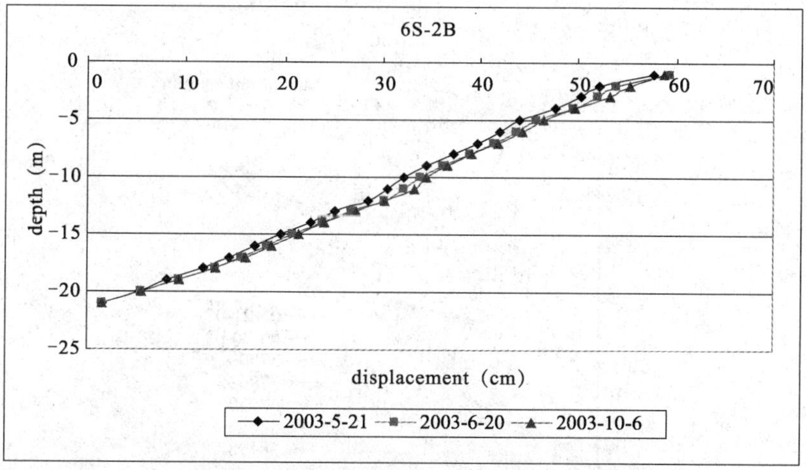

图 8.14 6S-2 测斜孔 B 向水平位移监测结果

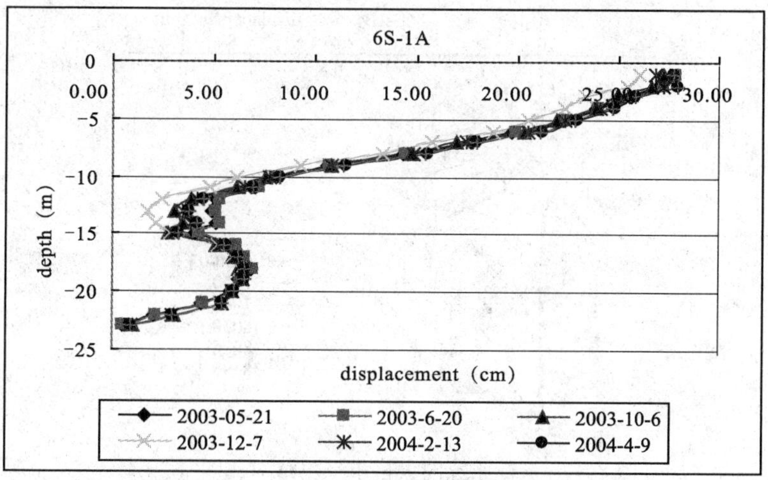

图 8.15 6S-1 测斜孔 A 向水平位移监测结果

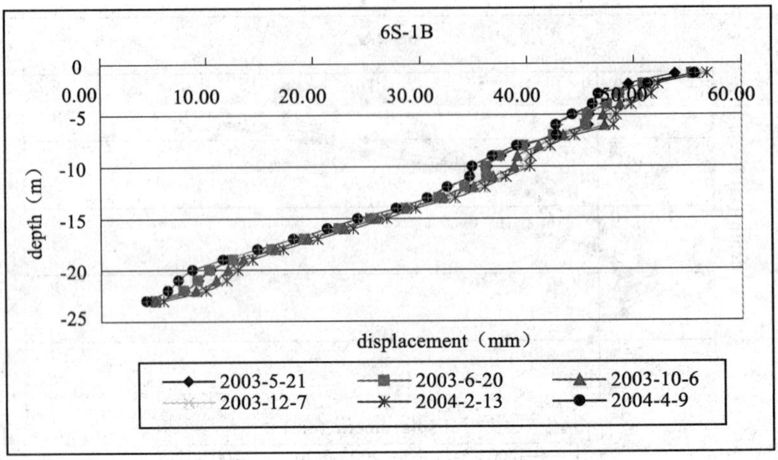

图 8.16　6S-1 测斜孔 B 向水平位移监测结果

（2）水平位移对比

水平位移对比结果如图 8.17 所示。

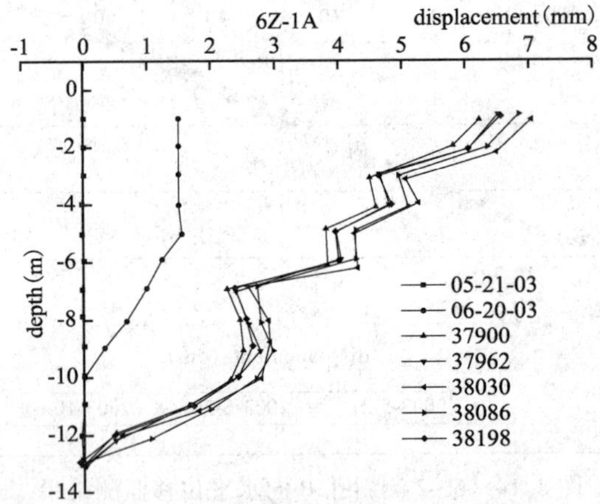

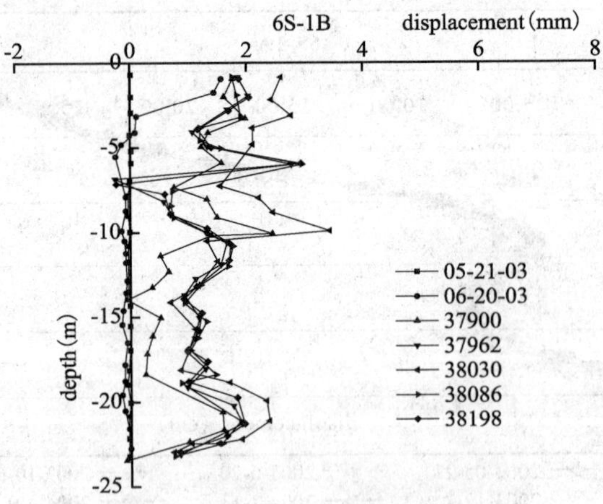

图 8.17　6 标张家门大桥水平位移对比图（一）

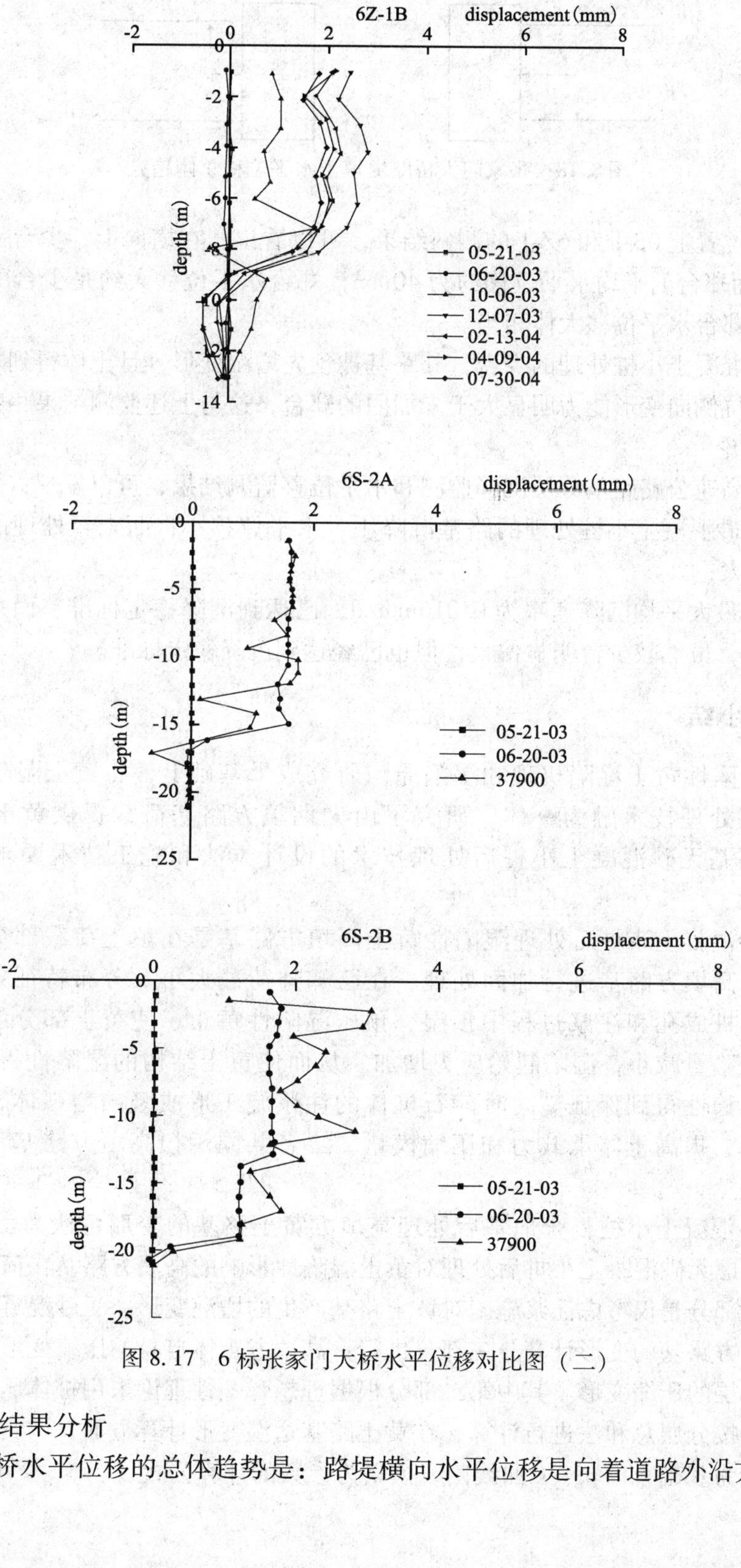

图 8.17　6 标张家门大桥水平位移对比图（二）

（3）监测结果分析

张家门大桥水平位移的总体趋势是：路堤横向水平位移是向着道路外沿方向发展，而纵向水平位移是向着桥台方向发展（如图8.18所示）。

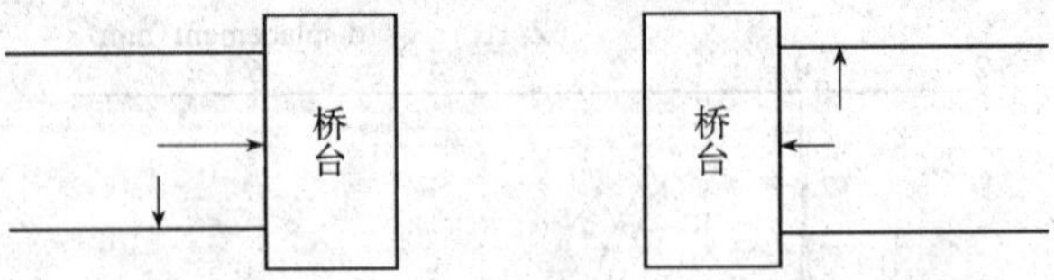

图8.18 张家门大桥路堤填土水平位移总体趋势

分析对称位置上6S-1和6Z-1的测斜结果，可以看出：在横向上，少台平均水平位移约为10mm，而郑台的平均水平位移约为40mm，郑台水平位移大约是少台的4倍。在纵向上，少台和郑台水平位移大体相当。

经过无砂混凝土小桩处理的少台，其路基被预先增湿变形，且土体得到加固，则其整体稳定性和抵抗侧向变形能力明显大于未加固的郑台，这与上述监测结果相吻合。

3. 监测结论

分析郑少高速公路路基分层沉降监测和水平位移监测结果，可以发现：

（1）经无砂混凝土小桩处理的路基沉降小、水平位移小；而未经处理的对比段沉降大、水平位移大；

（2）少台最大平均沉降速率为0.016mm/d，已达到沉降稳定标准；而郑台沉降速率为0.030mm/d，虽然较少台明显偏大，但也已经达到沉降稳定标准。

8.1.5 小结

在前人湿陷性黄土湿陷机理和湿陷原因研究成果基础上，将黄土湿陷性处理与竖向增强体路基处理技术融为一体，研究了由先期填方路基荷载提供黄土湿陷起始压力的高填方路基无砂混凝土小桩后处理技术的设计方法和施工技术要求，取得如下研究结论：

（1）无砂混凝土小桩后处理湿陷性黄土高填方路基是在填土荷载部分完成或全部完成后，再对高填方路基进行加固处理。在已知外荷载大小及分布特征条件下，并在无砂混凝土小桩成孔和注浆过程中预湿、预压湿陷性黄土，使黄土部分湿陷变形提前完成，剩余湿陷量减小，湿陷起始应力增加。从而使黄土结构的湿陷性得到显著改善，土体结构的水稳性得到保证。同时碎石桩体的注浆施工形成竖向增强体，与桩周土体构成复合地基，提高土体承载力和压缩模量，二者共同承担高填方路基荷载，抵御后期沉降变形。

（2）无砂混凝土小桩复合地基后处理高填方黄土路基的变形可认为由两部分组成，一部分是不考虑无砂混凝土小桩后处理对黄土湿陷性影响的高填方路基在荷载作用下的沉降变形，另一部分是仅考虑注浆施工对黄土路基产生的增湿变形。无砂混凝土小桩复合地基后处理高填方路基的变形计算分三部分进行：高填方土体自身的压缩变形、加固区的压缩变形、下卧层的压缩变形。其中第二部分根据理想弹塑性理论采用桩体压缩量法进行计算，第三部分按分层总和法进行计算；在黄土路基增湿变形计算方面，本文建立了以黄土侧限压缩试验为基础，以 $p_i-\varepsilon_i$ 曲线割线模量为参数的计算公式。

(3) 结合湿陷性黄土地区高速公路高填方路基的后处理工程，通过该段高速公路投入运营1年后的检测数据证实，采用无砂混凝土小桩后处理技术处理黄土地区高填方路基不仅可显著提高原状土体的承载力和压缩模量，并可有效减弱和消除黄土的湿陷性，具有重要的工程实用性与科学性。

8.2 变刚度后处理路基技术的工程实例

8.2.1 工程概况

阿深线扶项高速公路路段，赵黄公路立交桥桥头段采用无砂混凝土小桩变刚度处理，桥头两端的处理方法不同，如图8.19、图8.20所示，对于赵黄公路立交桥北端，路基填方至4.8m时进行无砂混凝土小桩后处理。南端仅对路堤部分进行无砂混凝土小桩的处理，具体方式如下：

北端小桩后处理，处理路段长度为24m，宽34m，设计桩径 $d=150\text{mm}$，桩长9m，布桩方案为1.50m×1.50m，三角形布置，布桩数为428根。

南端枕梁下小桩后处理，处理路段长度为2.6m，道路宽29.5m，设计桩径 $d=150\text{mm}$，桩长6.3m，布桩间距为1.50m×1.50m，三角形布置，桩数为59根。

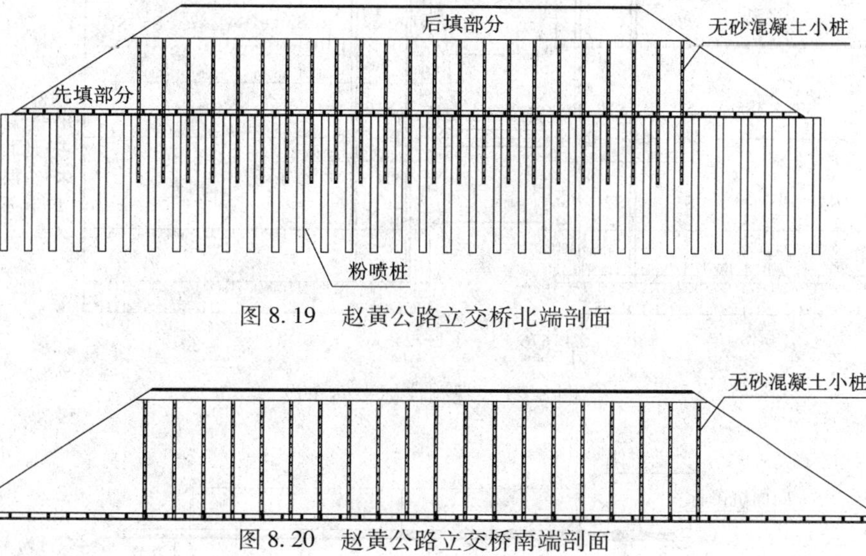

图8.19 赵黄公路立交桥北端剖面

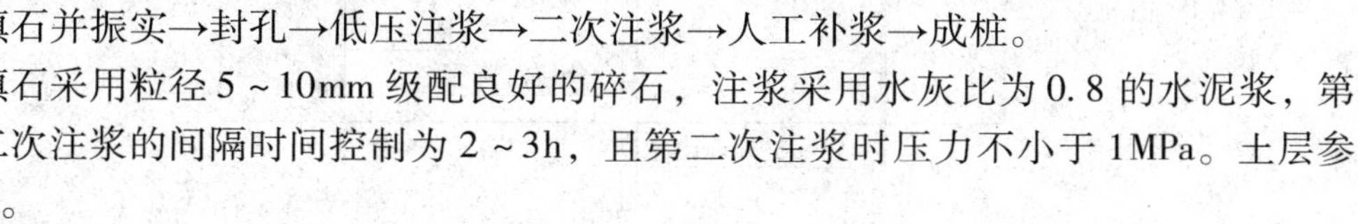

图8.20 赵黄公路立交桥南端剖面

施工工序：填土或部分填土施工→测设桩位→机械成孔→测验孔径和孔深→放置注浆管→填石并振实→封孔→低压注浆→二次注浆→人工补浆→成桩。

填石采用粒径5~10mm级配良好的碎石，注浆采用水灰比为0.8的水泥浆，第一次和第二次注浆的间隔时间控制为2~3h，且第二次注浆时压力不小于1MPa。土层参数见表8.3。

赵黄公路立交土层参数　表8.3

土层	分层厚度（m）	湿密度（g/cm³）	干密度（g/cm³）	孔隙比 e	压缩模量（MPa）	极限摩阻力（kPa）	容许承载力（kPa）	状态
① 亚黏土	6.20	2.04	1.64	0.650	5.37	40	120	软塑～硬塑
② 亚黏土	4.80	2.05	1.65	0.637	4.90	50	150	软塑～硬塑
③ 砂土	3.50	1.97	1.59	0.693	7.70	40	120	软塑～流塑
④ 亚黏土	8.00	2.00	1.60	0.687	—	50	150	软塑
⑤ 亚砂土	5.00	2.10	1.71	0.571	—	45	140	流塑～软塑
⑥ 粉砂	4.50	1.96	1.63	0.630	—	50	200	中密
⑦ 亚砂土	3.40	2.01	1.60	0.684	—	60	180	硬塑

8.2.2 监测布置及结果分析

从2006年5月至2008年9月，共进行了28个月的路基地基的土体深层沉降监测，其中工后沉降监测时间为22个月。至2008年8月，沉降基本稳定，年平均沉降量小于2mm。监测点平面及立面布置如图8.21、图8.22所示。

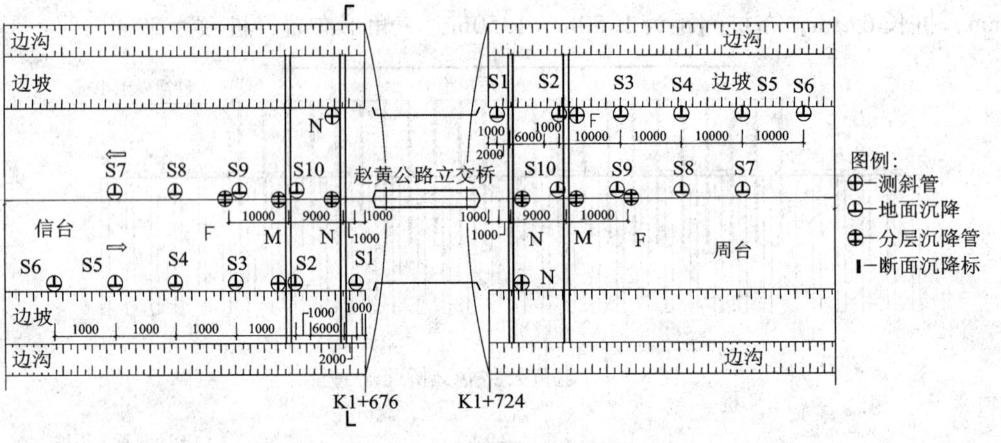

图8.21　观测仪标平面布设

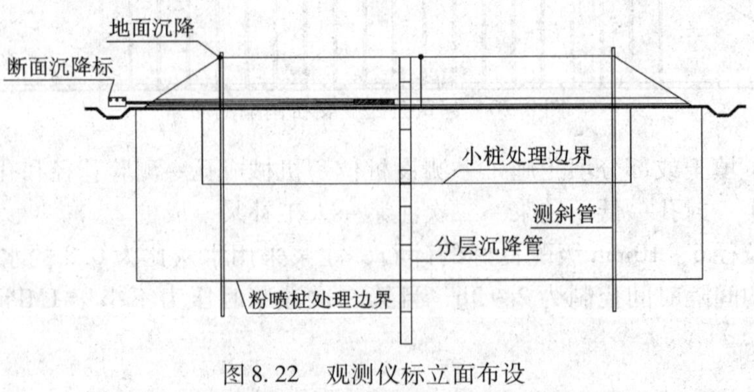

图8.22　观测仪标立面布设

8.2.2.1　沉降监测结果及分析

《公路路基设计规范》要求高速公路和一级公路的桥台与路基结合处容许工后沉降值不大于0.1m，监测表明在趋于稳定之后，经过无砂混凝土小桩后处理的路段最大沉降量为21mm，远小于规范要求的100mm，满足规范的要求。仅进行上部处理的路段最大沉降量为28mm，也满足规范要求。

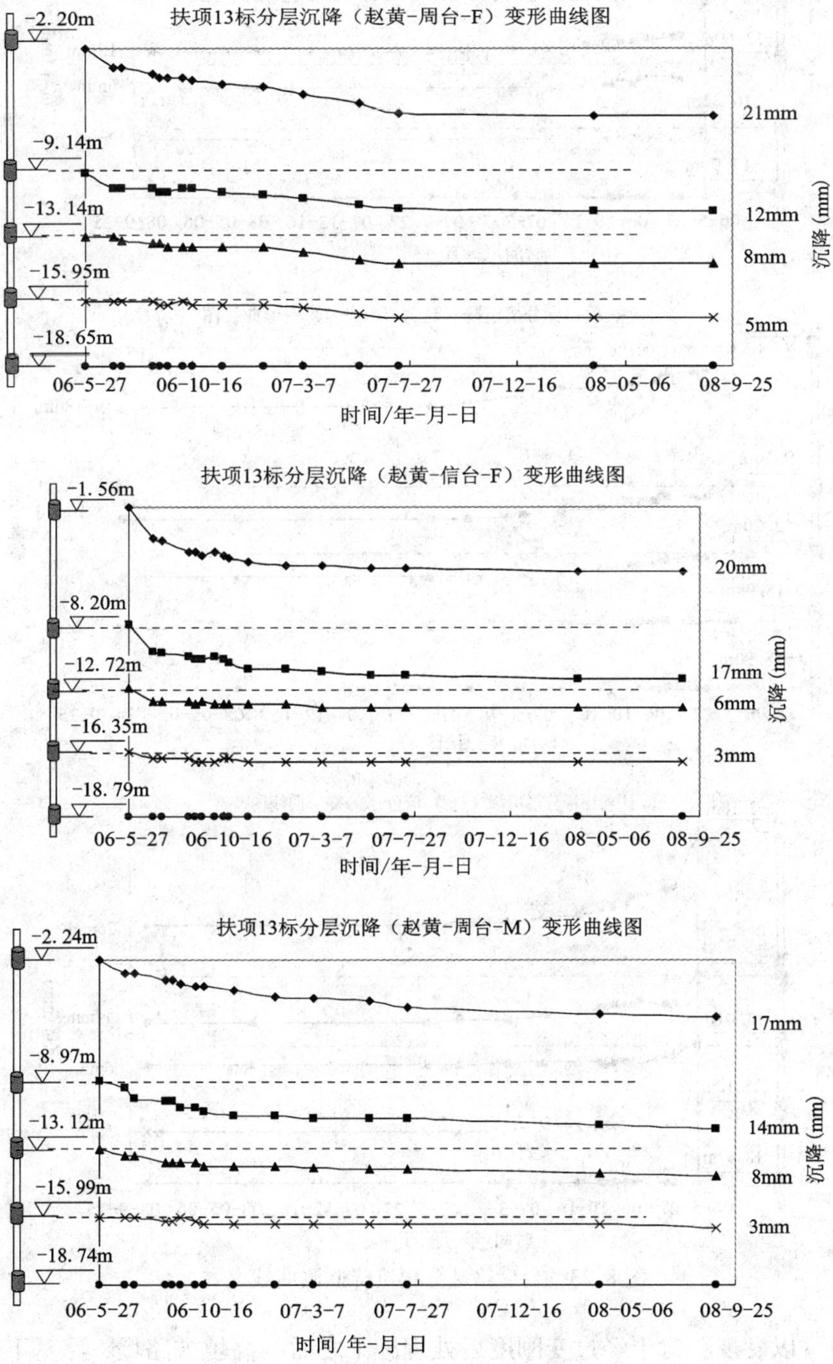

图8.23　台后路基分层沉降监测曲线（一）

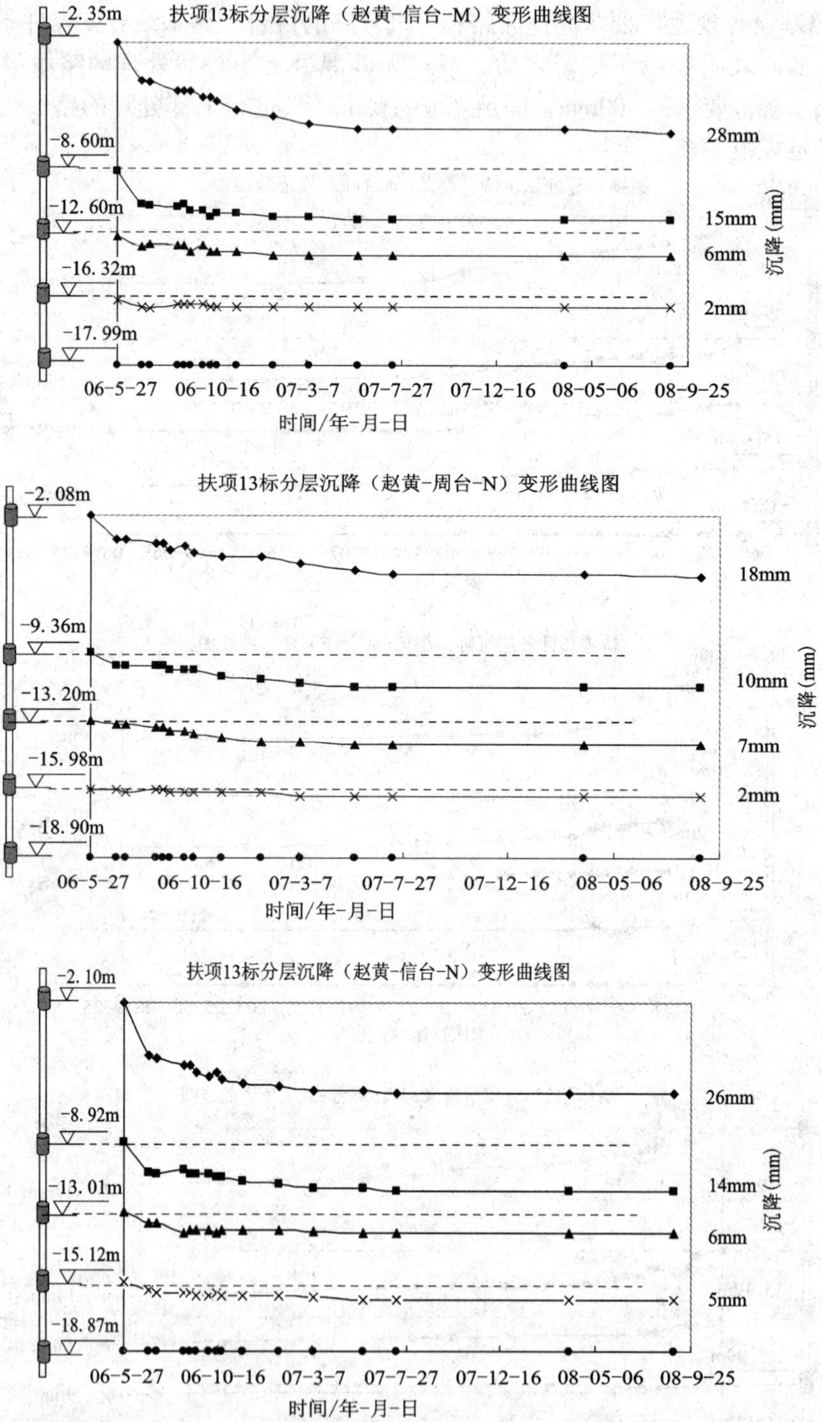

图 8.23　台后路基分层沉降监测曲线（二）

从图中可以发现：对于经过变刚度后处理施工之后的高填方路堤，路基下部土体的压缩量主要发生在路基下 8m 区域，该范围属于浅层亚黏土，也是路堤荷载下主要的压密区。对比两种情况，周台为进行无砂混凝土小桩后处理的路段，信台为小桩后处理未贯入下部土体，相当于未进行后处理的固结排水过程，从检测数据来看，在桥头远端，沉降量差距不大，但在 M、N 两个测点，差距很大，接近 1cm。整体上看，进行无砂混凝土小桩后处理之后的总的沉降量明显减小。

单位土层厚度沉降量（mm/m） 表 8.4

位　置	周　台			信　台		
	测点 F	测点 M	测点 N	测点 F	测点 M	测点 N
测层 1	1.74	0.45	1.10	1.81	2.08	0.44
测层 2	2.00	1.45	0.78	1.77	2.25	2.69
测层 3	0.36	1.74	1.80	0.28	1.08	1.42
测层 4	1.85	1.09	0.68	2.05	1.20	0.80

按照测量深度自上而下，将图层分为测层 1、测层 2、测层 3、测层 4，如表 8.4 所示，通过计算得到单位土层厚度（1m）的土体的沉降量，进行对比分析。从表中可以看出，对于未使用无砂混凝土小桩进行后处理的信台各测点第二测层来说，其沉降量明显较大，主要原因是该部分位于亚黏土层，施工过程中产生的超孔隙水压力在填方过程中没有消散完毕，导致后期的沉降量相对较大。

表 8.5 为台后路面沉降监测结果，为期 220 天，检测结果来看，使用无砂混凝土小桩进行后处理排水固结作用的周台路段，整体上路基中线位置沉降大于路肩位置，对于没有进行排水固结作用的信台路段，路肩部分沉降大于路基中线的沉降，且其总的沉降量大于周台路段。

台后路面沉降监测结果 表 8.5

	周　台		信　台	
	路　肩	中　线	路　肩	中　线
沉降（mm）	4	11	9	10
	3	8	13	6
	5.5	7	12	5
	4.5	3.5	13	4
均　值	4.3	7.4	11.8	6.3
平均沉降（mm）	5.85		9.05	

8.2.2.2 水平位移检测结果及分析

赵黄周台 N 测点的监测仪器在 2007 年 1 月 16 日数据采集之后遭到损坏，造成后期数据采集的不完整。从路堤测斜监测结果来看，整体上侧向位移随着深度递减，其减小速率也呈递减趋势。局部在个别时间有变形回缩的现象。经过无砂混凝土小桩变刚度处理的周台的总体侧向位移要明显小于没有进行处理的信台。

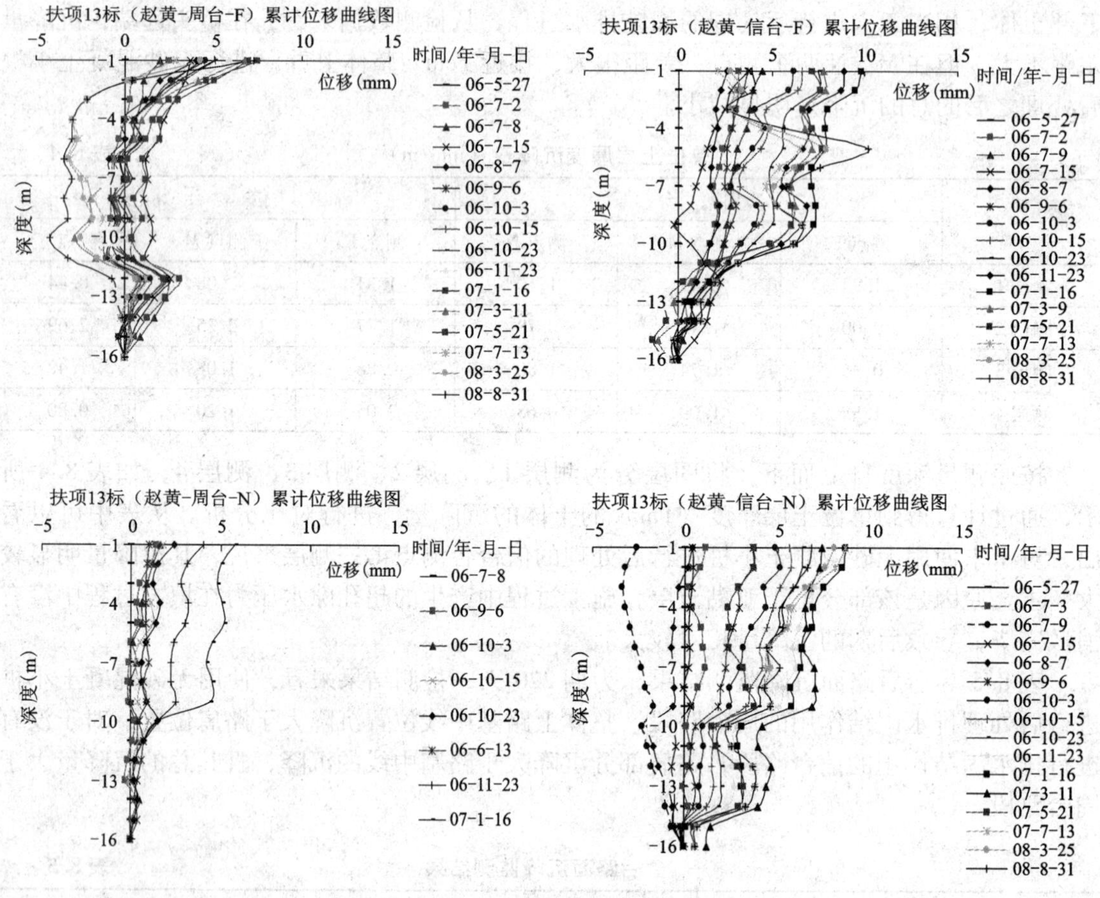

图 8.24　水平位移检测结果

8.2.3　小结

1）采用无砂混凝土小桩进行变刚度处理的路基整体沉降满足规范要求，对路堤底部土体进行无砂混凝土小桩后处理施工的路段，其工后整体沉降明显小于不进行处理的路段；

2）采用无砂混凝土小桩固结排水处理的路段，其工后侧向位移明显小于不进行处理的路段；

3）本次监测没有对路基的孔隙水压力进行测量，在未来的试验中需要对孔隙水应力进行测量，以得到更多的数据，以对无砂混凝土小桩变刚度后处理技术的机理和工后路堤的沉降及侧向变形进行更加完善的分析。

8.3　后处理技术在扩宽改造工程中的应用

8.3.1　工程概况

扶项高速周口南互通式立交 H 匝道和 G 匝道加宽路基工程处于近期淮河冲积平原，地表均为第四系全新统地层覆盖。地表岩性分布大致为：

① 层为浅黄色、棕黄色，灰褐色亚黏土，局部夹薄层亚砂土，一般为软塑至流塑状。

② 层为黄色，浅棕黄色的细砂夹中砂，中密至密实。

③ 层为黄褐色、灰褐色，灰黄色亚黏土夹亚砂土，一般为硬塑状，局部呈软塑状，夹有中细砂透镜体。

总结沿线岩土地质条件，可以发现：路基以软塑~硬塑状黄褐色低液限黏土为主，路基土工程性质较差，软弱土路段较长，属中高压缩性。

8.3.2　加宽后处理方案

本工程所处地层上部软弱土层厚度在 8.9~11.5m 之间，该土层属软塑状态，天然含水量为 $w=26\%$，孔隙比 $e=0.717$，干密度 $\rho_d=1.45g/cm^3$，湿密度为 $\rho_d=1.84g/cm^3$，黏聚力 $c=8.0kPa$，内摩擦角 $\varphi=9.3°$，泊松比 $\mu=0.3$。本工程路堤加宽 8.5m，填方高度 4m，按照基于统一双剪强度理论的先填土高度分析计算方法计算后处理先填土高度，当 $b=0.0\sim1.0$ 时，可算得先填土高度 $h=2.78m\sim4.09m$，计算结果表明在不考虑施工荷载和运营后汽车荷载条件下，且当中主应力权系数 $b=1.0$ 时，填方最大高度在 4.0m 左右，需要进行地基处理，当采用后处理时，后处理先填土高度应小于 4.0m，结合《公路路基设计规范》JTG D30—2004 要求，先填土高度可取为 $h=3.2m$。

加宽后处理方案为小桩设计桩长 10m，3.2m 位于填土内，小桩直径 $d=15cm$，桩间距 $s=200mm$，正方形布桩，后处理剖面图如图 8.25 所示。

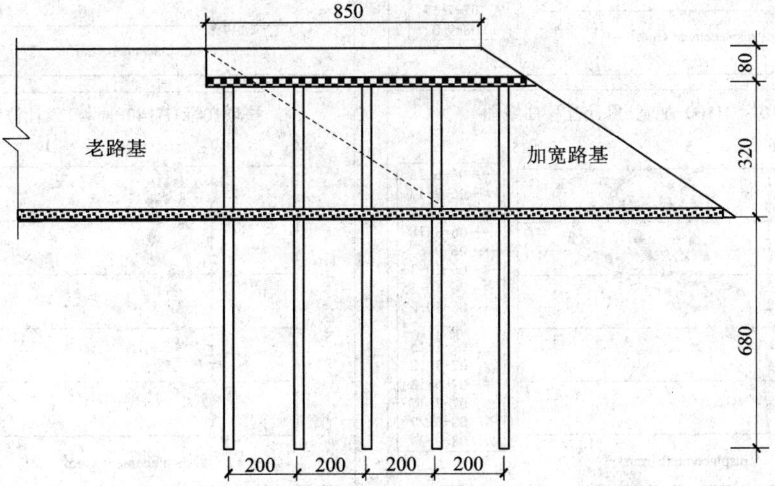

图 8.25　高填方路基扩宽工程后处理剖面图

8.3.3　施工及监测结果

小桩施工在路基填方到3.2m后进行，采用先内侧后外侧的顺序，隔行隔排施工，以保证孔隙水排出通畅和水泥浆压浆量满足设计要求，施工中还根据有关规范对路基的水平和竖向变形进行了检测，监测仪布置剖面图如图8.26所示，监测结果见图8.27。

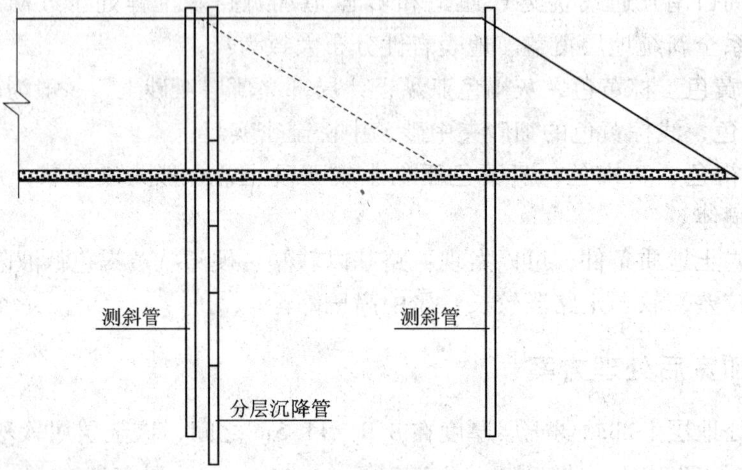

图8.26　检测仪布置剖面图

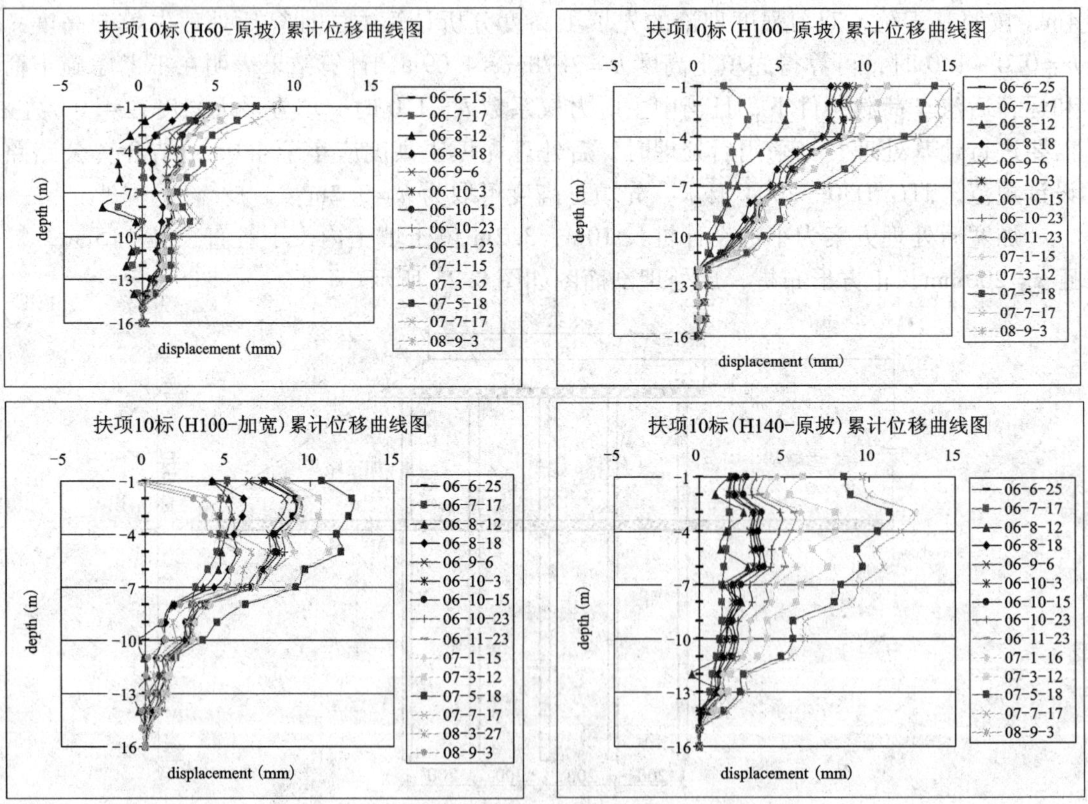

图8.27　水平及竖向变形过程曲线图（一）

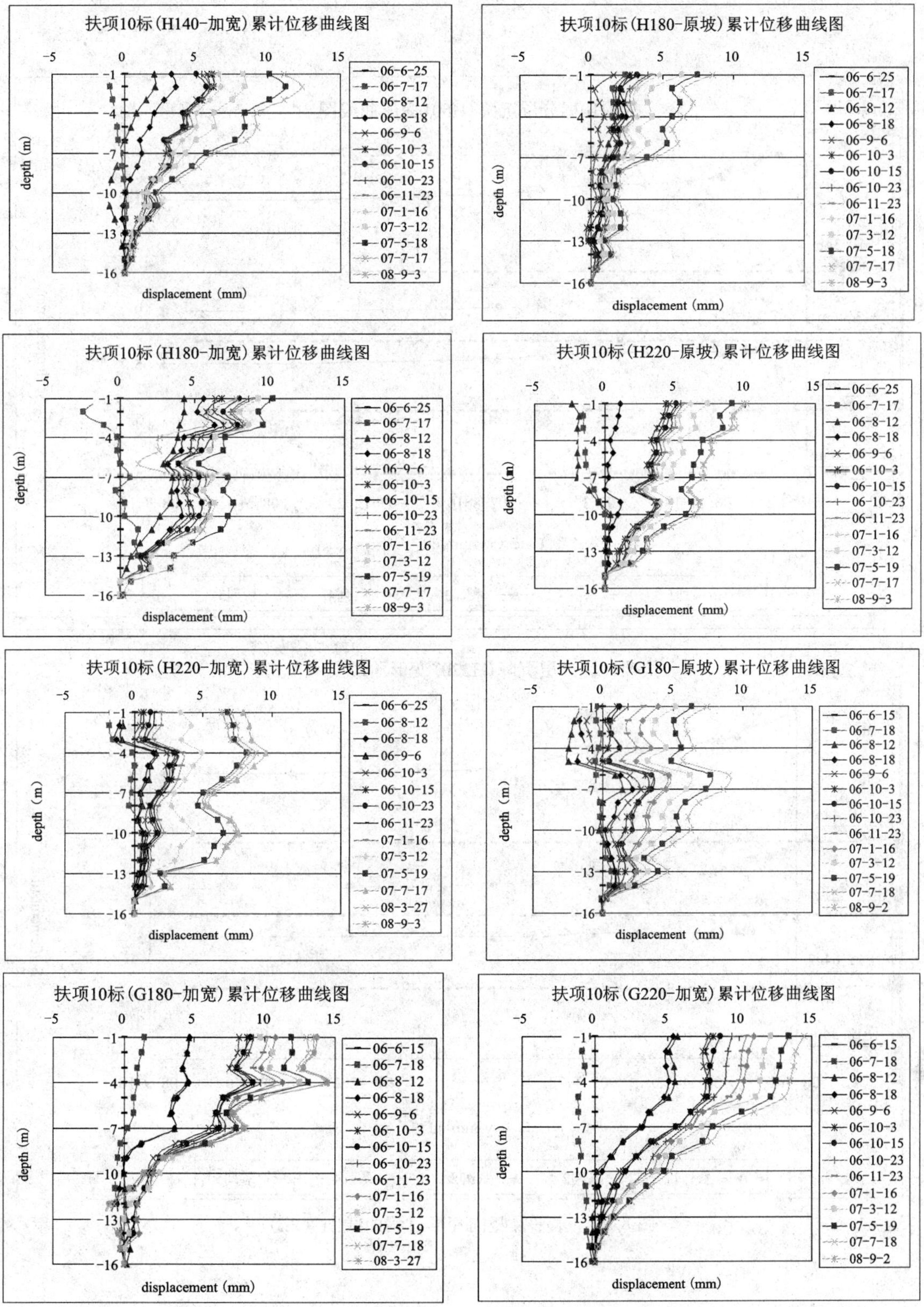

图 8.27 水平及竖向变形过程曲线图（二）

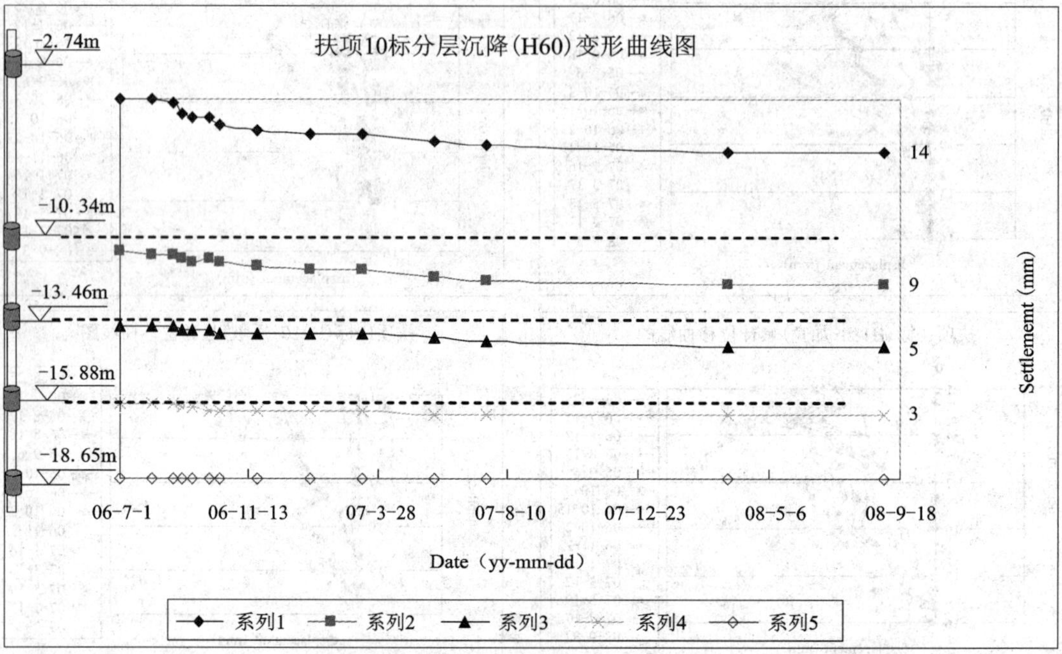

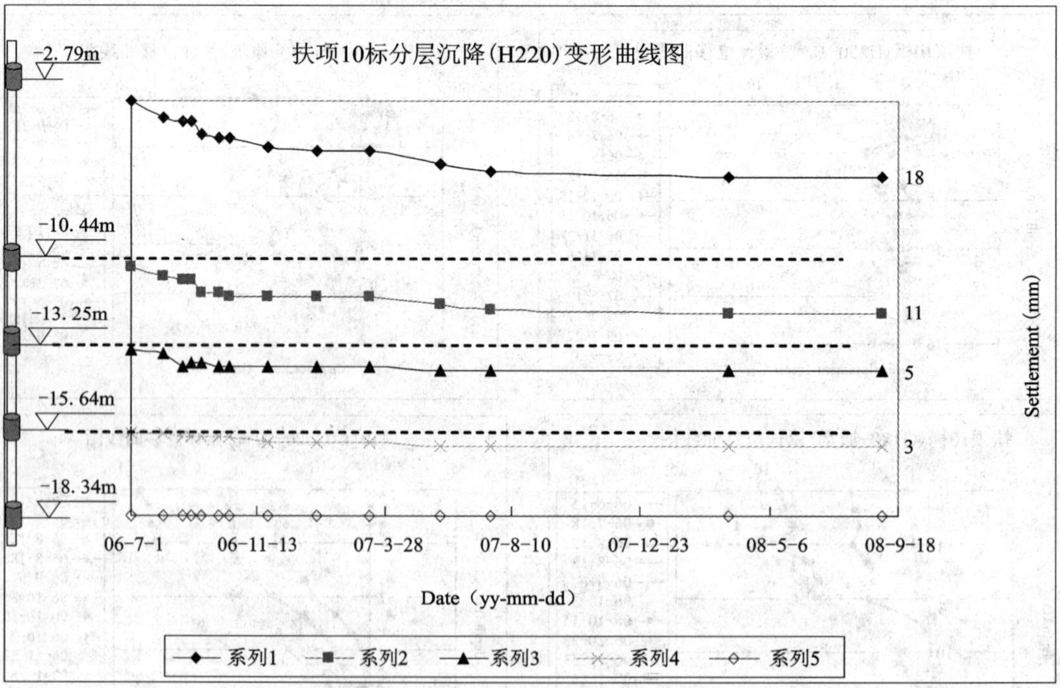

图 8. 27　水平及竖向变形过程曲线图（三）

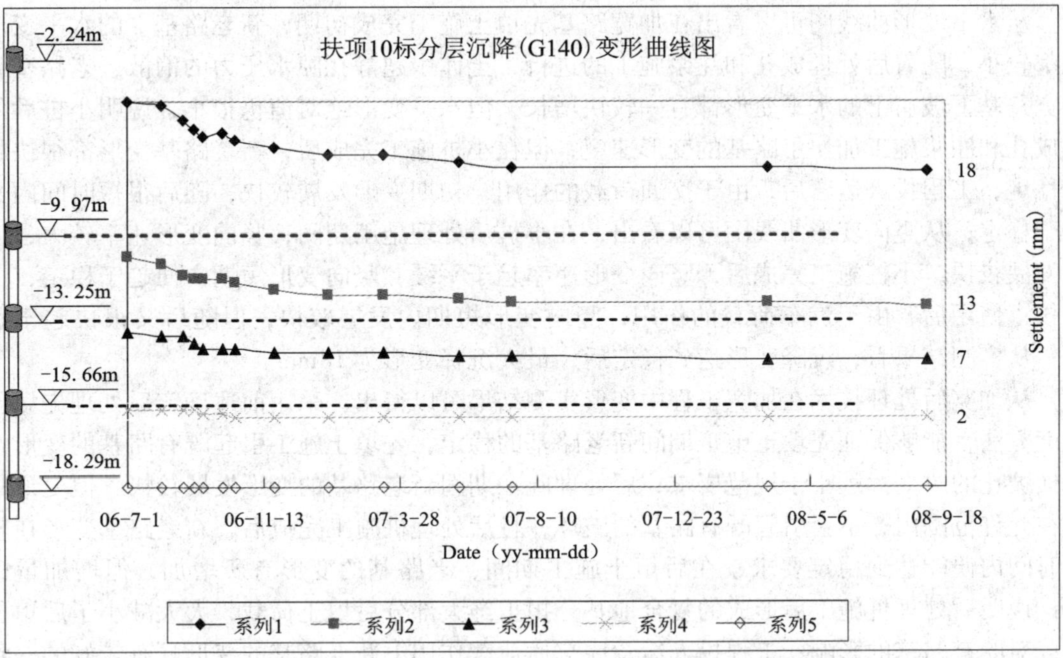

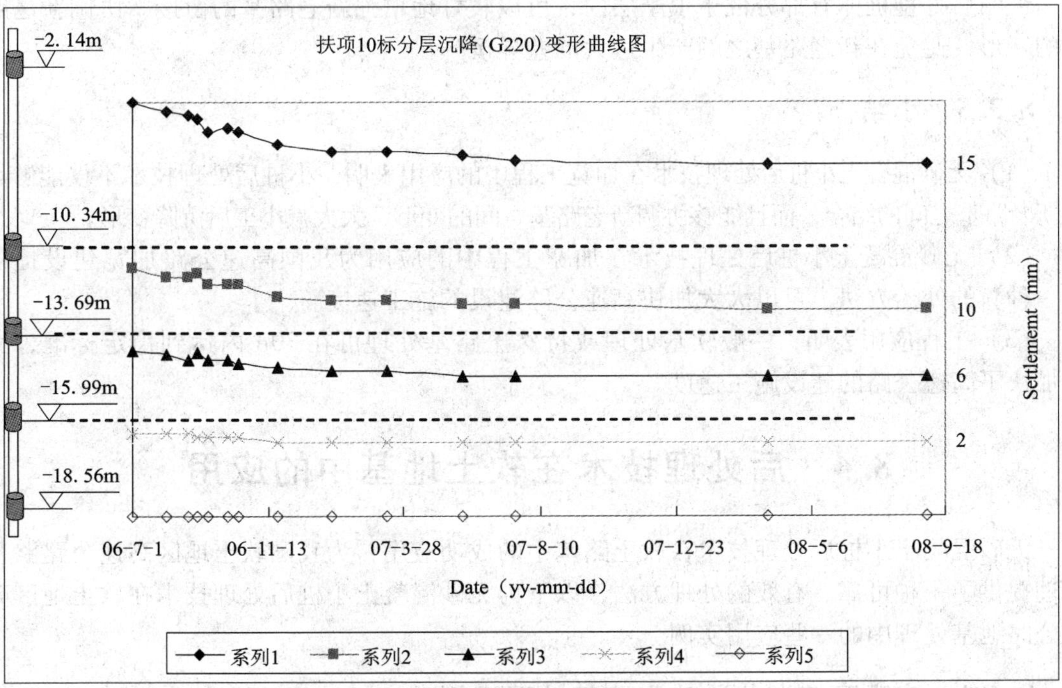

图 8.27 水平及竖向变形过程曲线图（四）

8.3.4 监测结果分析

从水平变形曲线图可以看出在加宽路基先填土施工完成初期，新老路基下的水平变形值都较小，随着后处理成孔和注浆施工的进行，土体中超静孔隙水压力的消散，老路基和加宽路基下坡肩下的水平变形都有一较快增长，但水平变形绝对值仍很小，说明小桩后处理成孔和注浆施工加快了路基的变形速度，但在小桩施工完成后，新老路基变形都很快趋于稳定，工程投入运营后，由于交通荷载的作用，初期变形发展较快，随后很短时间内又趋于稳定；从竖向变形曲线图可以看出，在小桩后处理施工期间，竖向变形速率较大，变形发展较快，小桩施工完成后，竖向变形速率趋于平缓，竖向变形短期内便趋于稳定，工程投入使用后，由于汽车荷载的作用，竖向变形短期内发展较快，但随后又很快趋于稳定；从实测结果看，沉降变形达到稳定后，最大沉降变形为 18mm。

从加宽后处理技术在加宽工程中变形实测结果可以得出，采用前述确定后处理先填土高度方法，能够保证先填土施工期间新老路基的稳定，先填土施工引起既有路基的变形及其横坡比的改变远远小于规范要求；后处理施工期间新老路基的变形发展较快，但变形量都在允许范围内，不会引起既有路基的破坏，且后处理桩施工完成后，新老路基变形在较短时间内便能达到稳定要求；在后填土施工期间，老路基的变形有所增加，但增加量极小，说明后处理桩施工后形成的复合地基分担了绝大部分后填土荷载，大大减小了后填土荷载对既有路基的影响；工程投入运营后交通荷载作用下新老路基的变形具有较好的一致性，说明后处理桩体有部分位于填土层内，可以较好地增强新老路基的衔接，协调新老路基的变形，避免在新老路基之间产生过大的差异沉降。

8.3.5 小结

（1）无砂混凝土小桩后处理技术在加宽工程中的应用表明，小桩后处理技术不仅能够增强新老路基之间的结合，而且能够协调新老路基之间的变形，大大减小工后沉降变形。

（2）无砂混凝土小桩后处理技术在加宽工程中的应用为我国高速公路加宽建设提供了一种新的处治方法，可以大大加快高速公路建设的施工速度。

（3）工程应用表明，一般软基处理或特殊土路基处理可在 30d 内达到稳定标准，大大加快了高速公路的建设施工速度。

8.4 后处理技术在软土地基中的应用

无砂混凝土小桩后处理技术在软土路基中的成功应用，为我国软土地区高速公路路基处理提供了一种可靠、有效的处理方法，以下为无砂混凝土小桩后处理技术在软土地区高速公路地基处理中的一些应用实例。

8.4.1 京珠高速湖北段软土路基处理实例

8.4.1.1 工程概况

京珠湖北省某高速 K125 + 265 ~ K125 + 385 段路基平均填高 7m，软土地基。淤泥质

土属于软塑—流塑状态，承载力特征值为$f_{sk}=70kPa$，天然含水量为57.3%～61.54%，孔隙比为$e=1.185\sim1.624$，干密度为10.7～10.2kN/m^3，湿密度为16.9～16.4kN/m^3。

现场勘察发现该淤泥质土具有一定含砂量，经比较采用无砂混凝土小桩后处理技术。淤泥中夹砂为小桩压浆提供了良好的通道，同时砂粒与水泥形成的水泥土具有较高的强度，这为无砂混凝土小桩后处理技术优势的发挥（竖向增强体和压浆双重作用）提供了条件，后处理纵剖面图如图8.28所示。

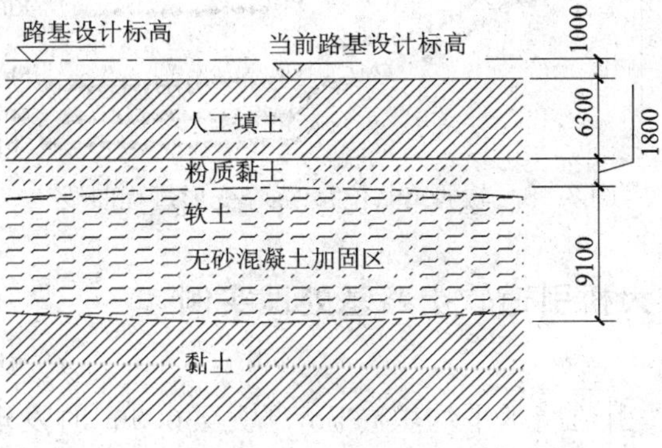

图8.28 后处理纵剖面图

8.4.1.2 软土路基处理方案

为减少填土在长期荷载作用下的变形和软土因附加压力超限引起整个路基失稳，本工程设计桩长18m，有6.5m在填土层内，0.5m在砂垫层内，10m在软地基内，0.5m进入软土下较好持力层。桩身侧阻力及0.5m经压浆后的砂垫层可保证填土荷载向桩处的应力集中，从而有效控制复合地基的变形。

桩平面布置采用2m×2m方形布置，桩径$d=400mm$。主要设计参数为每米水泥用量为100kg，软基层采用复合地基承载力标准值$f_{sp,k}$不小于200kPa。后处理复合地基平面及剖面设计布置如图8.29所示。

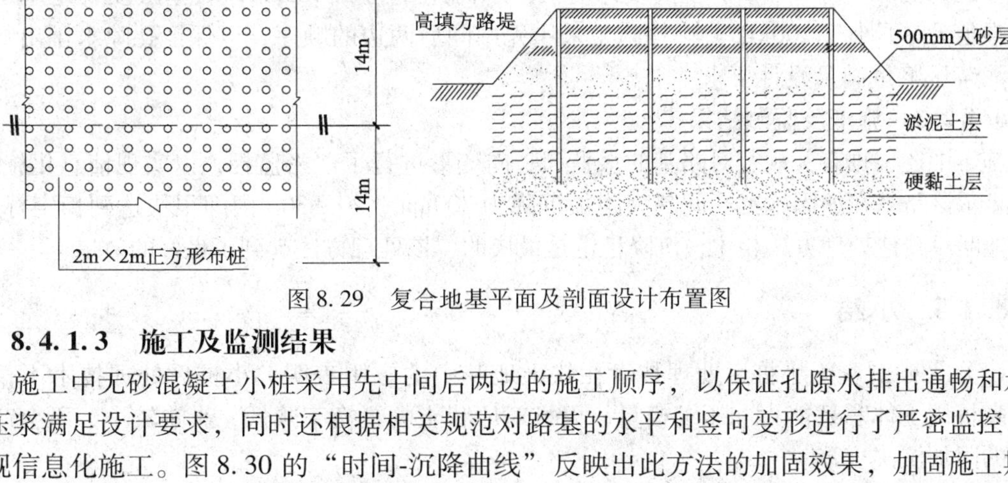

图8.29 复合地基平面及剖面设计布置图

8.4.1.3 施工及监测结果

施工中无砂混凝土小桩采用先中间后两边的施工顺序，以保证孔隙水排出通畅和水泥浆压浆满足设计要求，同时还根据相关规范对路基的水平和竖向变形进行了严密监控，以实现信息化施工。图8.30的“时间-沉降曲线”反映出此方法的加固效果，加固施工期间最大附加沉降为300mm，20～30d内即达到稳定标准，与其他路段其他处理方式相比，沉降稳定是最快的。

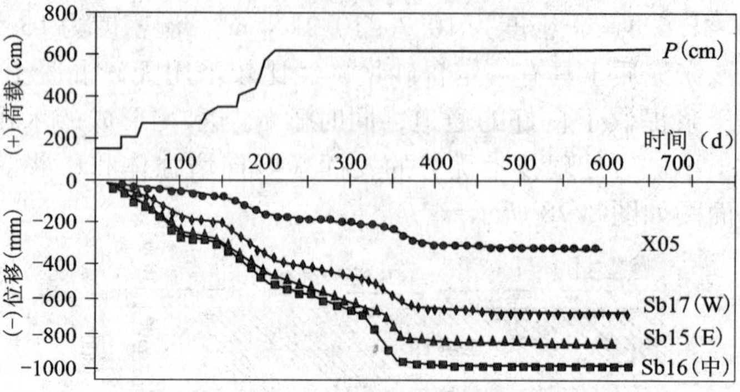

图 8.30　软弱路基位移-沉降变形过程曲线

8.4.2　湖北新滩大桥引道软土路基处理实例

8.4.2.1　工程概况

湖北新滩东荆河大桥引道路基平均填高 7m，填至 6.5m 时发现垂直及水平方向的异常位移，填方最大沉降量达 530mm。后经补探发现原自然地面下 1.5m 下存在约 8.5m 厚淤泥质土，该淤泥质土属软塑-流塑状态，承载力特征值为 $f_{s,k}=70$kPa，天然含水量为 57.3% ~61.4%，孔隙比为 1.569 ~ 1.726，干容重为 10.7 ~ 10.2kN/m^3，湿容重为 16.9 ~ 16.42kN/m^3，现场勘察发现该淤泥质土具有一定含砂量。经过反复比较选定采用无砂混凝土小桩后处理技术。

8.4.2.2　软土路基处理方案

本工程设计工况如下：软基深约 10m，填方厚 6.5m，填方与原地基土间设置了 500mm 厚砂垫层，设计桩长为 18m，这一桩长有 6.5m 在填土层内，0.5m 在砂垫层内，10m 在软基内，0.5m 进入软土下较好持力层。桩长侧阻力基 0.5m 经压浆后的砂垫层可保证填土荷载向桩处的应力集中，从而有效地控制复合地基的变形。桩平面采用 2m × 2m 方形布置，桩径 $d=400$mm。主要设计参数：水泥用量为 100kg/m，软基层复合地基承载力标准值 $f_{sp,k}$ 不小于 200kPa。小桩施工采用先中间后两边的顺序，以保证孔隙水排出畅通和水泥浆压浆量满足设计要求。

8.4.2.3　施工及监测结果

施工中还根据有关规范对路基的水平和竖向变形进行了严密监控，以实现信息化施工，结果显示该路基在加固施工期间最大附加沉降为 300mm，20 ~ 30d 内即很快达到稳定标准，与其他路段其他处理方式相比，沉降稳定是最快的，该处理方法起到了良好的效果。

8.4.3　小结

（1）无砂混凝土小桩后处理技术在软土地基中的应用表明，小桩后处理技术不仅能够提高桩周土体承载能力和压缩模量，而且对原状土的置换率减低，影响较小，不会产生显著的附加沉降变形。

（2）无砂混凝土小桩后处理技术在软土路基工程处理中一般情况无须占用有效工期，

从而大大缩短了公路建设周期，可以大大加快高速公路建设的施工速度。

（3）工程应用表明，用无砂混凝土小桩后处理公路高填方区淤泥质软土地基过程中，由于压浆起胶结土、排水固结和小桩竖向增强体的多重作用，使其具有控制变形能力特别强的特点，其后处理方法独特是其他方法难以做到的，因此路基后处理技术是未来公路建设中大有前途的软土路基处理技术。

（4）用无砂混凝土小桩处理公路高填方区淤泥质软基由于压浆改变土性及小桩竖向增强体的双重作用的存在，使其具有控制变形能力特别强的特点。

8.5 后处理技术在膨胀土地基中的应用

我国国土辽阔，软土地基及其他不良地基，如膨胀土、湿陷性黄土、冻土、盐渍土、地震区液化土分布较广，已有技术虽可在一定范围内解决问题，但因技术、资金短缺和建设速度过快等因素往往难以达到满意的预期效果。路基处理的工程造价和处理效果严重制约着高速公路的建设速度和建设质量，研究高速公路软基处理及不良地基处理新方法有着极其重要的意义。

因此，研究处理时间短、沉降稳定速度快的高效率的工后沉降控制技术，乃当前路基工程中的重要任务。无砂混凝土小桩技术在该类不良地区公路路基工程中的应用研究，是对这一任务目标的实践和尝试，本节主要介绍无砂混凝土小桩后处理技术在膨胀土地基中的应用实例。

8.5.1 工程概况

鹤壁市幸福路桥位于河南省鹤壁市市郊，为鹤壁市火电厂的主要对外通道。主要受力结构为一两跨16m预应力钢筋混凝土空心板结构（预应力钢筋混凝土空心板选自《公路桥涵标准图》JT/GQ 001—73），桥（南北向）总长57m，上游有一蓄水水库，桥下常年流水，水位随四季丰水期和枯水期的变化而波动，桥位中心处高15.45m；设计桥面净宽12m，两侧人行道各宽为1.5m，人行道高出行车道0.33m；设计荷载采用汽—超20级，人群荷载按3.5kN/m^2，验算荷载采用挂车—120。

现场发现南北两桥台台身均有多条显著裂缝，多靠近台帽附近，有竖向缝、水平向缝和斜向裂缝等同时存在，用刻度放大镜测定裂缝宽度在3～15mm。其中以南侧桥台台身裂缝最为严重，最大裂缝宽度达15mm，且前墙斜裂缝已经与西侧墙斜裂缝贯通，现场可用肉眼观测到西侧墙已外凸扭曲，裂缝处发现有不同程度的白色析出物。南侧桥台台帽在跨中附近出现裂缝，并向下发展成为台身竖向长裂缝；北侧桥台出现裂缝较少，但长度较大，且缝宽较大，呈现中间宽两端窄的特点。

根据《幸福水库公路桥工程地质勘察报告》，基础坐落在具有中等膨胀性的第④层地基土上，自由膨胀率超过40%，具有较强的膨胀性；幸福水库公路桥附近湿陷性黄土位于第②层，处于地下水位以上10m处，其水位上升的主要原因在于自然降雨过程。降雨量过大，部分积水以及排畅不通时，可能造成黄土的湿陷变形。由于桥址附近黄土的天然孔隙比较大（0.449～0.470），且天然含水量较小（11.38～15.81），故其浸水后土的湿陷变形较大。在公路桥使用过程中，可变荷载较大（汽车—超20级），它造成土体承受较大的附加应力，当此附加应力与土体浸水过程同时发生时，易导致第②层土的向下湿陷性沉降变形，直观表现为公路桥桥台附近路面显著下沉。

该工程加固的内容主要包括：桥台侧墙、前墙外包预应力钢筋混凝土层，桥台填土和地基采用无砂混凝土小桩技术处理，后者为工程关键。

8.5.2 膨胀土路基处理方案及施工过程

对第④层膨胀性土进行改性处理，采用无砂混凝土压密小桩加固处理方法，设计桩径150mm，桩间距1500mm，桩底端进入第⑤层土600mm。

施工中采用两步施工法，先施工墙外后加混凝土层，接着进行桥面无砂混凝土小桩施工。

（1）小桩施工

桥台顶面最外排小桩桩位距离墙边较近，在无砂混凝土小桩机械成孔过程中，桩周土的含水量急剧增大，造成膨胀性土层的浸水膨胀变形，受到周围土体约束后产生膨胀应力；在压密注浆阶段，注浆压力在接近饱和土体中的有效传递，均直接作用于桥台侧前墙上，使U形桥台竖墙承担的水平侧压力增大，对其整体稳定性是非常不利的。在实际施工中采取先施工墙外后加混凝土层，以增强桥台自身的整体性和稳定性，使其能承受施工过程中的附加压力。

（2）桥面无砂混凝土小桩施工

膨胀应力属约束应力，当桥台墙身处于小桩施工压力有效传递范围内时，其对施工过程中的水平侧向变形产生约束作用，从而使作用于竖墙上的水平侧压力加大，为减小压力注浆施工过程附加应力对桥台本身的影响，采用先施工靠近前墙一排注浆小桩，成孔过程及注浆过程中产生的横向变形受到前墙约束后，可向桥台末端方向扩散，使作用于前墙上的水平侧压力的增幅限制在最低水平上。

8.5.3 高填方膨胀土处理效果

无砂混凝土压密小桩处理膨胀性土地基施工结束后28天，委托鹤壁市建筑设计院在注浆加固区范围内，在原注浆桩位中间均匀分布选取有效检测点7个，进行现场取样试验，处理后在原膨胀土地基深度范围内按照现行国家规范取样试验结果如表8.6、表8.7所示。

膨胀土改性处理试验结果　　表8.6

钻孔编号	取　土深度（m）	自由膨胀率（%）		体缩（%）		缩限（%）	
		均值	变异系数	均值	变异系数	均值	变异系数
1	2.0～6.0	40.00	0.000	20.97	0.1078	8.81	0.6752
2	2.0～6.0	35.00	0.2020	20.52	0.1909	15.34	0.1544
3	2.0～6.0	33.75	0.0741	17.76	0.1837	14.26	0.0783
4	2.0～6.0	26.67	0.5727	21.11	0.0540	15.30	0.0673
5	2.0～6.0	27.00	0.3666	21.71	0.0065	15.17	0.0392
6	2.0～6.0	22.50	0.1571	19.87	0.0558	14.78	0.0234
7	2.0～6.0	35.00	0.0000	18.42	0.0591	14.78	0.0253

膨胀土改性处理试验结果 表 8.7

取土范围（m）（基底以下）	自由膨胀率（%）		体缩（%）		缩限（%）	
	均值	变异系数	均值	变异系数	均值	变异系数
1.00~2.00	31.42	0.2848	20.80	0.1490	14.99	0.0831
2.00~4.00	34.00	0.1936	19.77	0.1092	13.10	0.3148

根据现场取样试验结果表明，无砂混凝土小桩压密注浆技术对原状土膨胀性的处理效果明显，有效改善了场地膨胀性土地基的胀缩变形性能，达到了工程对地基土的设计要求。该工程工后沉降观察值最大为65mm，30天达到稳定标准，满足了变形和工期要求。

8.5.4 小结

（1）投石压浆无砂混凝土小桩适用于处理公路路基工程中可能遭遇的粉质黏土、黏性土、松散的砂土、湿陷性黄土、膨胀土及人工填土中的素填土和含少量大块碎屑的杂填土地基。

（2）投石压浆无砂混凝土小桩用于增加膨胀土等软土地基的承载能力、减少控制沉降量等，特别适用于高等级公路高填方路基工程的地基处理。

第 9 章　高填方路基后处理技术发展展望

9.1　后处理技术的核心思想

9.1.1　应力路径原理的应用

后处理技术的核心思想是应力路径原理的工程应用（图 9.1）。

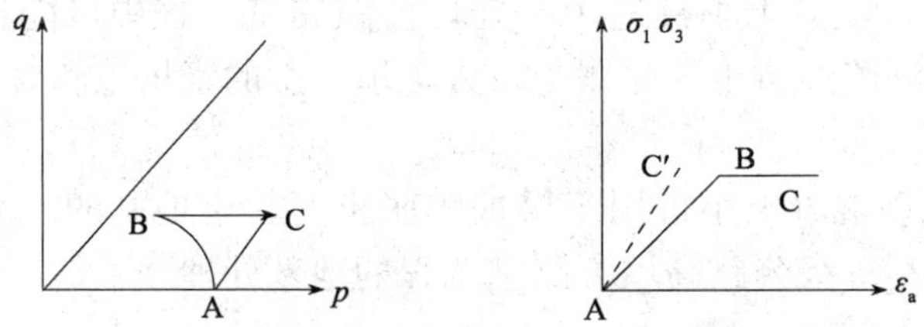

图 9.1　应力路径对变形影响原理

左图所示 ABC 表示先不排水试验，其有效应力路径为曲线 AB，从 A 点到 B 点孔隙水压力增加有效应力下降，达到接近破坏的 B 点后，排水固结，此时保持 q 不变而增加 p，应力路径为 BC。AC 表示三轴压缩排水试验的有效应力路径。

以上两种应力路径，初始应力和最终应力状态相同，而相应的轴向应变是不相同的，如右图所示。

后处理方法的填土过程可视为曲线 AB 路径，后处理施工过程对应 BC 路径，小桩施工后再填土的过程对应 AC 路径。可见，在施工完成时后处理方法的地基变形远大于先处理方法，这为减少工后沉降和缩短路基沉降稳定时间创造了条件。

以下通过对小桩施工提高复合土层桩间土固结度的理论分析，说明无砂混凝土小桩后处理方法的技术效果。

9.1.2　快速固结与提前固结效应

后处理技术的理论核心，对饱和土地基是快速固结，对非饱和土地基则为提前固结。

如图 9.2 所示，将后处理小桩复合地基与经典的“弹簧-活塞-水”模型比较，可以采用传统一维固结理论对其进行固结沉降分析。

1）按传统方法计算填土阶段（瞬时变形）s_d，有：

$$f_{sk} \geqslant h_1\gamma_1 = p_0$$

$$\sigma = \sigma' + \mu_w$$

$$s_d = \frac{1-\mu^2}{E_d}p_0 B\omega$$

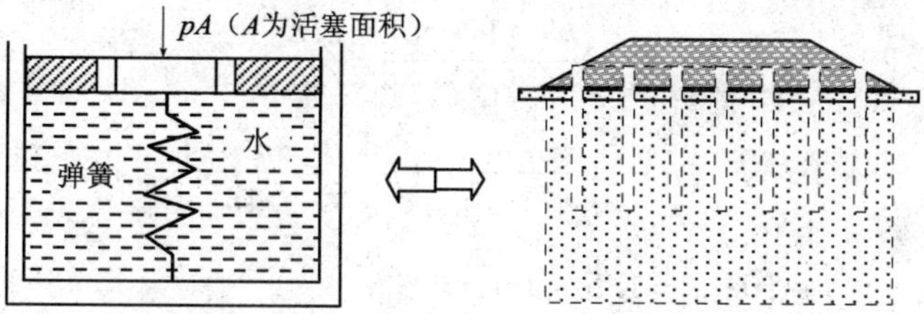

图 9.2 弹簧-活塞-水模型与实体对比

其中，E_d =（500～1000）C_u

以上沉降是在较短时间完成的，对工后沉降没有影响。

2）小桩施工及后填土（主固结变形）阶段

如图 9.3 所示，可认为固结变形基本符合一维固结理论，借用太沙基一维渗流固结理论分析沉降。

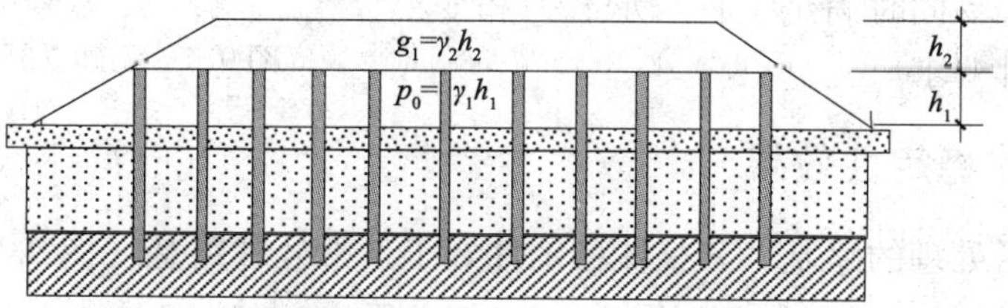

图 9.3 路基后处理技术两阶段示意

小桩施工完成后，总应力趋于有效应力，有：

$$p_1 = p_0 + q_1$$

$$\sigma' \to \sigma$$

无砂混凝土小桩形成的通道缩短了渗流路径，H 远大于 s_0，有：

$$T_V' = \frac{C_V' t}{\left(\frac{s_0}{2}\right)^2} >> T_V$$

$$C_V' = \frac{k' E_s'}{\gamma_w} > C_V$$

由以上条件，

$$\Rightarrow U_t' = 1 - \frac{\left(\frac{\pi}{2}\alpha - \alpha + 1\right)}{1+\alpha} \cdot \frac{32}{\pi^3} \cdot e^{-\frac{\pi^2}{4}} T_V' \to 1$$

从而，有：

$$s'' = (1 - U_t)\ s \to 0$$

如图 9.4 所示，基于三维渗流固结理论，根据 Barro 砂井固结方程解：

$$\overline{U}_{rz} = 1 - (1 - \overline{U}_z)(1 - \overline{U}_r) = 1 - e^{-\frac{8}{F(n)} T_h} \tag{9.1}$$

$$T_h = \frac{c_h t}{d_e^2}$$

$$C_h = \frac{k'(1+e_1)}{\alpha\gamma_w} = \frac{k'E_s}{\gamma_w}$$

$$F(n) = \frac{n^2}{n^2-1}\ln(n) - \frac{3n^2-1}{4n^2}$$

式中，$n=\frac{s}{d}$，一般 $n=5\sim10$，$s=1.5\sim2\text{m}$，

$$\Rightarrow F(n) = 0.94\sim1.572$$

代入式（9.1）有：

$$\overline{U}_{rz}\rightarrow 1。$$

综上，无砂混凝土小桩后处理技术具有堆载预压、排水固结、胶结、竖向增强置换等综合作用机理，具有排水固结快，所需沉降稳定时间短、工后沉降较小的优点，容易同时满足工程对承载力和变形控制两个方面的设计要求。

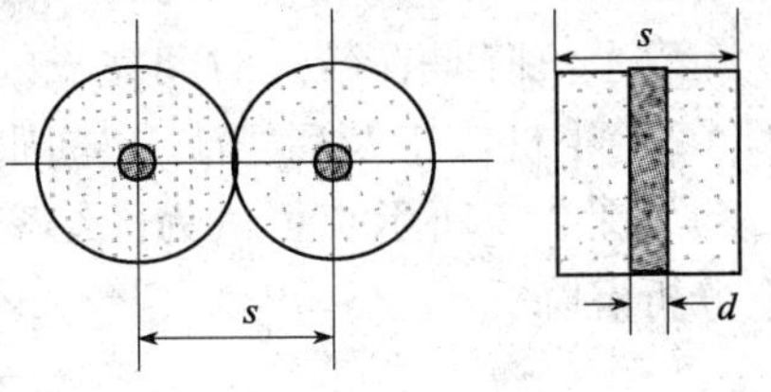

图9.4　无砂混凝土小桩渗流区域

9.1.3　整体稳定性效果

显然，进行后处理的路基，其整体稳定性好于正常处理路基（图9.5、图9.6）。

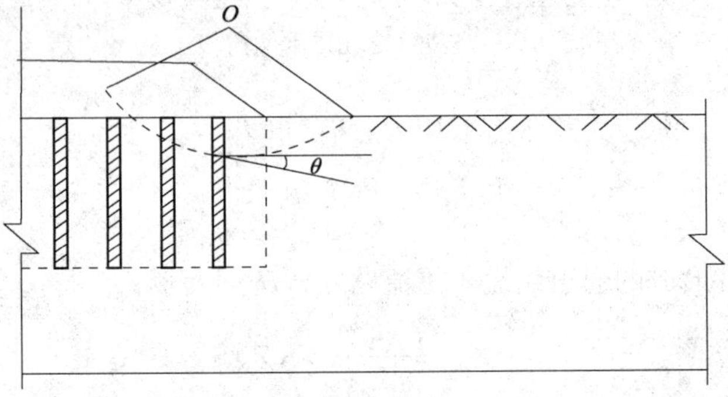

图9.5　先处理阶段路堤稳定性比较-圆弧滑动法

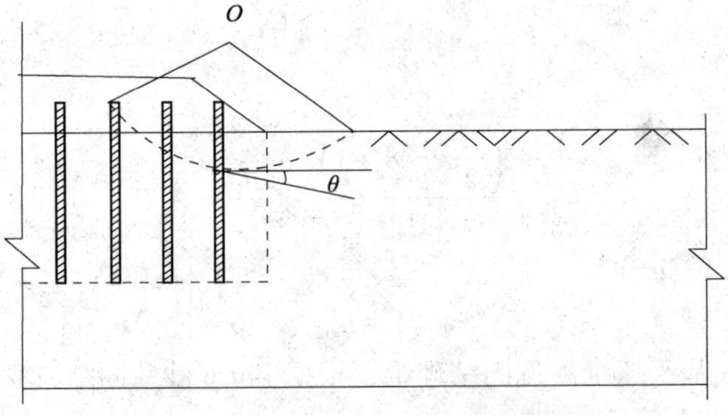

图9.6　后处理阶段路堤稳定性比较-圆弧滑动法（一）

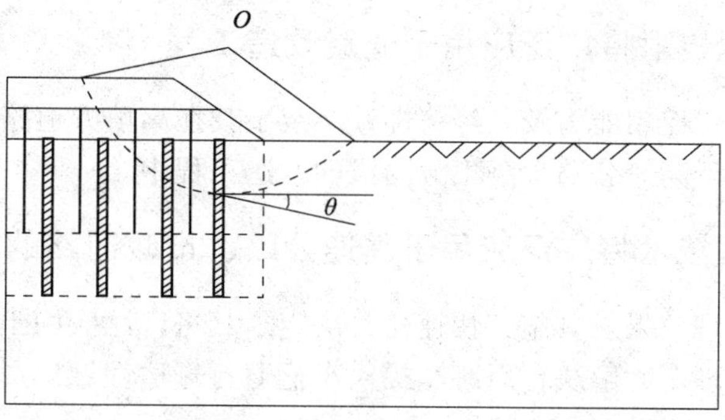

图 9.6 后处理阶段路堤稳定性比较-圆弧滑动法（二）

9.2 后处理技术的发展展望

9.2.1 后处理技术手段发展的多元化

对非饱和土地基，可以在进行先期填土施工后，采用长螺旋钻孔压灌混凝土工法、打入或压入混凝土管桩等技术手段进行后处理（图 9.7、图 9.8）。

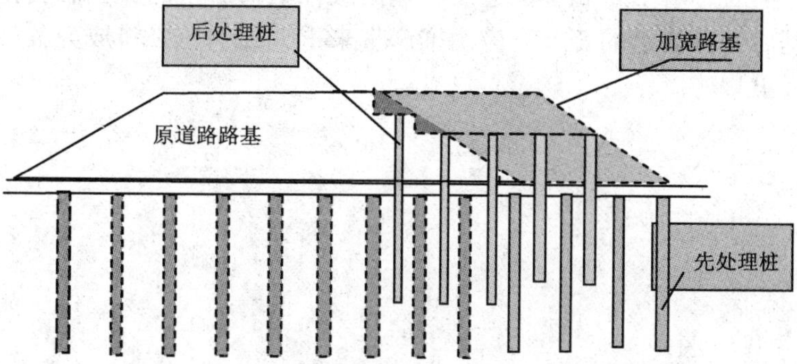

图 9.7 静压桩后处理技术用于加宽路基工程

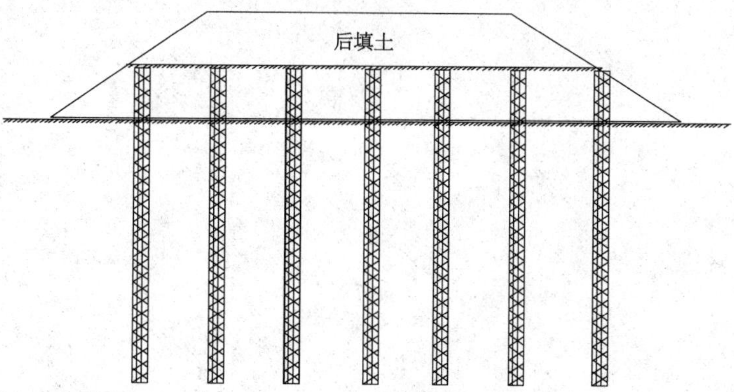

图 9.8 CFG 桩后处理技术用于新建路基工程

9.2.2 后处理技术将广泛应用于道路改造工程

后处理技术的变形控制能力及其经济性，决定了其在高填方道路加宽改造方面具有明显优势，将广泛应用于高速公路、高填方路段的改造工程中。

9.2.3 后处理技术将广泛应用于高速公路、市政道路的台后修补处理

后处理技术的处理效果及其施工快速化，决定了其将广泛应用于高速公路、市政道路的台后不均匀沉降处理，为解决台后跳车提供车辆通行舒适性做出贡献。

9.2.4 后处理技术的未来

后处理技术具有固结速度快、工后沉降小、处理费用低、工程工期短等十分显著的技术特点和优势，未来将与预处理技术、多桩型复合地基等多种地基处理方法的联合应用技术一起，成为路基、地基处理技术的发展和研究方向，必将对推动我国地基处理技术的进步带来深远、积极影响。

路基后处理技术的起源和创新，来自工程需求和技术灵感。十多年来，作者及其团队与广大工程界，特别是全国道路交通、市政工程系统的工程技术人员和科技工作者，进行了卓有成效的合作，取得大量科研、设计成果。这些成果的逐步获得，为本书的撰写和出版奠定了基础。同时，著书得到中国建筑工业出版社王梅编审的鼓励和支持，本书的出版将对高填方路基后处理技术的普及、应用推广带来重大影响，必将成为各种条件下后处理技术发展的重要里程碑。

参 考 文 献

[1] 王晋明，李国华，孙林．高填方路基沉陷分析及防治措施［J］．林业科技，2002，27（1）：59-61.

[2] 张劲超．高路堤路面水泥稳定层纵向开裂成因及注浆加固处理分析［J］．中外公路，2007，27（2）：52-54.

[3] 聂重军，郑俊杰．高速公路桥头跳车原因分析及防治措施［J］．公路，2004，（3）：109-112.

[4] 朱明双，朱向荣，王金昌．桥头软基现浇筒桩处理现场试验分析［J］．土木工程学报，2006，39（8）：102-106.

[5] 马凡．CFG 桩复合地基降低高填方路基沉降的计算及应用［J］．公路，2006，（2）：84-86.

[6] 张洁，王攀．预应力混凝土管桩在深厚软土路基中的应用［J］．路基工程，2006，（4）：56-58.

[7] 程贤志，张广明．不同加固方案在软土路基处治中的应用效果比较［J］．公路，2007，（7）：113-115.

[8] 杨卫东，朱立增．堆载预压处理高速公路高填土路基技术分析［J］．公路交通技术，2006，（4）：1-5.

[9] 曹永琅，丛建，吴晓峰．高速公路超软土地基的真空预压加固研究［J］．岩土力学，2003，24（5）：771-775.

[10] 管殿聆，阎万里．冲击式压路机在湿陷性黄土高填方重载路基上的应用［J］．铁道标准设计，2001，21（11）：24-25.

[11] 黄胜根，张希浩，曹辉等．地基处理与基坑支护工程［M］．武汉：中国地质大学出版社，2004.

[12] 任福松，杜卫乾．PHC 管桩在软基处理中的应用［J］．交通标准化，2007，（11）：48-52.

[13] 王斌，徐泽中．预应力管桩在高速公路拼接工程软基处理中的设计方法［J］．公路，2004，（2）：84-88.

[14] 刘景政，杨素春，钟冬波．地基处理与实例分析［M］．北京：中国建筑工业出版社，1998.

[15] 李明杰，李鹏，靳明．高填方路堤复合地基处治研究［J］．中外公路，2005，25（3）：21-23.

[16] 冯伟凯，眭爱宏，陈振国．高填方车站大面积软土地基整治技术［J］．路基工程，铁道标准设计，2003（增刊）：184-186.

[17] 李道生．高填方地段强夯处理湿陷性黄土夯击参数的选择［J］．路基工程，2005，（1）：25-28.

[18] 蔡业青，刘朝权，舒翔．钢花管注浆加固山区高填土路基、台背工艺探讨［J］．中外公路，2006，26（3）：48-51.

[19] 王安舜，李存良，胡琴．堆载预压在高填方施工中的应用［J］．西部探矿工程，2005，（2）：32-33.

[20] Tandjiria V.，Lowb B. K.，Teh C. I. The Effect of reinforcement force distribution on stability of embankments［J］．Geotextiles and Geomembranes，2002，20：423-443.

[21] Bergadoa D. T.，Longb P. V.，Srinivasa Murthy B. R. A case study of geotextile-reinforced embankment on soft ground［J］．Geotextiles and Geomembranes，2002，20：343-365.

[22] Jose L. B.，Antonio S. C. Overall stability of geosynthetic-reinforced embankments on soft soils［J］．Geotextiles and Geomembranes，2002，20：395-421.

[23] Sean D.，Hinchberger，R. Kerry R. Geosynthetic reinforced embankments on soft clay foundations：predicting reinforcement strains at failure［J］．Geotextiles and Geomembranes，2003，21：151-175.

[24] Bakır B. S.，Akıs E. Analysis of a highway embankment failure associated with the 1999 Du¨zce Turkey earthquake［J］．Soil Dynamics and Earthquake Engineering，2005，25：251-260.

[25] Sinha A. K.，Havanagi V. G.，Mathur S. Inflection point method for predicting settlement of PVD improved

soft clay under embankments [J]. Geotextiles and Geomembranes, 2007, 25: 336-345.

[26] Allen Lu, Zhu Li, Rowe R. K. Effects of viscous behavior of geosynthetic reinforcement and foundation soils on the performance of reinforced embankments [J]. Geotextiles and Geomembranes, 2008, 26: 317-334.

[27] Dennes T. B., Chairat T. 2D and 3D numerical simulations of reinforced embankments on soft ground [J]. Geotextiles and Geomembranes, 2008, 26: 39-55.

[28] Tanchaisawat T., Bergado D. T., Voottipruex P. Numerical simulation and sensitivity analyses of full-scale test embankment with reinforced lightweight geomaterials on soft Bangkok clay [J]. Geotextiles and Geomembranes, 2008, 26: 498-511.

[29] Adalier K., Pamuk A., Zimmie T. F. Earthquake retrofit of highway/railway embankments by sheet-pile walls [J]. Geotechnical and Geological Engineering, 2004, 22: 73-88.

[30] Poulos H. G., ASCE F. Design Charts for Piles Supporting Embankments on Soft Clay [J]. Journal of Geotechnical and Geoenvironmental Engineering, 2007, 133 (5): 493-501.

[31] Murugesan S., Rajagopal K. Geosynthetic-encased stone columns: Numerical evaluation [J]. Geotextiles and Geomembranes, 2006, 24: 349-358.

[32] Sari W. A., Jun-Jie Zheng, Bao-Guo Chen, Jian-Hua Yin. A simplified method for analysis of a piled embankment reinforced with geosynthetics [J]. Geotextiles and Geomembranes, 2009, 27: 39-52.

[33] Sari W. A., Jun-Jie Zheng, Bao-Guo Chen. Finite element modeling of the consolidation behavior of multi-column supported road embankment [J]. Computers and Geotechnics, 2009, 36: 676-685.

[34] Sharma J. S., Bolton M. D. Centrifugal and numerical modelling of reinforced embankments on soft clay installed with wick drains [J]. Geotextiles and Geomembranes, 2001, 19: 23-44.

[35] Jose L. B. Three-dimensional analysis of embankments on soft soils incorporating vertical drains by finite element method [J]. Computers and Geotechnics, 2004, 31: 665-676.

[36] Rowe R. K., Taechakumthorn C. Combined effect of PVDs and reinforcement on embankments over rate-sensitive soils [J]. Geotextiles and Geomembranes, 2008, 26: 239-249.

[37] Tuan A. T., Toshiyuki M. Equivalent plane strain modeling of vertical drains in soft ground under embankment combined with vacuum preloading [J]. Computers and Geotechnics, 2008, 35: 655-672.

[38] Abdulazim Y. Numerical analyses of embankments on PVD improved soft clays [J]. Advances in Engineering Software, 2009, 40: 1047-1055.

[39] 张湧．高等级公路路基加宽工程特点及技术对策 [J]．路基工程，2006，(2)：8-9.

[40] 王波，张朋声．高速公路路基病害成因及在改扩建工程中保证加宽质量的措施研究 [J]．交通标准化，2006，(z1)：124-127.

[41] 黄琴龙，凌建明，唐伯明等．旧路拓宽工程的病害特征和机理 [J]．同济大学学报，2004，32 (2)：197-201.

[42] 刘桂强．软弱地基上旧路加宽的路基综合处治设计 [J]．城市道桥与防洪，2005，(2)：26-29.

[43] 高翔，刘松玉，石名磊．软土地基上高速公路路基扩建加宽中的关键问题 [J]．公路交通科技，2004，21 (2)：29-33.

[44] 周宇，肖裕民．新旧路基拓宽常见病害分析 [J]．重庆交通学院学报，2006，25 (1)：71-74.

[45] 王海溶．高速公路拼接路基施工技术探讨 [J]．公路，2005，(10)：137-140.

[46] 蔡国军，朱晓宁，王军．G312 拓宽改建路基拼接技术及效果评价 [J]．路基工程，2006 (2)：44-48.

[47] 刘守良．沈大高速公路路基加宽改造及质量控制 [J]．辽宁交通科技，2004，(5)：4-5.

[48] 钱军，王惠勇，林琳等．高速公路拓宽改造工程路基拼接技术应用综述 [J]．现代交通技术，

2005，(6)：16-20.

[49] 陈海珊，胡永深．广佛高速公路加宽工程的软基处理［J］．广东公路交通，1998，(3)：47-50.

[50] 梁兵．CFG 桩在高速公路软基路段加宽处理中的应用［J］．水运工程，2003，(8)：59-61.

[51] 王艳茹，姜丽敏，付宏博．风化碎石土填筑旧路加宽路基及软土基处理的特点［J］．黑龙江交通科技，2001，(4)：9-13.

[52] 吴波，张傲宁．沈大高速公路路基改造技术应用［J］．辽宁交通科技，2004，(10)：89-90.

[53] 张敏方，张波，丁建明．EPS 材料特性及其在公路拼接中的应用［J］．交通标准化，2005，(1)：58-61.

[54] 马东旭，李卫兵，李魏红等．土工格栅砂砾垫层在软弱地基路基加宽段的应用设计［J］．安阳工学院学报，2005，(3)：23-25.

[55] 孙向前．土工格栅在道路拓宽改造工程中的应用［J］．山西交通科技，2004，(2)：20-21.

[56] 张清平，周志刚．土工合成材料在旧路加宽中的机理研究［J］．公路与汽运，2006，(1)：93-95.

[57] 祖学东．高速公路改建路基加宽施工技术［J］．铁路工程造价管理，2005，(3)：51-56.

[58] 刘建兰，龚照东．沪宁高速公路（江苏段）拓宽路面的拼接施工技术［J］．上海公路，2005，(4)：33-36.

[59] Wu T. H. Effectiveness of tensile reinforcement in alleviating bridge approach [C]. Geosynthetics' 89 Conference, San Diego, 1989: 104-111.

[60] Mitchell J. K., Villet W. C. B. Reinforcement of earth slops and embankment [C]. NCHRP Report 290, Washington D C: TRB, 1987.

[61] Andrews B. RN 2000 EYRE highway, (South Austrilia) pavement rehabilitation [C]. http: //www.csstech.com/eyebg.html, 2002.

[62] Allersma H. G. B., Ravenswaay L., Vos E. Investigation of road widening on soft soil using a small centrifuge [J]. Transportation research record 1462, 1994: 47-53.

[63] Vos E., Couvreur J. F., Vermaut M. Comparison of numerical analysis with field data of a road widening project on peaty soil [C]. Proc. International Workshop: Advances in under-standing and modeling the mechanical behavior of peat, Roterdam: Balkema, 1994: 267-274..

[64] Meurs A. N. G., Berg A. V. D., Venmana A. A. M., et al. Embankment widening with the gap – method [C]. Geotechnical engineering for transportation Infrastructure, Roterdam, Balkema, 1999: 1133-1138.

[65] Juha F., Veli-Matti U. Synthetic reinforcement in the widening of a road embankment on soft ground [C]. Geotechnical engineering for transportation in frastructure, Balkema: Rotterdam, 1999: 1489-1496.

[66] Horvath J. S. Expanded polystyrene (ESP) geofoam: an introduction to material behavior [J]. Geotextiles and Geomembrances, 1994, (13): 263-280.

[67] Duskov M. Materials research on EPS20 and EPS15 under representative conditions in pa-vement structures [J]. Geotextiles and Geomembrances, 1997, (15): 147-181.

[68] Thompsett D. J. Design and construction of expended polystyrene embankments [J]. Construction and Building Materials, 1995, 9 (6): 402-411.

[69] Giselher B. EPS in road construction-current situation in Germany [J]. Geotextiles and Geomembrances, 1997, (15): 39-57.

[70] Horvath J. S. Special issue on geofoam: Overview and Summary [J]. Geotextiles and Geome-mbrances, 1997, (15): 1-3.

[71] Hjortnaes-Pedersen A. G. I., Broers H. The behaviour of soft subsoil during construction of an embankment and its widening [C]. Proc. Centrifuge 94, Roterdam: Balkema, 1994: 567-574.

[72] Brinkgreve B. J., Vermee r P. A. Constitutive aspects of an embankment widening project [C]. Proc. International Workshop: Advances in understanding and modeling the mechanical behavior of peat, Roterdam: Balkema, 1994: 143-158.

[73] Richard J. D., Christopher S. H., Philippe B. Embankment widening design guidelines and construction procedures [R]. Research Project Final Report: Purdue University, 1999.

[74] Jones C. J. F. P., Lawson C. R., Ayres D. J. Geotextile reinforced piled embankments [C]. Proc. 4th Int. Conf. on Geotextiles: Geomembranes and related products, Den Hoed, Roterdam: Balkema, 1990, 155-160.

[75] Han J., Akins K. Use of geogrid-reinforced and pile-supported earth structures [C]. Procee-dings of International Deep Foundation Congress, ASCE, 2002: 668-679.

[76] American Association of State Highway and Transportation Officials (AASHTO). Innovative Technology for accelerated construction bridge and embankment foundations [R]. AAS HTO Preliminary Summary Report, 2002: 1-11.

[77] Hewlet W. J., Randolph M. F. Analysis of piled embankments [J]. Ground Engineering, 1998, 21 (3): 12-18.

[78] Low B. K., Tang S. K, Choa V. Arching in piled embankments [J]. Journal of Geotechnical Engineering, ASCE, 1993, 120 (11): 1917-1938.

[79] Han J., Gabr M. A. Numerical analysis of Geosynthetic-reinforced and pile-supported earth platforms over soft soil [J]. Geotechnical and Geoenvironmental Engineering, ASCE, 2002, 128 (1): 44-53.

[80] 毛爱明．公路拓宽的沉降分析和技术处理 [J]．公路，2005，(8)：85-87.

[81] 郑明辉，曹小林，袁明．新加宽路基填筑对既有路堤工后沉降的影响分析 [J]．铁道工程学报，2005，(3)：47-49.

[82] 孙四平，侯芸，郭忠印等．旧路加宽综合处治技术的模型试验研究 [J]．合肥工业大学学报，2004，27 (5)：513-517.

[83] 周志刚，郑健龙．旧路拓宽设计中的有限元分析 [J]．力学与实践，1995，17 (5)：18-20.

[84] 苏超，徐泽中，吴钰．高速公路拼接段地基参数反分析方法及其应用 [J]．河海大学学报，2000，28 (6)：38-42.

[85] 汪浩，黄晓明．软土地基上高速公路加宽的有限元分析 [J]．公路交通科技，2004，21 (8)：21-24.

[86] 蒋鑫，邱延峻．旧路拓宽全过程三维有限元分析 [J]．工程地质学报，2005，13 (3)：419-423.

[87] 聂鹏，曲向进，刘奉侨等．沈大高速公路改扩建工程路基加宽容许工后不均匀沉降指标研究 [J]．公路交通科技，2005，22 (11)：18-21.

[88] 方国民．公路路堤加宽的沉降差异及其相互作用 [J]．建材技术与应用，2006，(2)：44-46.

[89] 郭院成，周同和．高速公路高填方软基后处理机理与实践研究 [J]．哈尔滨建筑大学学报，2002，35 (6)：116-119.

[90] 郭院成，张浩华，周同和．高速公路高填方软基处理方法的对比分析 [J]．郑州大学学报（工学版），2002，23 (2)：31-33.

[91] 郭院成，张浩华，张军．软土高填方路基后处理方案的优化设计 [J]．河南科学，2003，21 (5)：524-527.

[92] 童怀峰．高填方路基后处理机理及优化设计 [D]．郑州：郑州大学，2005.

[93] 张浩华　软土高填方路基后处理技术及工程应用研究 [D]．郑州：郑州大学，2004.

[94] 刘海涛．黄土地区桥头跳车处理新方法研究 [D]．郑州：郑州大学，2004.

[95] 童怀峰，杨淑慧，郭院成．高填方路基基于变形控制的后处理优化设计［J］．河南科学，2005，23（6）：870-873.

[96] 童怀峰，郭院成，张浩华．无砂混凝土小桩后处理高填方软基的固结过程分析［J］．河南科学，2005，23（5）：66-69.

[97] 童怀峰，郭院成．无砂混凝土小桩后处理技术在软土地基的应用［J］．路基工程，2006，（6）：64-65.

[98] 童怀峰，锁利军．基于应力路径法的后处理先填方高度的反演分析［J］．公路，2011，（5）：12-15.

[99] 郭院成，刘海涛，靳军伟．高填方路基后处理机理的数值模拟分析［J］．公路，2012，（10）：43-46.

[100] 郭院成，魏艳卿，韩仲．高填方后处理复合路基荷载传递机理研究［J］．沈阳建筑大学学报（自然科学版），2013，29（5）：775-781.

[101] 靳军伟．高填方路基变刚度处理技术及设计方法研究［D］．郑州：郑州大学，2010.

[102] 李勐勋，郭院成，张四化等．后处理二元复合地基作用机理与变形计算［J］．河南科学，2010，（10）：1284-1289.

[103] 靳军伟，郭院成．填方路基后处理技术的应用及参数分析［J］．工业建筑，2012，42（2）：104-108.

[104] 童怀峰．高填方路基加宽后处理技术及变形性状研究［D］．郑州：郑州大学，2008.

[105] Vesic A S. Expansion of cavities in infinite soil mass［J］. Proc. ASCE，1972，SM3：265-291.

[106] 蒋明镜，沈珠江．考虑材料应变软化的柱形孔扩张问题［J］．岩土工程学报，1995，17（4）：10-19.

[107] 蒋明镜，沈珠江．考虑剪胀的弹脆塑性软化柱形孔扩张问题［J］．河海大学学报，1996，24（4）：65-72.

[108] 蒋明镜，沈珠江．考虑剪胀的线性软化柱形孔扩张问题［J］．岩石力学与工程学报，1997，16（6）：550-557.

[109] 王晓鸿，王家来，梁发云．应变软化岩土材料内扩孔问题解析解［J］．工程力学，1999，16（5）：71-76.

[110] 罗战友，杨晓军，龚晓南．考虑材料的拉压模量不同及应变软化特性的柱形孔扩张问题［J］．工程力学，2004，21（2）：40-45.

[111] 梁发云，陈龙珠．应变软化 Tresca 材料中扩孔问题解答及其应用［J］．岩土力学，2004，25（2）：261-265.

[112] 周小平，张永兴，王建华．考虑中间主应力影响的圆筒形孔扩张问题的弹塑性解［J］．重庆建筑大学学报，2002，24（2）：35-38.

[113] 范文，廖红建，陈立伟．考虑材料剪胀及软化的扩孔问题的统一解［J］．西安交通大学学报，2003，37（9）：957-961.

[114] 王延斌，范文，徐栓强．基于统一强度理论的柱形孔扩张问题研究［J］．岩土力学，2003，24（增刊）：125-132.

[115] 李波，栾茂田．基于 SMP 破坏准则的柱形孔扩张问题理论解析［J］．大连理工大学学报，2006，46（2）：246-251.

[116] 俞茂宏．岩土类材料的统一强度理论及其应用［J］．岩土工程学报，1994，16（2）：1-10.

[117] 俞茂宏．线性和非线性的统一强度理论［J］．岩石力学与工程学报．2007，26（4）：662-669.

[118] 刘金砺，迟铃泉．桩土变形计算模型和变刚度调平设计［J］．岩土工程学报，2000，22（2）：151-157.

[119] 陈龙珠，梁发云．变刚度复合地基处理的有限元分析［J］．工业建筑，2003，33（11）：1-4.

[120] 乔京生，步启军，马卫华等．变刚度复合地基的可行性研究［J］．铁道建筑，2006，(5)：49-51.
[121] 乔京生，周红星，袁则循．变刚度复合地基力学性状的模型试验研究［J］．西安建筑科技大学学报（自然科学版），2009，39（4）：479-483.
[122] 张武，高文生．变刚度布桩复合地基模型试验研究［J］．岩土工程学报，2009，31（6）：905-910.
[123] 雷金波，向东德，姜弘道．柔性基础下复合地基研究现状分析．金属矿山，2005，345（3）：49-51.
[124] 鲁绪文．路堤荷载下长短桩复合地基加固深厚软土路基的试验与研究［D］．南京：南京水利科学研究院，2007.
[125] 范跃武，周同和，范永丰．“柔性基础”刚性桩复合地基试验分析与变形计算［J］．建筑结构学报，2007，28（6）：203-209.
[126] 杨庆光，刘杰，张可能，何杰．深厚软土中水泥土长短桩复合地基承载特性试验［J］．中国公路学报，2008，21（3）：19-23.
[127] 郭院成，李明宇．长短桩复合地基桩土应力比的力学计算方法［J］．公路交通科技，2009，26（2）：37-41.
[128] 凌华才，鄂海清，李勇泉等．高速公路扩建工程中长短桩复合地基加固软基的数值分析［J］．中外公路，2009，29（4）：31-34.

附录 A FORTRAN 程序部分代码

```
      PROGRAM NSF CALCULATION

      IMPLICIT REAL * 8 (A-H,O-Z)
      COMMON/R1/AA, AB, GS1, GS2, EP,
     BA, AH, AL, AKB, AST, AP, AMV1, AMV2,
     AU,AZ
      COMMON/R2/X1,AM(5,5),BM(5),
     TAB(5,5),CM(5,5),ZYX(5)
      COMMON/II/FLAG
      CALL READ1 ! 读取数据模块
C     CALL OUT1
      ALC = AB/AA-1.
      IF(ALC. LE. 0. ) THEN
      FLAG = 1
      WRITE( * , * )'ERROR'
      GOTO 100
      ENDIF

      CALL FEN2   ! 二分法求β
      FLAG = 0
      CALL ELE    ! 形成矩阵各元素
      IF(FLAG. EQ. 1)GOTO 100
      CALL RINV
      CALL FIN
100   CONTINUE
        READ( * , * )NO
      END
* ---------------------------------------------
      SUBROUTINE READ1
      IMPLICIT REAL * 8 (A-H,O-Z)
      COMMON/R1/AA, AB, GS1, GS2, EP,
     BA, AH, AL, AKB, AST, AP, AMV1, AMV2,
     AU,AZ

      OPEN(1,FILE = 'EASE. TXT', STATUS
     = 'OLD')
      READ(1, * )AA
      READ(1, * )AB
      READ(1, * )GS1
      READ(1, * )GS2
      READ(1, * )EP
      READ(1, * )BA
      READ(1, * )AH
      READ(1, * )AL
      READ(1, * )AKB
      READ(1, * )AST
      READ(1, * )AP
      READ(1, * )AMV1
      READ(1, * )AMV2
      READ(1, * )AU
      READ(1, * )AZ
      END
* ---------------------------------------------
      SUBROUTINE FEN2
      IMPLICIT REAL * 8 (A-H,O-Z)
      COMMON/R1/AA, AB, GS1, GS2, EP,
     BA, AH, AL, AKB, AST, AP, AMV1, AMV2,
     AU,AZ
      COMMON/R2/X1,AM(5,5),BM(5),
     TAB(5,5),CM(5,5),ZYX(5)
      ALC = AB/AA-1.
      X0 = 0. 0
      X1 = 0. 5
      X2 = 1. 0
```

```
     101CONTINUE
     FX = LOG(X1) + X1 * ALC
     IF(ABS(FX). LT. 1. E-6)GOTO 100
     IF(FX. GT. 0. )THEN
     X2 = X1
     X1 = (X0 + X2)/2.
     ELSE
     X0 = X1
     X1 = (X0 + X2)/2.
     ENDIF
     GOTO 101
100   CONTINUE
     WRITE( * , * )X1,FX

     END
* ----------------------------------------------
     SUBROUTINE ELE
     IMPLICIT REAL * 8 (A-H,O-Z)
     COMMON/R1/AA, AB, GS1, GS2, EP,
BA, AH, AL, AKB, AST, AP, AMV1, AMV2,
AU, AZ, AF1, AF2,
     1SAF1,SAF2
     COMMON/R2/X1,AM(5,5),BM(5),
TAB(5,5),CM(5,5),ZYX(5)
     COMMON/II/FLAG
     ! X1 是 β
C   WRITE( * , * )AA,AB,X1
     PI = 3. 1415926
     Y = AA * EXP(X1 * (AB/AA-1. ))-AB
     AF1 = 2. * PI * AA * GS1 * (X1-1. )/
(EP * BA * Y)
     AF2 = 2. * PI * AA * GS2 * (X1-1. )/
(EP * BA * Y)
     WRITE( * , * )AF1,AF2
     IF((AF1. LT. 0. ). OR. (AF2. LT. 0. ))THEN
     WRITE( * , * )'ERROR2'
     FLAG = 1
     RETURN
     ENDIF
     SAF1 = SQRT(AF1)
     SAF2 = SQRT(AF2)

     DO 100 I = 1,4
     BM(I) = 0.
     DO 101 J = 1,4
     AM(I,J) = 0.
101   CONTINUE
100   CONTINUE

     AM(1,1) = -SAF1 * SIN(SAF1 * AH)
     AM(1,2) = SAF1 * COS(SAF1 * AH)
     AM(1,3) = SAF2 * SIN(SAF2 * AH)
     AM(1,4) = -SAF2 * COS(SAF2 * AH)
     AM(2,1) = COS(SAF1 * AH)
     AM(2,2) = SIN(SAF1 * AH)
     AM(2,3) = -COS(SAF2 * AH)
     AM(2,4) = -SIN(SAF2 * AH)
     AM(3,1) = -SAF1 * SIN(SAF1 * (AH
+ AL))
     AM(3,2) = SAF1 * COS(SAF1 * (AH
+ AL))
     AM(4,3) = AKB/(EP * BA)
     AM(4,4) = SAF2

     BM(1) = (AMV1-AMV2) * AP
     BM(2) = (PI * PI * AMV2 * AP * AH *
(1. -AU))/(PI * PI +4. * AH * AH * AF2)
     BM(3) = AST * AP/EP + AMV1 * AP
     BM(4) = AMV2 * AP-(2. * PI * AF2 *
AMV2 * AP * AH * (1. -AU))/(PI * PI + 4.
* AH * AH * AF2)

     END
* ----------------------------------------------
     SUBROUTINE RINV
     IMPLICIT REAL * 8 (A-H,O-Z)
```

```
      INTEGER ID(5,2)
      REAL*8 AB2(5),AT(5)
      COMMON/R1/AA,AB,GS1,GS2,EP,
BA,AH,AL,AKB,AST,AP,AMV1,AMV2,
AU,AZ
      COMMON/R2/X1,AM(5,5),BM(5),
TAB(5,5),CM(5,5),ZYX(5)

      NN=4
      DO 100 I=1,NN
      ID(I,1)=I
      ID(I,2)=I
      DO 101 J=1,NN
      TAB(I,J)=AM(I,J)
101CONTINUE
100CONTINUE

      ! 形成因子表第 1 行
      KL=1
      AMX=ABS(TAB(1,1))
      IF(AMX.GT.0.00001)GOTO 1033
      ! ...
      DO 102 I=2,NN
      IF(AMX.LT.ABS(TAB(I,1)) )THEN
      KL=I
      AMX=ABS(TAB(I,1))
      ENDIF
102   CONTINUE
      ID(1,2)=KL

      M=ID(1,1)
      N=ID(1,2)
      DO 103 I=1,NN
      T=TAB(M,I)
      TAB(M,I)=TAB(N,I)
      TAB(N,I)=T
103   CONTINUE
      ! ...
1033  CONTINUE

      DO 104 I=2,NN
      TAB(1,I)=TAB(1,I)/TAB(1,1)
104   CONTINUE
      TAB(1,1)=1./TAB(1,1)


      ! 形成因子表的其余行
      DO 105 I=2,NN

      ! 先判断对角元 II 大小,确定是否主
元搜索
      DO 23 J=1,NN
      AT(J)=TAB(I,J)
23    CONTINUE

      DO 24 K=1,I-1
      IF ( ABS ( AT ( K ) ) .LT.1.0E-12 )
GOTO 24
      DO 25 J=K+1,I
      IF ( ABS ( TAB ( K, J ) ) .LT.1.0E-12 )
GOTO 25
      AT(J)=AT(J)-TAB(K,J)*AT(K)
25    CONTINUE
24    CONTINUE

      AB2(I)=ABS(AT(I))
      IF(AB2(I).GT.0.00001)GOTO 1055

      ! 主元搜索
      DO 106 II=I+1,NN

      DO 26 J=1,NN
      AT(J)=TAB(II,J)
26    CONTINUE

      DO 27 K=1,I-1
```

```
      IF(ABS(AT(K)).LT.1.0E-12)GOTO 27
      DO 28 J=K+1,I
      IF(ABS(TAB(K,J)).LT.1.0E-12)
GOTO 28
      AT(J)=AT(J)-TAB(K,J)*AT(K)
28    CONTINUE
27    CONTINUE

        AB2(II)=ABS(AT(I))
106   CONTINUE

        ! 确定主元位置,并交换
        KL=I
        AMX=AB2(I)

        DO 29 II=I+1,NN
        IF(AMX.LT.AB2(II))THEN
      KL=II
      AMX=AB2(II)
      ENDIF
29    CONTINUE

        ID(I,2)=KL
        M=ID(I,1)
      N=ID(I,2)
      DO 107 IJ=1,NN
      T=TAB(M,IJ)
      TAB(M,IJ)=TAB(N,IJ)
      TAB(N,IJ)=T
107   CONTINUE

1055  CONTINUE

        DO 224 K=1,I-1
      IF(ABS(TAB(I,K)).LT.1.0E-12)
GOTO 224
      DO 225 J=K+1,NN
      IF(ABS(TAB(K,J)).LT.1.0E-12)
GOTO 225
      TAB(I,J)=TAB(I,J)-TAB(K,J)*
TAB(I,K)
225   CONTINUE
224   CONTINUE
      TAB(I,I)=1./TAB(I,I)
      IF(I.LT.NN)THEN
      DO 226 J=I+1,NN
      TAB(I,J)=TAB(I,J)*TAB(I,I)
226   CONTINUE
      ENDIF

105   CONTINUE

      DO 301 IX=1,4
      ZYX(1)=0.
      ZYX(2)=0.
      ZYX(3)=0.
      ZYX(4)=0.
      ZYX(IX)=1.

        DO 227 I=1,NN
        T=ZYX(ID(I,1))
        ZYX(ID(I,1))=ZYX(ID(I,2))
        ZYX(ID(I,2))=T
      DO 228 J=1,I-1
      ZYX(I)=ZYX(I)-TAB(I,J)*ZYX(J)
228   CONTINUE
      ZYX(I)=ZYX(I)*TAB(I,I)
227   CONTINUE

      DO 229 I=NN-1,1,-1
      DO 230 J=NN,I+1,-1
      ZYX(I)=ZYX(I)-TAB(I,J)*ZYX(J)
230   CONTINUE
229   CONTINUE

      DO 302 I=1,4
```

```
    CM(I,IX) = ZYX(I)
302   CONTINUE
301   CONTINUE

    WRITE( * ,'(4F15.6)')((AM(I,J),J = 1,
4),I = 1,4)
    WRITE( * , * )'--------------------------'

    WRITE( * ,'(4F15.6)')((CM(I,
J),J = 1,4),I = 1,4)

888   CONTINUE
    ZYX(1) = 0.
    ZYX(2) = 0.
    ZYX(3) = 0.
    ZYX(4) = 0.

    DO 401 I = 1,4
    DO 402 J = 1,4
    ZYX(I) = ZYX(I) + CM(I,J) * BM(J)
402   CONTINUE
401   CONTINUE
    END
* ---------------------------------------------
    SUBROUTINE FIN
    IMPLICIT REAL * 8 (A-H,O-Z)
    REAL * 8 ALC

    COMMON/R1/AA, AB, GS1, GS2,
EP, BA, AH, AL, AKB, AST, AP, AMV1,
AMV2,AU,AZ,
    1AF1,AF2,SAF1,SAF2
    COMMON/R2/X1,AM(5,5),BM(5),
TAB(5,5),CM(5,5),ZYX(5)
C     WRITE( * , * )1',AF1,AF2
    PI = 3.1415936
    IF(AZ.GT.AH)THEN
    ALC = -EP * BA * (SAF1 * ZYX(2) *
COS(SAF1 * AZ)-SAF1 * ZYX(1) * SIN
(SAF1 * AZ)-AMV1 * AP)
    ELSE
    ALC = SAF2 * ZYX(4) * COS(SAF2 *
AZ)-SAF2 * ZYX(3) * SIN(SAF2 * AZ)-
AMV2 * AP
    ALC = ALC + COS(PI * AZ/(2. *
AH)) * (2. * PI * AF2 * AMV2 * AP * AH
* AH * (1.-AU))/
    1(PI * PI + 4. * AH * AH * AF2)
    ALC = -EP * BA * ALC
    ENDIF
    WRITE( * , * )ALC

    END
* ---------------------------------------------
    SUBROUTINE OUT1
    IMPLICIT REAL * 8 (A-H,O-Z)
    COMMON/R1/AA,AB,GS1,GS2,EP,BA,
AH,AL,AKB,AST,AP,AMV1,AMV2,AU,AZ

    WRITE( * , * )AA
    WRITE( * , * )AB
    WRITE( * , * )GS1
    WRITE( * , * )GS2
    WRITE( * , * )EP
    WRITE( * , * )BA
    WRITE( * , * )AH
    WRITE( * , * )AL
    WRITE( * , * )AKB
    WRITE( * , * )AST
    WRITE( * , * )AP
    WRITE( * , * )AMV1
    WRITE( * , * )AMV2
    WRITE( * , * )AU
    WRITE( * , * )AZ
    END
```